OPERACIÓN TRAVIATA

¿Quién mató a Rucci?
La verdadera historia

CEFERINO REATO

OPERACIÓN TRAVIATA

¿Quién mató a Rucci?
La verdadera historia

EDITORIAL SUDAMERICANA
BUENOS AIRES

Reato, Ceferino
 Operación Traviata : ¿Quién mató a Rucci? La verdadera historia - 3ª ed. - Buenos Aires : Sudamericana, 2008.
 320 p. ; 23x16 cm. (Investigación periodística)

 ISBN 978-950-07-2958-1

 1. Investigación Periodística. I. Título
 CDD 070.43.

Primera edición: septiembre de 2008
Tercera edición: septiembre de 2008

Todos los derechos reservados.
Esta publicación no puede ser reproducida, ni en todo ni en parte,
ni registrada en, o transmitida por, un sistema de recuperación
de información, en ninguna forma ni por ningún medio, sea mecánico,
fotoquímico, electrónico, magnético, electroóptico, por fotocopia
o cualquier otro, sin permiso previo por escrito de la editorial.

IMPRESO EN LA ARGENTINA

*Queda hecho el depósito
que previene la ley 11.723.*
© 2008, Editorial Sudamericana S.A.®
Humberto I 531, Buenos Aires.

www.rhm.com.ar

ISBN: 978-950-07-2958-1

Introducción

POLÍTICAMENTE INCORRECTO

> *El Rucci que en 1973 reúne y arma a todos esos sectores (la derecha peronista y la derecha no peronista, Nota del Autor) es precursor del Herminio Iglesias de la década siguiente.*
>
> Horacio Verbitsky en *Ezeiza*, página 13.

> *Todo discurso político contiene, como una de sus dimensiones fundamentales, la recuperación de la historia. Cada posición política reconstruye la historia a su manera, con el fin de enraizar el movimiento social o partido en la lógica de un desarrollo y mostrar su "necesidad". La historia aparece, entonces, como metáfora del presente.*
>
> Silvia Sigal y Eliseo Verón en *Perón o muerte*, página 182.

Ya han pasado treinta y cinco años, pero todavía no se ha publicado ninguna investigación sobre el asesinato de José Ignacio Rucci, valioso alfil de Juan Domingo Perón y líder de la Confederación General del Trabajo (CGT). Fue el 25 de septiembre de 1973, un martes al mediodía. Dos días antes, Perón había obtenido una rotunda victoria electoral que lo depositó por tercera vez en la presidencia. "Me cortaron las patas", admitió el General frente al cajón de Rucci, en el velatorio en la CGT. Luego de un breve desconcierto inicial, en el que quiso aferrarse a otra hipótesis, Perón siempre estuvo convencido de que la "Operación Traviata" fue decidida, planificada y ejecutada por los montoneros, los mismos que hasta apenas seis meses atrás habían sido sus "muchachos", su "juventud maravillosa". Pronto veremos si estaba o no en lo cierto.

A pesar del tiempo transcurrido, el crimen de Rucci sigue presente en la memoria de los argentinos, al menos de los que vivieron los setenta. En aquellos años corrió abundante sangre y se violaron los derechos de muchas personas, pero la muerte de Rucci continúa ocupando un lugar único en el imaginario colectivo. Era un rostro muy conocido, tenía la palabra rápida y filosa, se había convertido en una persona clave para el diseño político de Perón, la CGT gozaba de mucho más poder que ahora y tanto la policía como la Justicia nunca se mostraron eficaces para esclarecer un crimen que aparecía como una "boleta", una "factura", un "apriete" contra el anciano General.

También para la guerrilla peronista fue un hecho singular. Sin admitir la autoría de Montoneros, Roberto Perdía, el número dos de "la Orga", el nombre de entrecasa, considera ahora que "fue uno de los puntos más negativos para nosotros; yo creo que, al día de hoy, nunca pudimos levantar el costo político de esa muerte".

Son todos ingredientes que deberían haber impulsado a más de un periodista, a más de un historiador, a más de una editorial, a investigar el caso. Incluso, el dato de que nunca hubiera sido reivindicado por nadie tendría que haber atizado la curiosidad de quienes, de una u otra manera, se dedican a los temas de nuestra historia reciente. Hasta el contexto les resultaba propicio: a los argentinos nos apasiona mirar hacia atrás y desde hace ya algunos años, a partir de la crisis que estalló en diciembre de 2001, nuestra década preferida es la del setenta y, dentro de ella, los temas más atractivos son los relacionados con violaciones a los derechos humanos, como es el caso, precisamente, de un crimen político.

La pregunta, entonces, es muy simple: ¿por qué nadie ha demostrado interés en el asesinato de Rucci, en la Operación Traviata?

La respuesta podría venir de la mano de Thomas S. Kuhn, un profesor norteamericano que en 1962 escribió el libro *La estructura de las revoluciones científicas*, una obra clave porque cambió la manera de entender cómo se produce el conocimiento en la ciencia. Los originales conceptos de Kuhn también se pueden aplicar a la investigación de temas históricos. Según él, los científicos se agrupan en "comunidades" que comparten el mismo "paradigma", es decir, una "constelación de creencias, valores, técnicas", que también funciona como un "modelo o ejemplo" para resolver "enigmas", problemas comunes y corrientes. La tarea de todos los días de las comunidades científicas es más aburrida de lo que se cree: "No aspiran a producir novedades importantes", sino sólo a "aumentar el alcance y la precisión con la que puede aplicarse el paradigma". Ésa es la "ciencia normal". Las "revoluciones científicas", en cambio, son hechos extraordinarios, que ocurren muy de tanto en tanto, cuando el paradigma pierde su capacidad para resolver los problemas, y los enigmas se convierten en "anomalías"; allí se abre una crisis, relativamente breve, que se cierra con la aparición de un nuevo paradigma. Este paradigma inaugura otra época de "ciencia normal". Y así sucesivamente se va repitiendo el mismo ciclo.

Lo mismo ocurre con la producción de conocimientos sobre la década del setenta: hay un paradigma que orienta a cada uno de los miembros de la comunidad de periodistas e historiadores que se ocupa de ese gran tema. Los orienta en todo el alcance de esa palabra: les señala cuáles hechos merecen ser investigados y cuáles no. Como dice Kuhn: "Un paradigma es un criterio para seleccionar problemas".

Ezeiza, el libro del periodista Horacio Verbitsky, es el paradigma compartido por casi todos los historiadores y periodistas que han estado escribiendo sobre la década del setenta. La primera edición es de junio de 1986 y Verbitsky aclara en la Introducción que comenzó la investigación "la misma noche del 20 de junio" de 1973, horas después de la masacre en las afueras del aeropuerto internacional de Ezeiza, donde una multitud esperaba a Perón en su regreso definitivo del exilio. *Ezeiza* nació con vocación de paradigma: ya en el primer párrafo de su Introducción, Verbitsky sostiene que esa matanza "cierra un ciclo de la historia argentina y prefigura los años por venir. Ezeiza contiene en germen el gobierno de Isabel y López Rega, la AAA, el genocidio ejercido a partir del nuevo golpe militar de 1976, el eje militar-sindical en que el gran capital confía para el control de la Argentina". Si no hubiera terminado el libro a mediados de los ochenta, habría tal vez incluido al menemismo, el delarruismo, el duhaldismo y el macrismo en ese eje del mal porque lo que está ofreciendo es una manera determinada, más bien maniquea, de recuperar la historia reciente.

Eso siempre parece ser así con este tipo de relatos, como señalan Silvia Sigal y Eliseo Verón en *Perón o muerte* al analizar una historieta que *El Descamisado*, la revista de Montoneros, comenzó a publicar el 24 de julio de 1973, en la cual interpretaban qué había sucedido en la Argentina y en América Latina desde la llegada de los españoles.

—Esta recuperación de la historia no es otra cosa que la construcción de un actor social imaginario que atraviesa el tiempo y el espacio idéntico a sí mismo. La historia es una historia inmóvil, cuyos episodios son meras repeticiones de un mismo acontecimiento: la lucha del bloque Pueblo-Patria contra el Imperialismo, una sucesión de 17 de octubres y de septiembres de 1955. Esta reconstrucción nos dice que siempre pasó lo mismo, que los actores fueron siempre los mismos, que hoy sigue sucediendo lo mismo. Sólo varían las fechas, los nombres propios, los lugares.

Lo importante es que *Ezeiza* tuvo éxito y sigue siendo el paradigma para investigar y conocer la década del setenta, una época que el gobierno del presidente Néstor Kirchner elevó a una suerte de manantial de los sueños, voluntades y objetivos que, supuestamente, han animado sus políticas y las de su esposa, Cristina, para moldear la realidad del presente.

Un paradigma puede convertirse también en un instrumento de hegemonía, un concepto que, como señala Antonio Gramsci, implica el "consenso", la "dirección intelectual y moral" que un grupo alcanza sobre el resto de la sociedad. Es que en la lucha política, cuando se habla de la historia, se está hablando, en realidad, del presente, como explican Sigal y Verón.

—La cultura argentina se caracterizó, desde los alrededores de 1930 hasta nuestros días, por la presencia de la historia como política y de la política como historia, gracias a la fuerza del "revisionismo histórico". Hacer política en la Argentina está asociado fuertemente a la opción entre por lo menos dos lecturas: la del revisionismo nacionalista y la de la historiografía liberal.

En nuestro caso, una determinada visión de los setenta se ha impuesto. Verbitsky no es, en ese sentido, un periodista más: continuando con Gramsci, alcanza la estatura de un "intelectual orgánico", una figura necesaria, esencial, para que un grupo determinado logre la hegemonía que le permitirá conducir al resto.

Un paradigma es "una constelación de creencias, valores, técnicas", que recorta ciertos temas, los coloca bajo la lupa, los considera dignos de ser investigados, frente a otros que son desechados, no son tenidos en cuenta, se caen de la mesa de trabajo. Así, es poco probable que un historiador o periodista que adhiera al paradigma de *Ezeiza* se sienta seducido por el asesinato de Rucci, por la muerte de alguien que es definido por Verbitsky nada menos que como el "precursor de Herminio Iglesias", una figura oscura, sin glamour, sin marketing. No son personajes políticamente correctos; a lo sumo, han sido abordados por autores sin visibilidad mediática.

Los libros que se ocupan de los setenta consideran que todo ha sido dicho sobre la masacre de Ezeiza, que Verbitsky ha realizado una explicación definitiva sobre este acontecimiento central. Tanto es así que, por ejemplo, repiten el principal argumento que ligaría a Rucci con esa matanza: "El Negro Corea, jefe de la custodia de José Rucci, fue quien dirigió las torturas en el Hotel Internacional de Ezeiza". Sienten tanta veneración que no se les ha ocurrido preguntarse si el tal Negro Corea vive y si tiene algo para decir.

El Negro Corea vive, se llama Jorge Sampedro, regentea la Unidad Básica "Quien quiera oír que oiga", en Villa Lugano, y niega que el 20 de junio de 1973 haya estado siquiera cerca de Ezeiza, según dice él mismo en el capítulo 11 de este libro. Tal vez el Negro Corea haya mentido (eso siempre es posible con los testimonios que se recogen en cualquier investigación periodística), pero la acusación de haber torturado a otras personas es tan fuerte que merece, por lo menos, un mínimo derecho a réplica. O, por lo menos, debería provocar la curiosidad periodística de buscarlo y hacerle un par de preguntas.

Le pregunté a Verbitsky sobre la contradicción entre lo que afirma él en *Ezeiza* y lo que dice el Negro Corea. Su respuesta fue enviada por correo electrónico el 11 de octubre de 2007.

—Yo trabajé sobre testimonios de sobrevivientes que lo señalan y sobre el expediente judicial. No tengo copia porque ese archivo fue secuestrado en un allanamiento durante la dictadura, igual que las cintas grabadas de las comunicaciones. Se salvaron los borradores del libro porque había sacado una copia del país.

Por su lado, el periodista Miguel Bonasso menciona en su libro *El presidente que no fue* a "los torturadores que conducía personalmente el Negro Corea, jefe de la custodia de Rucci", a quien luego, unas páginas más adelante, identifica como Alfredo Sampedro, que "veinte años después llegaría a ser concejal del Partido Justicialista". Pero Alfredo Sampedro es hermano de Jorge Sampedro, el Negro Corea de *Ezeiza*. Consulté a Bonasso sobre esta aparente confusión de nombres y él envió su respuesta por e-mail el 10 de octubre de 2007, en medio de la campaña para su reelección como diputado por la ciudad de Buenos Aires.

—Muchos años después de publicar *El presidente que no fue*, me encontré en un tren con Alfredo Sampedro y me dijo, cordialmente pese a todo, que él no había tenido nada que ver con lo que yo denuncio en el libro. La verdad es que él tiene un hermano, que podría ser (no lo sé con seguridad) "El Negro Corea". Lo que yo publiqué en el libro tenía que ver con mi recuerdo personal: la noche del famoso congreso del PJ en el Savoy, la custodia de Rucci entró a los tiros y todo el mundo señaló como jefe de la patota al "Negro Corea". De esto sí doy fe, porque incluso Brito Lima (cuyo Comando de Organización tendría triste actuación en la masacre de Ezeiza) fue en aquel momento agredido por los "muchachos de Rucci" capitaneados por el citado "Negro Corea". Yo le ofrecí a Sampedro que me planteara una rectificación por escrito para incluir en sucesivas ediciones de *El presidente que no fue*, pero me dijo textualmente: "No, ya el daño está hecho, dejemos todo como está; lo único que me interesaba era dejar claro ante usted que yo no participé en los hechos del Hotel Savoy. Y mucho menos en lo de Ezeiza". También negó, categóricamente, que su hermano hubiera conducido a los torturadores en Ezeiza. ¿Es verdad? No estoy en condiciones de establecerlo con precisión científica. Otras fuentes aseguran que Sampedro fue ajeno a esos hechos.

Las acusaciones contra Rucci sobre la matanza de Ezeiza son relevantes porque, según veremos más adelante, han sido citadas como la primera causa que habría justificado su ejecución.

Sin duda, los libros sobre la década del setenta que siguen el paradigma de *Ezeiza* han enriquecido nuestra percepción sobre aquella época: forman parte de una empresa acumulativa, que ha extendido el alcance y la precisión de los conocimientos, como sucede con los períodos de "ciencia normal" de Kuhn. Pero a veces provocan la impresión de que basta leer uno de ellos para adivinar qué dirán los otros. Sólo se trata de cambiar las anécdotas porque todo sucede como si el equipo de los buenos enfrentara eternamente al de los malos en una cancha marcada por un puñado de contraposiciones: la independencia nacional y la solidaridad latinoamericana versus el imperialismo y la globalización; los trabajadores, las clases medias urbanas y las pequeñas y medianas empresas versus la oligarquía local y las multinacionales; la orientación estatal de la economía y los progresistas versus el neoliberalismo económico y los conservadores políticos; los derechos humanos y la justicia social versus el autoritarismo y la competencia salvaje. Kuhn lo dice provocativamente: "La ciencia normal no tiende hacia novedades fácticas o teóricas y, cuando tiene éxito, no descubre ninguna".

Tal vez ese aburrimiento que ya provoque la mayoría de los libros sobre los setenta esté indicando el agotamiento del paradigma de *Ezeiza*. En el caso de la ciencia, Kuhn sostiene que las revoluciones científicas se inician con un sentimiento creciente de que el paradigma ya no funciona bien para "explorar un determinado aspecto de la naturaleza, hacia el cual el mismo paradigma había mostrado previamente el camino. El sentimiento de mal funcionamiento que puede conducir a la crisis es un requisito previo para la revolución" científica, que consiste, como ya vimos, en la adopción de un nuevo paradigma.

—Guiados por un nuevo paradigma, los científicos adoptan nuevos instrumentos y buscan en lugares nuevos. Lo que es todavía más importante, durante las revoluciones los científicos ven cosas nuevas y diferentes en lugares en los que ya habían buscado antes.

La familia de Rucci, su esposa y sus dos hijos, fue muy generosa al compartir sus recuerdos, incluidos los amargos y dolorosos momentos que rodearon al asesinato. Ellos han tenido que rehacer sus vidas desde una situación económica precaria porque, aunque cueste creerlo, Rucci no había hecho fortuna ni mucho menos. Un cuarto de siglo después, en 1998, fueron beneficiados por una interpretación muy particular, e inexacta de acuerdo con las pruebas y los testimonios periodísticos que he podido reunir, del gobierno del presidente Carlos Menem sobre los autores del atentado. Según el expediente número 446.187, cobraron unos doscientos cincuenta mil pesos/dólares porque el asesinato del líder sindical fue incluido en la Ley 24.411, promulgada el 3 de enero de 1995, que estableció una indemnización para los parientes de personas desaparecidas o asesinadas por "el accionar de las fuerzas armadas, de seguridad, o de cualquier grupo paramilitar con anterioridad al 10 de diciembre de 1983". Por absurdo o curioso que pueda parecer, Rucci figura dentro de los amparados por la ley elaborada en el gobierno menemista para reparar a las víctimas de la salvaje represión de la última dictadura militar, junto a otros diez mil argentinos (la Secretaría de Derechos Humanos esquiva suministrar una cifra precisa).

Los funcionarios menemistas se esmeraron para elaborar un dictamen favorable a la demanda de los herederos de Rucci, y concluyeron que, del análisis de la investigación judicial sobre el asesinato, "surgiría con mayor fuerza la posible autoría de la denominada Triple A", el grupo paramilitar de extrema derecha creado por el secretario privado de Perón y ministro de Bienestar Social, José López Rega, o, al menos, de "una organización de tipo militar" que contó con "la suficiente cobertura del aparato estatal, sin el cual habría sido imposible perpetrar el atentado".

Uno de los abogados que elaboraron el dictamen me explicó que la intención fue "sembrar la duda sobre los autores del asesinato de Rucci" ya que el artículo 6 de la Ley 24.823, del 23 de mayo de 1997, que complementó la Ley 24.411, establece que "en caso de duda sobre el otorgamiento de la indemnización deberá estarse a lo que sea más favorable al beneficiario o a sus causahabientes o herederos, conforme al principio de la buena fe". En realidad, estas leyes habían sido creadas para compensar a las víctimas de la dictadura, que comenzó el 24 de marzo de 1976, casi tres años después del asesinato de Rucci, pero, siempre según ese informante, los funcionarios aprovecharon un dictamen del procurador general del Tesoro del 19 de junio de 1998, que estiró los plazos y abarcó también a los crímenes de la Triple A al beneficiar a los herederos del diputado peronista de izquierda Rodolfo Ortega Peña. Ortega Peña había sido asesinado el 31 de julio de 1974, un mes después de la muerte de Perón y durante el gobierno de su esposa, Isabel. Fue el primer asesinato reivindicado por el grupo paramilitar de López Rega.

El dictamen sobre Ortega Peña permitió incluir en esas leyes a Rucci, en una suerte de reconciliación póstuma entre dos peronistas que en vida habían militado en sectores opuestos del Movimiento. En principio, a los parientes de ninguno de los dos les correspondía la indemnización prevista para las víctimas de la dictadura, pero la interpretación de los funcionarios de Menem lo hizo posible.

La tesis menemista presenta varios puntos flojos. Uno de ellos, el más obvio, es que la Triple A aún no existía el mediodía que liquidaron a Rucci: su debut se produjo recién dos meses después, el 21 de noviembre de 1973, con un atentado contra el senador radical Hipólito Solari Yrigoyen. Es decir, tras el terrible enojo de Perón por la muerte de su leal Rucci, que abrió la puerta a un endurecimiento de su gobierno y de la cúpula de su Movimiento contra los montoneros y sus aliados, que no fue sólo discursivo. En todo caso, la Triple A puede haber sido una de las consecuencias tal vez no deseadas del crimen, pero no su causa, como explico en los capítulos 15, 16 y 17.

Es interesante destacar que el dictamen del gobierno de Menem se basó en las primeras declaraciones judiciales de Juan Carlos Juncos, un riojano de la ciudad de Chepes que estaba preso en Neuquén por hurtos reiterados. Resulta que el 29 de noviembre de 1983, Juncos escribió una larga carta dirigida al juez federal en Neuquén en la que aseguró que en 1973 había estado trabajando en Buenos Aires, como custodia de López Rega, donde "cometí varios trabajos sucios siendo varias veces brazo ejecutor de los mismos. Puedo dar algunos nombres: Rucci, (Rogelio) Coria, padre (Carlos) Mujica, etcétera". Y se ofreció a declarar si lo trasladaban al penal de Villa Devoto, cerca del lugar donde vivía su anciana madre. En esa carta, Juncos se presentaba como ex custodia del "doctor Carlos Saúl Menen (sic)" durante su primer mandato como gobernador de La Rioja. Incluso aseguró que a mediados de 1973 Menem le pidió "hacer un trabajo sucio en la ciudad de Córdoba contra una persona que lo había estafado en una transa de oro y había que ejecutarlo", pero contó que luego tomó distancia de Menem porque no le había cumplido "una serie de promesas".

Juncos logró ser trasladado a Buenos Aires y el 13 de marzo de 1984 fue oído por el juez José Dibur, a quien le contó que había sido el chofer de uno de los vehículos que participaron en el asesinato de Rucci, por lo cual pasó a ser indagado por homicidio. Cuando el juez le preguntó quién sería su abogado defensor, Juncos contestó: Carmen Argibay (actual miembro de la Corte Suprema de Justicia), pero aceptó continuar declarando sin su presencia. Juncos precisó que la orden de matar a Rucci había sido dada por López Rega, según le confiaron los asesinos. Las afirmaciones de Juncos fueron rápidamente desmentidas por todas las personas que había nombrado, incluido uno de sus presuntos cómplices, un uruguayo que para la fecha de aquel crimen estaba cumpliendo una condena en la prisión de Migueletes, en Montevideo. Hasta que, al final, el 13 de julio de 1984, Juncos pidió declarar nuevamente para retractarse de "lo dicho en sus declaraciones indagatorias". Explicó que había inventado todo según lo que había leído en recortes periodísticos porque quería estar cerca de su madre, que se había fracturado la cadera. El juez Fernando Archimbal concluyó el 6 de diciembre de 1984 que Juncos había sido "mendaz" y que no había tenido ninguna vinculación con la Triple A. Y el 8 de febrero de 1988 la jueza Amelia Berraz de Vidal afirmó que "la única intención de Juncos de vincularse al sumario consistió en lograr el traslado a un instituto de detención con sede en Capital Federal a causa de los problemas personales del nombrado. Es así que las primigéneas versiones de Juncos carecen de credibilidad para mantenerlo vinculado al caso", por lo cual resolvió dejar sin efecto su procesamiento.

A pesar de que Juncos se había presentado como guardaespaldas de Menem durante su primer mandato como gobernador de La Rioja y que incluso lo había acusado de haberle ordenado que "ejecutara" a una persona en Córdoba, el dictamen del gobierno menemista se basó en sus primeras declaraciones porque ayudaban a sembrar la duda sobre los autores del asesinato de Rucci y, por lo tanto, a justificar el pago de la indemnización a sus herederos. Una generosidad de criterios que pasa en la política pero también en el periodismo y en la investigación histórica: los testimonios de Juncos, que ya habían sido desacreditados categóricamente por la Justicia, fueron utilizados para atribuir a López Rega otro crimen, el del padre Mugica, por el historiador Felipe Pigna en la página 259 de su libro *Lo pasado pensado*, y por los periodistas Martín Caparrós y Eduardo Anguita en la página 555 de *La voluntad*, Tomo 3 / 1973-1974, dos libros que, por lo demás, me resultaron muy útiles. A diferencia de Rucci, a Mugica se lo ubicaba en el ala izquierda del Movimiento, aunque no aprobaba el desafío armado de Montoneros a Perón.

Tanto hablar de los paradigmas de los otros obliga a aclarar cuál anima a este libro. Mi propósito es más bien modesto: intento describir quiénes, cómo y por qué protagonizaron un asesinato político que, a pesar de su importancia, o tal vez debido a ello, ha sido investigado sin eficacia por la Justicia y por la policía, y sobre el cual tanto los periodistas como los historiadores no han escrito prácticamente nada. Y a partir de ese crimen impune pretendo explicar las relaciones entre Perón, los montoneros y el poder sindical, como un triángulo analítico para abordar un año y medio crucial, desde el 17 de noviembre de 1972, el día del primer regreso de Perón de su largo exilio gracias a una histórica campaña protagonizada por la Juventud Peronista, hasta el 1º de mayo de 1974, cuando se formalizó la ruptura entre el General y los montoneros. Algunas personas me han sugerido que ese triángulo debería ser, en realidad, un cuadrado, ya que tendría que incorporar a la Triple A en uno de los lados. No lo he hecho y creo que con buenos motivos, según explico en el capítulo 8.

En cuanto a quienes formaron parte de la Operación Traviata, me gustaría aclarar que en este libro serán citados por sus nombres y apellidos sólo aquellas personas que ya estén muertas, y siempre que su participación haya sido ratificada por al menos uno de sus parientes. No es mi objetivo contribuir al escarnio de la memoria de nadie: tanto es así que en los casos de duda razonable he preferido omitir los nombres en cuestión. Ocurrió, por ejemplo, con un famoso intelectual y guerrillero que me fue mencionado por una fuente muy confiable como uno de los que colaboraron en las tareas de inteligencia, ayudando a interceptar las Motorolas de los autos de Rucci y de sus guardaespaldas. Pero como no encontré otras fuentes que ratificaran esa información y sus familiares me aseguraron que no sabían nada al respecto, no ha sido incluido en el libro.

Tampoco serán revelados los nombres y apellidos de las personas que participaron del operativo y que aún están vivas: he detectado una cierta alegría en los ex guerrilleros por la derogación de las leyes de Punto Final y de Obediencia Debida y la anulación parcial del indulto a los jefes militares, pero también los he notado preocupados por que esas decisiones puedan abrir la puerta a la investigación penal de los crímenes cometidos por ellos cuando cambie la orientación política del gobierno de los Kirchner, algo perfectamente posible dados, por un lado, la alternancia que caracteriza a las democracias, y, por el otro, el vaivén interpretativo sobre nuestro pasado reciente. Algunas de las personas que ayudaron a matar a Rucci han brindado información imprescindible para este libro y me han pedido permanecer en el anonimato. A otras que cumplieron el mismo rol simplemente he decidido resguardarlas porque mi objetivo es estrictamente periodístico: busco describir y explicar lo que pasó; no es mi intención que esas personas sean culpabilizadas ni, mucho menos, que en el futuro puedan ir a la cárcel. Si algún día la Justicia decide volver a investigar este crimen, cuenta con los elementos necesarios para hacerlo y para llegar a conclusiones aun más elaboradas y precisas. De todos modos, hay nombres y apellidos suficientes como para satisfacer ampliamente la legítima voluntad de conocer cómo y por qué ocurrió un asesinato que tuvo un significado político tan profundo.

Capítulo 1

EL TIRO DEL FINAL O "UNA FRÍA MÁQUINA DE MATAR"

> *Yo sé que me la quieren dar esos hijos de puta, pero no me voy a achicar. Por algo cantan "Rucci traidor, a vos te va a pasar lo mismo que a Vandor". Igual, tenemos que arreglar con esos pelotudos de los montoneros. Estos chicos están confundidos: ¡querer sustituir a Perón!, ¡pelearle la conducción al General!*
>
> Rucci, el martes 25 de septiembre de 1973
> en el departamento donde vivía,
> quince minutos antes de que lo mataran.

Lino apunta su bigote renegrido hacia el fusil FAL; el caño penetra el agujero en forma de siete que acaba de hacer en la tela roja que anuncia la venta de la casa vecina a la de José Ignacio Rucci. "¡Perfecto! Desde aquí seguro que le doy en el cuello a ese burócrata traidor", exclama satisfecho con su tonada cordobesa. Está agachado en una de las ventanas del primer piso y es el jefe del grupo montonero que está por matar a Rucci, secretario general de la Confederación General del Trabajo y pieza clave en el pacto entre los empresarios y los sindicalistas auspiciado por Juan

Perón para contener la inflación, impulsar la industria nacional y volver a un reparto "peronista" de la riqueza: la mitad para el capital y la otra mitad para el trabajo. Un esquema con una mayor participación del Estado, con obstáculos y topes para el libre juego de las fuerzas del mercado, pero dentro del capitalismo.

Es el martes 25 de septiembre de 1973 y faltan quince minutos para el mediodía. Dos días antes Perón fue elegido presidente por tercera vez con un aluvión de votos, casi 7,4 millones, el 61,85 por ciento. Los peronistas siguen festejando el regreso triunfal del General luego de casi dieciocho años de exilio; los que no lo son confían en que el anciano líder, que ahora se define como "un león herbívoro" y "una prenda de paz", tenga la receta para terminar con la violencia desatada durante la dictadura, que también fue fogoneada por él. Pero Lino ya no tiene muchas esperanzas en Perón: las perdió definitivamente con la matanza de Ezeiza y con la caída del "Tío" Héctor Cámpora. Perón se les está yendo a la derecha y ellos han decidido apretarlo, "tirarle un fiambre", el de su querido Rucci, para que los vuelva a tener en cuenta en el reparto del poder, tanto en el gobierno como en el Movimiento Nacional Justicialista.

Por eso, Lino no está para festejos. Más bien luce genuinamente interesado por alguien que no conoce. "¿Cómo está la dueña de casa?", pregunta en alusión a Magdalena Villa, viuda de Colgre, quien sigue atada de pies y manos en el dormitorio con un previsor cartelito en la falda que dice: "No tiren en el interior. Dueña de casa", escrito con un lápiz de labios número 3 Richard Hudnut, color rosado. "Bien, no te hagas problemas que 'El Flaco' la cuida", le contesta "El Monra". Más allá de eso, Lino está sereno; él tiene nervios de acero y por algo es, seguramente, el mejor cuadro militar de Montoneros. Fue adiestrado en Cuba y hasta sus enemigos lo elogian. Hace más de un año, el 10 de abril de 1972, cuando acribilló al general

Juan Carlos Sánchez, que era amo y señor de Rosario y alrededores, el último presidente de la dictadura, el general Alejandro Lanusse, opinó en el velatorio: "Debe haber sido un comando argelino: en nuestro país no hay nadie capaz de tirar así desde un auto en movimiento". Sólo que Lino es un revolucionario al estilo de su admirado Che Guevara, capaz de sentir un amor muy intenso por los pueblos y por sus anónimos semejantes sin que eso le impida cumplir otro requisito del Che: llenarse de "odio intransigente" por el enemigo y convertirse en "una efectiva, violenta, selectiva y fría máquina de matar". Una complicada dialéctica de amor-odio, de ternura y dureza, el fundamento de la ética del Che que distingue al verdadero revolucionario, por la cual Lino tuvo que abandonar hasta a sus dos hijos tan queridos. Todo por la revolución socialista, la liberación nacional, el comunismo y el hombre nuevo tan soñados.

Al acecho, Lino y sus hombres esperan que Rucci salga en dirección al Torino colorado de la CGT, chapa provisoria E75885 pegada en el parabrisas y en el vidrio trasero, que acaba de estacionar frente a la casa chorizo de la avenida Avellaneda 2953, entre Nazca y Argerich, en el barrio de Flores. Los Rucci viven desde hace poco más de cuatro meses en el último departamento, al fondo de un largo pasillo de mosaicos color sangre que el chofer del sindicalista, Abraham "Tito" Muñoz, recorre ahora con paso ligero para avisar que ya llegó y que también están listos los "muchachos", el pelotón de guardaespaldas reclutados entre los metalúrgicos que esperan charlando en la vereda sobre fútbol, boxeo y mujeres. Rucci lo recibe en camiseta, tomando unos mates que le ceba su esposa, Coca. Ya ordenó al albañil que le está haciendo unos arreglos en el patio que se apure porque "el domingo cumple años mi pibe y quiero hacerle un asadito", y está conversando con su jefe de Prensa, Osvaldo Agosto, repasando el mensaje que piensa grabar dentro de una hora en el Canal 13 para el programa de Sergio Villarroel, un famoso periodista que saltó a la pantalla chica por su cobertura del Cordobazo, la revuelta popular de mayo de 1969 contra la dictadura.

—Así está bien, tiene que ser un mensaje de conciliación, como para iniciar una nueva etapa. Tenemos que ayudar al General: dieciocho años peleando para que él vuelva y ahora estos pelotudos de los montos y de los "bichos colorados" del ERP quieren seguir en la joda —dice Rucci, conocido como José o "El Petiso", con su tono exaltado de siempre.

Rucci luce contento por la victoria del domingo y ya hace cálculos sobre cómo sería el tercer gobierno del General.

—La CGT tendría que tener el Ministerio de Trabajo —suspira.

Es que no está satisfecho con Ricardo Otero, "La Cotorra", un metalúrgico como él pero que fue puesto en Trabajo por Lorenzo Miguel, el secretario general de la Unión Obrera Metalúrgica y líder de las 62 Organizaciones Peronistas, con quien lo une una relación que se ha vuelto compleja y cambiante: son aliados en varias cosas pero compiten entre sí por la jefatura del sindicalismo.

—Pero no te preocupés que todo se va a solucionar cuando el General haga los cambios que piensa hacer en el movimiento obrero. Por lo pronto, te anticipo que ya arreglé con él que mañana o pasado presento mi renuncia a la CGT, cosa de obligar a todos, incluido a Lorenzo en las "Seis Dos", a que presenten sus renuncias. Sólo así el General va a tener las manos libres.

Agosto, quien fue uno de los jóvenes que en 1963 robaron el sable corvo de San Martín del Museo Histórico Nacional como un golpe de efecto para reclamar contra la proscripción de Perón, escucha con atención, intuye que están por suceder cosas importantes en la cúpula del sindicalismo peronista y saca un tema que no lo había dejado dormir tranquilo.

—Ayer recibimos otra amenaza en la CGT. Un dibujo de un ataúd con vos adentro. Y anoche, cuando salíamos con Iannini (Antonio, el dueño del departamento donde vivía la familia de Rucci, N. del A.), nos dispararon desde un auto —le contó Agosto por lo bajo, aprovechando que la esposa, Coca, se había alejado en busca de otra pava para seguir el mate.

—Yo sé que me la quieren dar esos hijos de puta, pero no me voy a achicar. Por algo cantan "Rucci traidor, a vos te va a pasar lo mismo que a Vandor". Igual, tenemos que arreglar con esos pelotudos de los montoneros. Estos chicos están confundidos: ¡querer sustituir a Perón!, ¡pelearle la conducción al General!... Sobre las amenazas, vos sos testigo de que las tomo en serio y que me cuido mucho. Más no puedo hacer.

—¿Por qué no hacés que te custodie la policía? Tus muchachos de la custodia son buenos para repartir piñas en los actos, pero no son profesionales.

—¿Para qué? ¿Para que me mate la policía por la espalda? Ya voy a cambiarlos, cuando Perón asuma la presidencia... Hablando de eso, Tito: ¿por qué no vas al fondo a decirles a los muchachos que vengan, que se nos hace tarde?

Rucci se refería a los tres "culatas" que esa noche habían quedado de custodia en la casa: Ramón "Negro" Rocha, un ex boxeador santafesino que había peleado tres veces con el mismísimo Carlos Monzón; Jorge Sampedro, más conocido como Jorge Corea o "Negro Corea", otro ex boxeador pero de Villa Lugano, y Carlos "Nito" Carrere, a quien había traído de San Nicolás. Tres muchachos de confianza, del gremio, pero que ese día estaban bastante averiados: no habían dormido bien, habían tomado bastante e incluso uno de ellos había vuelto muy tarde del cabaret, a las siete de la mañana. Coca lo había visto cuando entró casi a los tumbos. Ella estaba por llevar a los chicos, Aníbal y Claudia, a la escuela cuando vio que se movía el picaporte de la puerta de entrada. Pensó que venían a matarlos y abrazó a sus hijos, pero enseguida se dio cuenta de que era uno de los escoltas de su marido.

Mientras Tito Muñoz vuelve al living a la cabeza de una fila adormilada, Agosto menea la cabeza y echa un vistazo a su reloj: "Uy, son casi las doce, tendríamos que ir saliendo...".

El sonido del teléfono los interrumpe. Atiende Coca. "Para vos, José, es Lidia. Dice que es urgente, que Lorenzo te está buscando. Ya llamó antes, cuando estabas durmiendo", le dice la esposa. Antes de atender a Lidia Vivona, la secretaria privada de Lorenzo Miguel, Rucci le hace una pregunta a Agosto.

—¿Para dónde vamos?

—Al Canal 13, en Constitución.

—Está bien, vos andá en el auto de adelante que yo te sigo... Ufa, Lidia, ¿qué pasa que hay tanto apuro?

—Hola, José; no, viste que Lorenzo dice que, si podés, necesita verte urgente, lo más pronto posible; que es un asunto importantísimo.

—Bueno, Lidia, me tomo este matecito que me está alcanzando Coca y salgo para allá, pero antes tengo que pasar por el Canal 13 a grabar un mensaje por las elecciones. Después de esa grabación, que es cortita, voy para allá.

Rucci se pone una camisa bordó y un saco marrón a cuadros, y ordena a Muñoz, su chofer: "Tito, avisales a los muchachos que están en la puerta que se suban a los autos, que se preparen que ya salimos. Pero que no hagan mucho lío con las armas, que no las muestren mucho. ¡A ver si se cuidan un poco!".

Otro llamado lo interrumpe. Esta vez es Elsa, una amiga de Coca, que la enreda en una charla interminable sobre un juego de copas, regalo de casamiento, que para su desgracia acaba de rompérsele. Coqueto como siempre, Rucci se retoca el jopo y el bigote frente a un espejo y le hace señas a su mujer.

—Dale, Coca, apurate que me tengo que ir.

—No le puedo cortar, José, la pobre me quiere hablar —le contesta su mujer, tapando el tubo.

—Bueno, me voy —le dice Rucci tirándole un beso.

—Elsa, esperame que se está yendo José... Chau, José, chau —le contesta, y sigue la charla con su amiga Elsa.

Cuando abre la puerta de la casa chorizo, sus trece guardaespaldas ya están en sus puestos, sentados en los cuatro autos estacionados sobre Avellaneda: tres lo esperan en el Torino colorado sin blindar; cuatro en un Torino gris ubicado a unos cincuenta metros, casi llegando a Argerich; los otros seis, en los dos coches del medio, un Dodge blanco y un Ford Falcon gris, que es el que saldrá primero, encabezando la caravana, y al que Agosto recién se está subiendo.

Las últimas palabras que se le escuchan a Rucci son un trivial "Negro, pasate adelante y dejame tu lugar, así te ocupás de la Motorola", una orden suave dirigida a Rocha, que en el apuro se había ubicado atrás, junto a Corea. Rocha sale del asiento trasero y está por abrir la puerta delantera cuando lo sorprenden el estruendo de un disparo de Itaka que abre un agujero en el parabrisas y una ráfaga de ametralladora.

En el primer piso de la casa de al lado a Lino no se le mueve un pelo; apunta con cuidado, espera el segundo preciso e, inmediatamente después de la ráfaga de ametralladora, aprieta el gatillo del FAL. Son las 12.10 y la bala penetra limpita en la cara lateral izquierda del cuello de Rucci, de un metro setenta de altura, que a los cuarenta y nueve años estira su mano pero no llega nunca a tocar la manija de la puerta trasera del Torino colorado. De izquierda a derecha entra el plomo, que parte la yugular y levanta en el aire los sesenta y nueve kilos del "único sindicalista que me es leal, creo", como dijo Perón la primera vez que lo vio, en Madrid. Los pies dibujan un extraño garabato en el aire y cuando vuelven a tocar la vereda el secretario general de la CGT ya está muerto. Un tiro fatal, definitivo, disimulado entre los veinticinco agujeritos que afean su cuerpo, abiertos por el FAL de Lino pero también por la Itaka y la pistola nueve milímetros que usan "El Monra" y Pablo Cristiano. De nada sirve que el fiel Corea eluda las balas y le levante la cabeza gimiendo "José, José". Rucci está tirado en el piso, la cabeza casi rozando esa puerta trasera que no abrió, los zapatos italianos en dirección a la pared. Ya no puede oír los disparos furiosos de sus confundidos custodias, que, luego de la sorpresa, apuntan contra fantasmas ubicados en la vereda de enfrente, en las vidrieras del negocio de venta de autos usados Tebele Hermanos, que se hacen añicos, y en el colegio Maimónides, una escuela primaria y secundaria a la que asisten unos cuatrocientos chicos judíos y en cuya terraza algunos de sus culatas han creído divisar las siluetas de los atacantes. No consigue ver al joven sobrino y ahijado de Coca, Ricardo Cano, que cruza la calle como un loco, disparando con un fusil contra el colegio, pero que no logra abrir el portón que el portero ha cerrado para proteger a los alumnos, ni siquiera con la ayuda de otros dos de sus muchachos. Tampoco puede socorrer al Negro Rocha, a quien un disparo le ha abierto la cabeza, ni a Tito Muñoz, su chofer, que se arrastra con su arma hasta un garaje vecino y no alcanza a llegar al lavadero que se desmaya, todo ensangrentado por los cuatro balazos que le han agujereado la espalda, uno de los cuales le rozó el corazón. Ya es tarde para José Ignacio Rucci. Tantos guardaespaldas no le han servido ni siquiera para que adivinen el lugar de donde partieron los disparos asesinos.

Hace ya unos valiosos minutos que Lino y su grupo dejaron de disparar. Abrazaron las armas y el "micro", el teléfono portátil con el que, gracias a la pericia de los dos compañeros de ENTEL, la Empresa Nacional de Telecomunicaciones, que la semana anterior habían pinchado el tubo de la casa de la víctima, pudieron captar los diálogos con la secretaria de Lorenzo Miguel y con Elsa, la amiga de la esposa de Rucci, para saber cuándo la presa estaba saliendo de su cueva. Habían necesitado esos preciosos datos para conocer el momento justo en el que debían preparar las armas antes del devastador ataque por sorpresa. Son siete u ocho siluetas que cruzan corriendo el jardín y que se suben a las dos escaleras, una de madera y la otra de aluminio, colocadas contra la pared del fondo, que da a la casa de Aranguren 2950. Algunos se descuelgan por una soga; otros, más ansiosos o más confiados en su físico, saltan al techo de un gallinero y de allí, al piso. Pasan muy cerca de María Rúa de Rodríguez, un ama de casa española que estaba preparando la comida pero que salió de la cocina alertada por los ruidos. "Metete adentro que somos de la Policía Federal", escucha ella. No podrá recordar mucho: sólo que eran todos varones, de entre veinticuatro y veinticinco años, que uno llevaba puesta una gorra, y que tenían "cabellos de rubio a castaño claro".

Ya están en la calle y allí los esperan dos autos: un Fiat 1600 blanco y un Peugeot 504 gris oscuro que habían sido robados a principio de mes, uno en Quilmes y el otro en Belgrano, luego de que su dueño lo dejara estacionado para ir al cine. A toda velocidad se alejan y recorren una decena de cuadras hasta Emilio Lamarca y Venancio Flores, donde a las 12.30, veinte minutos después del disparo fatal, y junto al alambrado del Ferrocarril Sarmiento ya cambian de vehículos para ahora sí dirigirse al cuartel general, un departamento ubicado en el piso doce de Juan B. Justo al 5700, a ocho cuadras del domicilio de la víctima. Desde allí podrán ver la casa de Rucci, pero eso a Lino no le basta. "Sigan ustedes, que yo voy a ver qué pasa", dice él. Y vuelve caminando al lugar donde acaba de matar al "burócrata traidor". Es uno más en el incipiente coro de curiosos y sólo busca comprobar que el operativo salió tal como él lo había planeado.

Capítulo 2

EL MAGNUM QUE CONVENCIÓ A PERÓN

No podemos ir al velatorio de Rucci por razones obvias.

Uno de los diputados afines a Montoneros al rechazar la invitación de Perón el martes 25 de septiembre de 1973 a las 14.30 aproximadamente. Eran más de veinte legisladores, entre ellos Carlos Kunkel, Armando Croatto, Aníbal Iturrieta, Rodolfo Vittar, Roberto Vidaña y Diego Muñiz Barreto.

Raúl Lastiri dirigía, formalmente, el país desde hacía setenta y cuatro días en reemplazo del renunciado Héctor Cámpora, pero se sentía mucho más cómodo en su despacho de presidente de la Cámara de Diputados. Había sido puesto allí por las presiones de su influyente suegro, José López Rega —padre de su esposa Norma, secretario privado de Juan Perón y ministro de Bienestar Social—, a pesar de que había entrado en un alejado sexto lugar por la lista del Frente Justicialista de Liberación de la Capital Federal.

Cuando Cámpora tuvo que renunciar para abrirle paso a Perón, el 13 de julio de 1973, Lastiri, un fanático de las corbatas, saltó a la presidencia de la República con la misión de preparar las elecciones que coronarían el retorno del General.

Era un mandato de transición, provisional. Lastiri sabía que todo su poder era prestado e iba sólo lo imprescindible a la Casa Rosada, tanto que prefería convocar a sus ministros para las reuniones de gabinete directamente en el chalet de tres plantas ubicado en la calle Gaspar Campos 1065, en Vicente López, a una decena de cuadras de la residencia presidencial de Olivos, donde vivía el General desde su regreso definitivo a la Argentina.

Perón era el poder real y Lastiri lo respetaba hasta el exceso y la obsecuencia. Abría las reuniones de gabinete con una reverencia y un ofrecimiento: "Mi General, siéntese acá, a la cabecera de la mesa". Y Perón, elegante y formal, pero halagado, le respondía: "No, Lastiri, el presidente es usted".

Dos semanas atrás, Lastiri había tenido la mala suerte de que los dos perritos de Perón se le treparan a la falda y comenzaran a lamberle la cara. Obviamente, él no los echó: eran los caniches del General, y aguantó esas incómodas muestras de afecto sin decir una palabra mientras los ministros exponían.

—Lastiri, disculpe; a estos perros les gustan los presidentes —bromeó Perón.

Los caniches siguieron con sus lambidas, y el pobre Lastiri debía balancearse para esquivarlos con el riesgo evidente de caerse de la silla.

—Cuidado, Lastiri, que estos perros lo pueden derrocar —lo martirizó el General.

A Lastiri no le molestaban esos comentarios; al contrario, los consideraba una muestra de afecto, o al menos de consideración.

La última vez que había estado con el General en Gaspar Campos había sido apenas dos días atrás, el domingo 23 de septiembre, esperando los resultados de una victoria cantada. No eran más de veinte personas: Lorenzo Miguel, referente principal del proyecto de poder sindical, político y económico caricaturizado con la imagen "La patria metalúrgica"; el senador jujeño Humberto Martiarena, jefe del bloque oficialista en la Cámara Alta, y José Luis Pirraglia, dirigente de la ortodoxa Juventud Sindical Peronista, entre otros. Perón comandaba la tertulia, instalado en su sillón frente al televisor, de donde emergían datos y reportajes. En un momento, apareció un joven Fernando de la Rúa, "Chupete", senador por la Capital Federal y número dos de la fórmula presidencial de los radicales.

—Estoy encantado de haber trabajado al lado de uno de los líderes de la democracia, el doctor Ricardo Balbín.

—Y así le va a ir, m'hijo: siempre segundo —le contestó Perón desde el living de su casa.

Luego, fue el turno de Balbín.

—Dígame, doctor, ¿qué quedó de aquel proyecto de unidad nacional del que usted hablaba con el general Perón? —lo aguijoneó el periodista.

—Eso quedó en la idea —contestó "El Chino".

—Claro, yo les conté la idea; como no me la compraron, no les conté el final —completó el General alargando las carcajadas de los fieles.

Otra vez había sido largamente plebiscitado por el pueblo y la voz de Perón sonaba triunfal. Muy distinta del tono espectral de unos minutos atrás, cuando llamó a Lastiri por teléfono para hablar del asesinato de su querido Rucci.

Habían pasado apenas dos horas del atentado que ya conmocionaba a los argentinos y Lastiri, el presidente de la República, ordenó a su secretaria que convocara urgente a su despacho a Nilda Garré, luego embajadora en Venezuela y ministra de Defensa con los Kirchner; a Julio Bárbaro, titular del Consejo Federal de Radiodifusión hasta su renuncia en abril de 2008, y a otros jóvenes diputados que mantenían un buen diálogo con sus colegas encuadrados en Montoneros.

—Compañeros, los llamé porque el General está muy preocupado y nos pide que invitemos a los diputados más vinculados a Montoneros para que vayan al velatorio de Rucci y así se demuestre públicamente que el asesinato no fue obra de ellos —les dijo.

—¿El General sospecha de algún grupo en particular? —quiso saber Bárbaro.

—Él espera que haya sido obra de un enemigo externo al Movimiento.

Perón quería creer que su fiel Rucci había sido asesinado por el Ejército Revolucionario del Pueblo (ERP), el brazo militar del Partido Revolucionario de los Trabajadores (PRT), trotskista, que continuaba en la lucha armada a pesar de que el 25 de mayo de aquel año se había terminado la dictadura y la Argentina había vuelto a la democracia. El ERP acababa de ser declarado ilegal, el día anterior al ataque contra Rucci.

En una conferencia de prensa el 8 de junio, el máximo líder del PRT y del ERP, Mario Roberto Santucho, había manifestado su escepticismo sobre las posibilidades revolucionarias del peronismo y del gobierno de Cámpora.

—Continuaremos esta lucha hasta el triunfo final, hasta el triunfo de la revolución socialista.

Santucho precisó que sus objetivos militares serían "las fuerzas armadas contrarrevolucionarias y las empresas explotadoras extranjeras o de capitalistas argentinos", pero enfatizó que no atacarían al gobierno y a la policía, ni a sindicalistas y políticos, siempre que no se metieran con ellos. Era, o intentaba ser, la lucha de un ejército contra otro.

—La única solución es desarmar a las fuerzas armadas contrarrevolucionarias y que las milicias populares armadas asuman la defensa del gobierno popular.

A pesar de los deseos del General, era muy poco probable que hubiera sido el ERP porque Rucci no figuraba entre sus blancos, al menos en aquel momento.

Por eso no sonaba creíble el llamado de las 13.30 de aquel martes a la comisaría 50, que recién comenzaba a investigar el asesinato ocurrido en su jurisdicción. "Preste atención, nosotros, el ERP-22 de Agosto, dimos muerte al traidor José Rucci por atentar contra la Patria", dijo una voz de mujer al oficial que levantó el tubo del teléfono. Se trataba de una reciente escisión del ERP, más cercana al peronismo. El flamante jefe de la Policía Federal, el general retirado Miguel Ángel Iñíguez, salió a informar rápidamente a los periodistas sobre este llamado, pero al día siguiente tanto el ERP como el ERP-22 de Agosto negaron cualquier responsabilidad en el asesinato.

Tres meses antes, el 19 de junio, varias agencias de noticias habían recibido la copia de un comunicado atribuido al ERP que, luego de enjuiciar severamente la tarea de Rucci al frente de la CGT, afirmaba que "un tribunal del pueblo lo ha sentenciado a la pena de muerte". Rucci reaccionó según se esperaba de él: "Si me pasa algo, que quede bien en claro al movimiento obrero argentino que son los inmundos bolches y los trotskistas los que indudablemente pueden atentar contra mi vida", advirtió. Pero el comunicado fue desmentido rápidamente por el ERP.

Dos semanas antes de la emboscada, había circulado un rumor muy fuerte sobre un atentado contra Rucci. Esa vez, Rucci apuntó contra sus enemigos dentro del Movimiento: "Todo responde a una campaña indudablemente destinada a perturbar la tranquilidad. Y después gritan 'Viva Perón', y hacen todo lo contrario de lo que realmente expresa el general Perón", advirtió en un comunicado el 11 de septiembre.

Montoneros había adoptado una postura distinta de la del ERP. También el 8 de junio, Mario Firmenich y Roberto Quieto dieron una conferencia de prensa en la que anunciaron que seguirían luchando contra el "imperialismo yanqui", pero también contra una bien nutrida lista de enemigos en la que incluyeron a "los traidores al Frente (Justicialista de Liberación) y al Movimiento, y a todos aquellos que conspiren contra el programa de liberación nacional", a quienes "se los combatirá por todos los medios y en todos los terrenos necesarios, por la acción de masas y por la acción armada, tanto de masas como de comando". Los jefes guerrilleros destacaron que tenían "enemigos internos en el movimiento peronista", y pusieron como ejemplos a "sectores como el vandorismo, el participacionismo político y sindical". Esas líneas de acción se traducían en tres consignas que seguían siendo muy populares en los actos de la juventud encuadrada en Montoneros: "¡Rucci traidor, a vos te va a pasar lo mismo que a Vandor!"; "¡Se va a acabar, se va a acabar, la burocracia sindical!", y "¡Apoyo a los leales, amasijo a los traidores!". Fue una conferencia de prensa con un fuerte significado político porque se trató del primer encuentro con periodistas de Firmenich y Quieto juntos. Hasta ese momento, ellos siempre habían hablado por separado, como jefes de Montoneros y de las Fuerzas Armadas Revolucionarias, las FAR, que venían del marxismo pero se habían ido peronizando progresivamente al comprender que la revolución socialista en la Argentina debía pasar por el peronismo y por sus bases populares. La reunión indicó que ambas organizaciones político-militares habían terminado las negociaciones para fusionarse en una sola sigla, que conservaría el nombre Montoneros, a secas, como se anunciaría luego.

Los heraldos de Lastiri partieron en busca de Carlos Kunkel (era el jefe en La Plata de un joven, impetuoso y periférico santacruceño que estudiaba Abogacía, Néstor Kirchner), Armando Croatto, Aníbal Iturrieta, Rodolfo Vittar, Roberto Vidaña, Diego Muñiz Barreto y de otros jóvenes que formaban parte de los más de veinte legisladores que pertenecían a Montoneros. El resultado fue francamente negativo. "No podemos ir al velatorio de

Rucci por razones obvias", resumió uno de ellos, muy suelto de cuerpo.

A los veinte minutos, Garré, Bárbaro y los otros comisionados estaban de vuelta en el despacho de Lastiri. "Vamos a tener que ir solos: fueron ellos", le contaron. La última esperanza de Perón de que no hubieran sido sus hijos descarriados había durado menos de media hora.

Apenas se enteró de la mala nueva, Perón convocó a su gabinete, a los dieciséis miembros del Consejo Superior Peronista, el máximo organismo del Movimiento, y a otros conspicuos dirigentes peronistas a una urgente reunión en la Casa Rosada aquella misma tarde a las 16.30, antes de un acto previsto desde hacía ya varios días en el que López Rega planeaba presentar la maqueta para construir el Altar de la Patria: le había nacido la idea en la España del dictador Francisco Franco, y con ella buscaba honrar la memoria de todos los muertos ilustres de la Argentina.

El llamado del General encontró al joven Pirraglia en mangas de camisa: tuvo que comprarse un saco marrón a las apuradas en un negocio de la Avenida de Mayo. Poco después de las 16, ya estaban todos los invitados, unas cincuenta personas, en la Casa Rosada, esperando a Perón. Había una mezcla de bronca, sorpresa y perplejidad. Todos interpretaban el asesinato de Rucci como un abierto desafío a Perón, aunque no coincidían en la identidad de sus autores: algunos apuntaban a los montoneros; otros, al ERP; un grupo desconfiaba de Lorenzo Miguel, cuyos celos y chisporroteos con Rucci eran notorios; varios veían en todo eso la larga mano de la CIA, la Agencia Central de Inteligencia de los Estados Unidos, tan presente en el golpe de Estado de hacía apenas dos semanas contra el socialista Salvador Allende, en Chile, y el resto sospechaba de uno de los dos hombres fuertes del gabinete, de López Rega o del ministro de Economía, José Ber Gelbard. En este último caso, imaginaban la complicidad del Mossad, el servicio secreto israelí, y de David Graiver, un joven y audaz banquero en ascenso fulgurante que había sido funcionario de la dictadura, era un influyente asesor de Gelbard y luego trabaría fluidas relaciones con Montoneros. La nerviosa tertulia reflejaba la confusión que en esos momentos se había apoderado de todo el peronismo.

Perón era una persona muy puntual, pero aquella vez, contra su costumbre, llegó unos minutos tarde. Es que, cuando estaba saliendo de su despacho, uno de sus edecanes militares le entregó un informe muy reservado de la Policía Federal que le confirmaba que el asesinato de Rucci había sido realizado por los montoneros. Los autores de los disparos habían dejado abandonado un revólver W357 Magnum Smith & Wesson, norteamericano, con su carga completa. El rastreo de la Federal determinó rápidamente que esa arma había sido robada hacía unos meses a la custodia del gremio de los empleados de la empresa estatal Obras Sanitarias, en un operativo que sí había sido firmado por los montoneros. El revólver fue encontrado en el primer piso de la casa vecina a la de Rucci, desde donde se efectuaron los disparos, como una prueba cifrada para que al presidente electo no le quedaran dudas de quiénes eran los que lo habían desafiado al liquidar a su hombre de mayor confianza.

Los datos de la Policía Federal golpearon aun más a Perón. Uno de sus médicos, el cardiólogo Pedro Ramón Cossio, lo vio muy compungido.

—La muerte de Rucci fue un impacto emocional enorme para Perón; él quedó realmente impresionado porque le tenía un real afecto. Fue, sin dudas, uno de los impactos más grandes en su salud. Todo lo que Perón vivió desde su primer regreso al país precipitó claramente su enfermedad e hizo que viviera mucho menos de lo que habría vivido si se hubiera quedado en España.

Perón apareció demacrado, lloroso, serio y muy enojado en el Salón Blanco, junto a su esposa Isabel en su flamante rol de vicepresidenta electa, y a López Rega, quien se dedicó a ordenar la fila del besamanos. Cuando se acercó el teniente Julián Licastro, fundador de los Comandos Tecnológicos Peronistas, una organización que formaba dirigentes y divulgaba la doctrina justicialista, Isabel le comentó con una calidez inusual: "Muy valiente su actitud, muy bueno lo que dijo frente a la casa de Rucci. El General se emocionó mucho". Es que Licastro, entrevistado por un también joven Santo Biasatti, había declarado que "los montoneros no son nuestros compañeros. Éste es un atentado contra Perón. Han matado a un gran argentino, a un hombre leal". López Rega lucía realmente apurado: "Teniente, circule, está atascando el paso". Veía que se le estaba atrasando el acto por el Altar de la Patria.

Luego de saludar a Perón, Licastro le comentó al senador Martiarena:

—El General tiene los ojos chiquititos, apenas se le ven. Se ve que lloró mucho... No es muy frecuente que llore.

—Es que lo quería como un hijo —le respondió el jujeño.

A la hora de las palabras, Perón sonó desencantado y duro.

—Esto es como la rabia: siempre hay que matar al perro para acabar con la rabia. Pero dentro de la ley: no podemos cometer el error de ponernos a la altura de ellos. Esta violencia es parte de una enfermedad que también afecta a otros países y no sólo en nuestro continente. Si hasta en Francia e Italia pasan estas cosas.

Perón destacó "la lealtad de Rucci" y alabó al sindicalismo, al que calificó como "la columna vertebral del Movimiento". Y dedicó palabras muy fuertes a los autores del asesinato, dando a entender que estaba apuntando contra una de las alas de su propio tinglado político.

—Sabemos que tenemos enemigos afuera del Movimiento Nacional Justicialista, que responden a otros intereses. Pero también sabemos que existen sectores que se dicen justicialistas pero que nada tienen que ver con el justicialismo. Nosotros sabemos bien lo que somos: somos lo que dicen nuestras Veinte Verdades, ni más ni menos. Por ejemplo, somos decididamente antimarxistas y estamos contra los dos imperialismos que quieren dividirse al mundo.

López Rega estaba cada vez más preocupado por la agenda del General, tanto que le hacía señas de que el tiempo se estaba agotando.

—Pero Lopecito, ¿usted cree que es el momento para hacer ese acto sobre los muertos de la Patria? Usted sabe cuál es mi pensamiento. Creo que no hay que hacer ese monumento: durante el día Lavalle, Urquiza, Rosas, San Martín se van a portar bien porque los vamos a estar mirando, pero por la noche Lavalle le va a pegar a Rosas, y juntos la van a correr a Evita. Es nuestra historia, son nuestras divisiones: los muertos de la historia argentina por ahora están definitivamente peleados. Lamentablemente, deberán pasar años todavía para que puedan convivir todos juntos y en paz.

Esas palabras impactaron en todos los invitados de Perón como una amarga metáfora de las divisiones entre los argentinos, por las cuales seguiría corriendo tanta sangre.

Perón tenía un método, que consistía en analizar lo que sucedía en el país desde una perspectiva más global. En ese marco, volvió al tema que lo obsesionaba en las últimas semanas: el papel decisivo que, en su opinión, había tenido la guerrilla chilena, con la ayuda de Cuba, en la caída de Allende el 11 de septiembre debido a un golpe de Estado que terminó con la llamada "vía pacífica al socialismo".

Lo destacó en forma muy precisa el embajador estadounidense en la Argentina, John Davis Lodge, en un cable confidencial a su gobierno, al informar sobre una entrevista concedida por Perón al diario *Il Giornale d'Italia*, reproducida en Buenos Aires por el vespertino *La Razón* aquel

25 de septiembre de 1973, en la que "advirtió a Cuba que en Argentina no tratara de 'jugar el juego' que había hecho en Chile porque eso resultaría en violencia. Si, sin embargo, las guerrillas insistían, ellas podrían precipitar eventos similares a los de Chile. Perón agregó que los eventos en Chile fueron responsabilidad de las guerrillas y no de los militares". Lodge sostuvo que Perón atribuyó la caída de Allende "a su sectarismo y a su tendencia a los excesos políticos. Perón destacó que el quiebre en Chile había cerrado la única segura válvula de escape de las guerrillas argentinas". Según el embajador estadounidense, esas declaraciones junto a otras decisiones, como la proscripción del ERP, mostraban que luego de las elecciones "Perón está comenzando a moverse abiertamente hacia el centro derecha".

Unos días después, el 3 de octubre de 1973, en otro cable reservado dirigido a su gobierno, Lodge, que no guardaba mucha simpatía por Rucci, afirmó que el líder sindical "realizó un destacado trabajo cumpliendo las tareas asignadas por Perón", y reveló cuál había sido la primera reacción del General luego del atentado contra el jefe de la CGT.

—Su asesinato, por lo tanto, fue una afrenta directa a Perón, y Perón ha reaccionado en forma acorde. El día de la muerte de Rucci, cuando se encontró con el presidente Lastiri, Perón le dijo que "nuestro apoyo y nuestra excesiva comprensión hacia las guerrillas han terminado".

Capítulo 3

"ME CORTARON LAS PATAS"

> —Me mataron un hijo —le dijo Perón a la familia de Rucci.
> —¿Por qué, General? —balbuceó la esposa, Coca.
> —Por leal —contestó Isabel Perón.
> El miércoles 26 de septiembre de 1973 a las diez, en el velatorio en la CGT.

Parecía un día cualquiera para Claudia, de nueve años, una carita conocida que todas las noches se mostraba en la pantalla del Canal 9 en la novela "Me llaman Gorrión", y para su hermano Aníbal, de catorce, los dos hijos de Rucci, que se entretenían chimentando cosas de la escuela en el asiento trasero del Torino de la CGT que los llevaba de regreso a casa, luego de otra mañana en el colegio Almirante Brown, de Haedo.

Cerca de allí, en Ramos Mejía, en una casa de clase media baja que todavía estaba hipotecada, habían vivido los Rucci hasta el 15 de mayo de 1973, cuando decidieron mudarse a la Capital, a un departamento en Flores prestado por Antonio Iannini, un empresario gráfico de confianza de varios sindicalistas.

Fue por una cuestión de seguridad. Resulta que un domingo a principios de mayo los Rucci invitaron a almorzar a Iannini y a su esposa. Rucci estaba tomando un aperitivo en la cocina con su esposa, Coca, y tres custodias cuando los invitados aparecieron por sorpresa.

—¡Qué bien! Miren si éramos del enemigo —ironizó Iannini apuntando con el índice de su mano derecha.

—Pero ¡otra vez dejaron la puerta de adelante abierta! —les reprochó Rucci a sus guardaespaldas.

Luego de los saludos, Iannini reiteró una oferta anterior.

—Coca, José, ¿por qué no se van a vivir a ese departamento que tenemos en la avenida Avellaneda? Es mucho más seguro que aquí, y está completamente amueblado. Están el tiempo que quieran y, si les gusta, me lo compran.

El Torino que conducía Tito Caneda ya estaba llegando a Nazca y Avellaneda cuando vio un tumulto de gente y a varios policías que habían cerrado el tránsito por Avellaneda, a media cuadra del departamento de Rucci.

"Son los hijos de Rucci, son los hijos de Rucci", gritó Elsa, la amiga con la que Coca hablaba por teléfono cuando se produjo el atentado, apenas divisó el Torino. Logró que un policía detuviera el auto y que otro controlara que la gente no se acercara demasiado.

Elsa tenía puesto todavía su delantal de ama de casa: vivía cerca y, apenas supo de la desgracia, se vino a las apuradas para esperar a los chicos de su amiga. Se había enterado por Juan Carlos Vaglio, el hermano de Coca, que era el encargado de llevar todos los días a la pequeña Claudia a grabar al Canal 9, luego del almuerzo. Él agarró el tubo del teléfono y le dio la mala noticia luego de que Coca cayera desmayada apenas uno de los custodios entró gritando, desesperado: "¡Lo mataron a José, lo mataron a José!".

"Vamos a casa; hubo un atentado, pero está todo bien. José está bien", les mintió Elsa a Claudia y a Aníbal.

Tito Caneda los cargó a todos en el Torino y los llevó al departamento de Elsa, donde ya habían preparado la mesa para el almuerzo. Fue una comida triste, silenciosa, con Elsa y su marido, Raúl, que se levantaban cada cinco minutos para echar un vistazo a la TV del living. En un descuido, Claudia se les escabulló y alcanzó a leer en la pantalla: "Asesinaron a Rucci".

En el departamento donde vivían los Rucci, lo primero que Coca recordó al despertarse del desmayo fue el sueño que había tenido hacía quince días: habían disparado contra su marido y se lo traían en brazos, pero sólo estaba herido; no como ahora que todos intentaban consolarla con palabras que le sonaban vanas porque él estaba irremediablemente muerto. Una multitud se amontonaba alrededor de la cama que aquella última noche había compartido con José Ignacio Rucci: había amigos, parientes, sindicalistas, custodias; estaba la famosa actriz Beatriz Taibo, estrella de la novela donde actuaba Claudia; y un cura jovencito al que jamás había visto le tomaba la mano y rezaba en voz baja. "Siempre hay un cura cuando muere alguien", pensó ella antes de que apareciera su amiga Elsa con sus dos hijitos, que no paraban de llorar. Fue lo último que vio antes de volver a desmayarse.

En realidad, Rucci iba poco a ese departamento, sólo los sábados por la noche; se quedaba el domingo en familia y el lunes por la mañana volvía a la CGT, en Azopardo 802, muy cerca del viejo Puerto Madero, que en esa época estaba separado de la ciudad por un cerco cubierto de maleza. Él vivía allí durante la semana, en un departamento chiquito, de dos ambientes, que se había hecho construir en la terraza, justo arriba de su despacho, ubicado en el quinto piso. Se sentía más seguro en la CGT, a la que había convertido en una fortaleza, con puertas con rejas de acero, depósitos de armas cortas y largas, y patrullas de guardias reclutados en la Unión Obrera Metalúrgica y en algunas agrupaciones de ultraderecha. Eran tiempos violentos y él recibía muchas amenazas. Pero más allá de esos sinsabores, que no lo afectaban sólo a él, Rucci estaba muy feliz con su cargo de secretario general: le permitía manejar una cuota importante de poder ahora que el eje del gobierno peronista pasaba por el Pacto Social que había firmado con los empresarios de la Confederación General Económica (CGE). Él representaba al Trabajo en la alianza con el Capital. Le gustaba mucho eso. Por ejemplo, que todos los nombramientos en los puestos importantes en el Estado tuvieran que llevar su aval. Era el poder que volvía a pasar por el edificio blanco de la calle Azopardo.

Ese edificio que aquel martes 25 de septiembre de 1973 se estaba llenando de sindicalistas, funcionarios y legisladores que bajaban de sus autos con los rostros tensos y con pocas ganas de atender a la tropa de periodistas que se desplazaba de un lugar a otro para lograr declaraciones. Uno de los pocos que dijeron algo fue Eustaquio Tolosa, del gremio de los portuarios.

—Esto es un desafío a Perón y al gobierno popular. No podría precisar quiénes son los autores, pero estoy seguro de que, en definitiva, el pueblo los encontrará y no volverán a repetirse estas cosas.

Otro que habló fue Rodolfo Ponce, de los recibidores de granos.

—Esto hay que atribuirlo a quienes no quieren la revolución en paz... Son grupos de ultraizquierda al servicio de intereses espurios.

A las 15 ya se había reunido mucha gente frente a la CGT mientras adentro comenzaba una reunión extraordinaria del Comité Central Confederal, el organismo máximo. Luego del minuto de silencio, tomó la palabra uno de los principales aliados de Rucci, el secretario adjunto, Adelino Romero, de los textiles.

—El asesinato del compañero Rucci es un nuevo hecho que se ha sumado a la lista de hombres del movimiento obrero que por el solo hecho de defender a los trabajadores son abatidos por grupos que responden a intereses espurios.

Un coro de aplausos rubricó las palabras del número dos de la CGT. Se le quebró la voz a Romero cuando propuso un paro de treinta y seis horas, desde las 18 de aquel martes hasta las 24 del miércoles, "como expresión de duelo y de repudio al asesinato del querido compañero Rucci". La aprobación fue unánime y los jefes sindicales se descargaron con un estribillo:

—Ni yanquis ni marxistas, ¡pe-ro-nistas!

Pronto, surgió otro cantito:

—¡Perón, Evita, la patria peronista!

Este último era mucho más específico en cuanto a sus destinatarios: los montoneros y sus grupos afines de jóvenes nucleados en la Tendencia Revolucionaria, que en las manifestaciones preferían otro estribillo:

—¡Perón, Evita, la patria socialista!

Luego de los cantos, varios gremialistas se dedicaron a preparar el salón principal de la CGT para velar al difunto, mientras otros se encargaban de redactar un comunicado con las 62 Organizaciones, el brazo político del sindicalismo peronista.

El texto salió a las dos horas, con un título a la altura del acontecimiento: "Rucci inmolado. El crimen no frenará la liberación nacional ni el acceso al poder del gobierno popular". Sus puntos principales fueron los siguientes:

- Calificó al asesinato de "crimen increíble que siega una nueva vida al servicio de la clase trabajadora y de la Patria y agrega otro mártir a la ya larga lista que ostenta el movimiento obrero argentino", de "atentado incalificable", y de "injusta muerte".

- Sobre los autores del ataque, los identificó con "el antipueblo", "la barbarie antinacional" y "las minorías apátridas", pero evitó mayores precisiones.
- El atentado fue interpretado como "una siniestra agresión contra el pueblo argentino que el 23 de septiembre expresó su vocación de paz y de justicia social, votando libre y democráticamente por el reencuentro y la unidad nacional", y como "la resultante de una definición ideológica ya que José Rucci simbolizaba la fuerza activa y nacional del movimiento obrero argentino, la fe en Perón y en la causa del pueblo de la que él hizo mística devoción en su condición de soldado de Perón, devolviendo a la CGT su auténtica expresión popular, siendo factor decisivo de la gran movilización del pueblo trabajador detrás de su líder".
- Reclamó que sobre los ejecutores e instigadores del crimen "caiga implacablemente el peso de la ley". Y en un plano más general exigió que "las autoridades adopten todas las medidas encaminadas a poner fin a la violencia y al crimen, ajustándose para ello a las leyes vigentes o promoviendo la sanción de aquellas que fueran necesarias para tal fin".

A las 18.30, las sirenas de una docena de coches de la policía indicaron la llegada de un furgón con Rucci en su ataúd. Varios cientos de coronas cubrían ya las dos veredas de la calle Azopardo, y una multitud aplaudió con respeto cuando un grupo de la Juventud Sindical Peronista entró a pulso el cajón de madera.

Juan Perón llegó con Isabel a las 9.30 del miércoles 26. Lucía abatido y tropezó un par de veces antes de llegar al ataúd. Rucci estaba entubado en una bandera argentina y una enseña del gremio metalúrgico le cubría los pies. El General movía los labios y parecía que cuchicheaba con su fiel escudero gremial. Luego, se volvió hacia la familia de Rucci.

—Me mataron un hijo —les dijo.
—¿Por qué, General? —balbuceó la esposa, Coca.
—Por leal —contestó, seca, Isabel.

Las manos de Perón acariciaron las cabezas de Claudia y de Aníbal, los hijos de Rucci, a quienes ya conocía porque el padre se los había llevado un par de veces al chalet de la calle Gaspar Campos.

Un grupo de periodistas le hizo señas; Perón se les acercó y les regaló una frase para los diarios del día siguiente:

—Esos balazos fueron para mí; me cortaron las patas.

A las 15 del miércoles todos los referentes del poder político, económico, sindical y militar del país ya habían pasado frente al cuerpo de Rucci: Perón y su esposa; el presidente Raúl Lastiri; los ministros; la mayoría de los legisladores oficialistas; varios políticos de la oposición; los empresarios más poderosos (Julio Broner, el titular de la CGE, estaba preocupado por la versión de que Rucci se iba a tirar contra el Pacto Social en el mensaje por Canal 13); los jefes de las fuerzas armadas; el arzobispo de Buenos Aires, Juan Carlos Aramburu, y el obispo de Avellaneda, Antonio Quarracino, entre otros. También muchos "laburantes" se habían acercado hasta la CGT. A esa hora, un grupo bullicioso de la Juventud Sindical Peronista cargó el ataúd, que había sido envuelto en una bandera argentina con el escudo peronista, y a los gritos de "Ni yanquis ni marxistas, ¡pe-ro-nistas!" y "¡Perón, Evita, la patria peronista"! encabezó una lenta procesión a pie hacia la Catedral. Había de todo en el cortejo, también varios fascistas vestidos de negro que desfilaban con la mano derecha levantada y eran los más enardecidos a la hora de cantar otro de los estribillos entonados: "¡Rucci leal, te vamos a vengar!".

En las escalinatas de la Catedral, el rector Daniel Keegan y el obispo de San Martín, Manuel Menéndez, asistidos por dos sacerdotes, bendijeron el cuerpo de Rucci, y la procesión se transformó en una larga caravana de autos que continuó por la Avenida de Mayo en dirección al Congreso, encabezada por treinta y dos coches negros que cargaban las novecientas coronas de flores enviadas a la CGT. En la calle Uruguay, la fila se desvió para pasar muy lentamente por la sede de la Unión Obrera Metalúrgica (UOM), en Cangallo; luego, siguió hasta Callao y allí volvió a doblar a la izquierda, hacia el Congreso, donde ya se había juntado mucho público. Salieron casi todos los legisladores y le rindieron un homenaje.

Cumplida la escala del Congreso, la caravana apuró su marcha ya que tenía que arribar al cementerio de la Chacarita a las 17. No lo consiguió: recién a las 17.40 pudo abrirse paso entre la muchedumbre congregada en el portón con carteles y banderas argentinas. Hacía veinticinco minutos que Juan Perón esperaba junto a su esposa y a Lastiri. Era una presencia totalmente imprevista ya que el General no iba nunca a un cementerio. Hacía frío, oscurecía y Perón estaba muy triste.

A la hora de las palabras, Hugo Barrionuevo, del gremio de fideeros y secretario de Prensa de la CGT, que varios años después sería ministro de Trabajo del radical Raúl Alfonsín, prometió que "la sangre derramada por Rucci no será olvidada". Lorenzo Miguel habló luego en nombre de la UOM.

—Estamos dando el último adiós a quien no titubeó jamás, ni midió lo que le podía pasar, y que dio todo por el movimiento obrero, sin exigir nada más que un lugar en la trinchera de lucha. Una pequeña minoría reaccionaria y antipatria pretendió acallar la voz de José Rucci, pero no lo lograron porque por cada Rucci que caiga, saldrán cinco que defenderán sus ideales.

El último orador fue el ministro de Trabajo, Ricardo Otero, hombre de la UOM como Rucci y como Lorenzo Miguel.

—Ante los restos del compañero José Rucci formularemos el juramento de no arriar jamás la bandera argentina por ningún trapo colorado. Este asesinato es atribuible a lás potencias extranjeras que no creen que el pueblo argentino esté en el poder. No hemos venido aquí a llorarlo sino a jurar que haremos la patria peronista y que eliminaremos a los traidores de derecha e izquierda.

Era una época muy movida en la política argentina y eso agudizaba la siempre lista ironía porteña. En aquel momento, cuando el ataúd de Rucci era dejado en una bóveda prestada hasta que le encontraran un lugar definitivo, en medio de un coro de aplausos y luego del Himno Nacional y la Marcha Peronista, ya circulaban en Buenos Aires dos chistes macabros sobre el asesinato.

El primero cargaba las tintas en Perón:

—El General está en su casa de Gaspar Campos cuando uno de sus colaboradores llega jadeando para contarle la novedad: "General, ¡mataron a Rucci!". Perón, sorprendido, alza la mano izquierda, echa un vistazo a su reloj y le responde: "¿Cómo? ¿Ya son las doce?".

El segundo era cuchicheado con deleite en algunos ámbitos montoneros:

—¿Sabés cómo le dicen a Rucci? —pregunta uno.

—No —responde otro.

Y la respuesta, sobradora:

—Traviata, por los veintitrés agujeritos.

Aludía a una muy popular publicidad de las galletitas Traviata, de Bagley, cuyo lema era: "La de los veintitrés agujeritos". Para los montoneros, el operativo contra Rucci había pasado a tener un nombre propio, singular, identificatorio: Operación Traviata.

Capítulo 4

EL ÚLTIMO TANGO

Espero que todos los integrantes del consejo directivo de la CGT y de las 62 Organizaciones den un paso al costado. Yo ya conozco a todos esos sindicalistas, y ahora me gustaría gobernar con gente leal, confiable.

Perón a Rucci en Gaspar Campos el lunes 24 de septiembre de 1973 a las 14.

—Lo voy a llamar al General a ver qué cuenta.

Rucci estaba eufórico aquel lunes 24 de septiembre de 1973 a las once de la mañana. Apenas unas horas atrás, Perón había sido consagrado en las urnas por 7.371.249 votos, casi un millón y medio más que Héctor Cámpora seis meses antes; era el 61,85 por ciento, el mayor porcentaje de la historia argentina; el radicalismo había salido segundo, con el 24,34 por ciento. Y por si eso fuera poco, "El Gallego" Julián le acababa de confirmar que al mediodía comerían un lechón, asado en esa parrilla de dimensiones continentales que el cocinero de la CGT comenzaba ya a limpiar. Rucci veía al Gallego en sus afanes por la ventana del departamento que se había hecho construir en la terraza de la CGT mientras marcaba el número de teléfono de la casa de Perón. Una recepcionista le pasó con López Rega, el omnipresente secretario privado.

—El General está muy ocupado. Podés decirme a mí lo que tenés para él —lo atajó López Rega.

El médico Ricardo Pozo, uno de los principales asesores de Rucci, vio cómo El Petiso levantaba presión.

—No, como siempre vos no entendés, pelotudo, que yo hablo sólo con el General. Así que no me hagas enojar y pasame con él.

López Rega obedeció, contrariado, y en unos minutos apareció la voz triunfal de Perón.

—Hola, Rucci, ¿cómo le va? Me gustaría verlo cuanto antes. ¿Por qué no se viene por acá luego del mediodía?

El secretario general de la CGT dio una obvia respuesta afirmativa, colgó el tubo y le dijo a Pozo que avisara a "los muchachos", a sus custodias, que a las 13 partirían a Vicente López.

—El General me quiere ver urgente... ¡Gallego! ¡Dejá el lechón para la noche que me tengo que ir a Gaspar Campos!

A las 14, Rucci estaba sentado frente a Perón en la sala de trabajo que el General había montado en su chalet.

—Espero que todos los integrantes del consejo directivo de la CGT y de las 62 Organizaciones den un paso al costado. Yo ya conozco a todos esos sindicalistas, y ahora me gustaría gobernar con gente leal, confiable. Pero usted quédese tranquilo, Rucci, que yo lo voy a reivindicar: no le voy a aceptar la renuncia.

—Muchas gracias, General. Ahora mismo voy a la CGT y convoco al consejo directivo.

—Me parece muy bien. También les voy a pedir la renuncia a los de las 62 Organizaciones. Pero después de la reunión de ustedes.

Rucci salió de la reunión convencido de que se trataba de una jugada genial. "Con el General de regreso y en la presidencia, y con la CGT en manos de los trabajadores, no tiene sentido que existan las 62", le comentó a su asesor Pozo ya en el Torino colorado que conducía su chofer, Tito Muñoz.

Era, de todos modos, una jugada atrevida aun para Perón. Las 62 Organizaciones Peronistas estaban dirigidas por Lorenzo Miguel, el heredero del "vandorismo", una corriente creada por el también metalúrgico Augusto Vandor que defendía la autonomía del sindicalismo peronista con relación al General. El poder de los sindicatos, en especial de los metalúrgicos y de otros gremios ubicados en los sectores más dinámicos de la economía, había crecido mucho desde el final de la década del cincuenta, y esa evolución los había llevado a desarrollar posturas que no siempre coincidían con las de Perón. Por ejemplo, en 1966 Vandor se había puesto saco y corbata para asistir a la jura como presidente de Juan Carlos Onganía, el general que acababa de derrocar al radical Arturo Illia, mientras Perón aconsejaba desde Madrid una actitud cauta y despegada: "Desensillar hasta que aclare". Perón desconfiaba de Lorenzo Miguel, de los metalúrgicos, de los numerosos sindicalistas que orbitaban alrededor de la UOM, y de las 62 Organizaciones. Y Rucci lo respaldaba porque desde el primer día en la central obrera había atado su destino al de Perón, y aspiraba a concentrar en la CGT, en "su" CGT, la representación no sólo gremial sino también política de los trabajadores.

Hasta la llegada de Rucci a la CGT, el 6 de julio de 1970, la estrategia de Perón reservaba a la central obrera las reivindicaciones gremiales, y a las 62 Organizaciones la lucha política de los trabajadores peronistas. Rucci le vino como anillo al dedo y pudo pensar en otro esquema, más favorable para él: la CGT pasó a exigir el retorno del General y la realización de elecciones libres, sin proscripciones, y se volvió más combativa contra la dictadura. La central gremial sumó así a las demandas profesionales, sindicales, un papel político a tono con las necesidades del líder exiliado. Las 62 perdieron peso y eso fue liberando a Perón de la influencia vandorista.

Ahora, luego de su tercer triunfo en las urnas, el General quería desplazar a la cúpula de las 62 Organizaciones y tal vez concretar su viejo anhelo de borrarlas del mapa, convencido como estaba de que ya no eran necesarias: habían sido fundadas en 1956 para reagrupar a los gremios peronistas durante la Revolución Libertadora, que había derrocado a Perón y había terminado por intervenir la CGT. Pero los años habían pasado, la CGT funcionaba hacía rato y las 62 le habían provocado varios dolores de cabeza, como dejó entrever con dureza el 6 de abril de 1973 al diario italiano *La Nazione*, de Florencia.

—Las 62 Organizaciones son una especie de excrecencia política, una costra del Movimiento Justicialista, un forúnculo podrido.

Dos meses después, el 2 de junio de 1973, Lorenzo Miguel y media docena de jefes de las 62 viajaron a Madrid para pedirle al General que les levantara el certificado de defunción. Volvieron a la semana siguiente y al bajarse del avión Lorenzo Miguel se mostró optimista.

—Cada uno, las 62 Organizaciones y la CGT, tendrá su responsabilidad. Las 62 van a continuar y dependerán del comando estratégico (Perón, N. del A.).

Pero Perón siguió teniéndolos entre ceja y ceja. Unos días antes de las elecciones del 23 de septiembre de 1973, en una de sus "charlas magistrales" en el salón Felipe Vallese de la CGT, había anticipado su nueva jugada.

—A mí me dicen que los dirigentes sindicales son esto, luego me cuentan que son aquello. Pero a los dirigentes sindicales yo los conozco... ¡Si los conoceré! —soltó el General con una inflexión de la voz y una sonrisa pícara.

Rucci respiraba aliviado mientras volvía de Gaspar Campos: el General no le había mencionado el proyecto de enviarlo por un tiempo a México, a organizar una central sindical a nivel latinoamericano. Dos semanas antes, Perón le había dicho: "Rucci, está corriendo peligro su vida. Es mejor que salga del país por un tiempo", y le comentó esa propuesta, que había ya acordado con otros líderes de la región. Pero Rucci no se quería ir justo en aquel momento en que todo parecía haberse encarrilado luego de la aplastante victoria electoral, cuando a él parecía abrírsele un futuro muy promisorio. "Ojalá que el General se haya olvidado de eso", pensó.

Estaba contento, pero sabía que su nueva misión, local, concreta, tenía sus complicaciones. En aquel momento, la CGT era uno de los centros por los que fluía el poder; cada uno de los veintiún miembros del consejo directivo tenía allí la llave para ocupar cargos muy apetecibles en el extendido aparato estatal, que incluía un entramado de bancos, cajas, juntas, empresas y organismos regulatorios. Eran despachos que aseguraban tropa, relaciones, dinero y negocios. Nadie iba a querer largar un hueso tan sabroso.

—Éstos no van a querer renunciar un carajo, pero van a tener que hacerlo —le dijo a Pozo. Y le ordenó que citara a todos los miembros del consejo directivo de la CGT a las 16.30 en el salón del quinto piso, el que ahora lleva su nombre.

La cita sorpresiva despertó la curiosidad de varios periodistas, que llegaron en tropel a la CGT alertados por sus fuentes gremiales. Fue una larga reunión: los jefes sindicales estuvieron encerrados casi seis horas disputando un torneo de astucia sobre quién enhebraba el mejor argumento para no renunciar. Pero Rucci no cedía.

—El General quiere reorganizar el movimiento obrero y me parece que, si él lo pide, tenemos que dar un paso al costado —dijo Rucci cuando su reloj marcaba las 22 de aquel lunes agitado.

—Pero nosotros fuimos los que garantizamos el retorno del General del exilio; le dimos muestras de mucha lealtad —rezongó uno.

—Compañero, el General quiere tener las manos libres para realizar todo lo que el pueblo votó ayer —lo cruzó Rucci.

—Entonces, que sea el General el que nos pida la renuncia —replicó el gremialista.

—Sí, claro, que sea el General —aprobaron varios.

—Compañeros, eso es absurdo. Ustedes saben que Perón es muy legalista y no va a hacer eso. No va a meterse así en los asuntos de la CGT. Él espera de nosotros un gesto —afirmó Rucci, convertido desde el vamos en el único defensor a tiempo completo de la jugada del General.

—¿Por qué mejor no esperamos un poco y lo consultamos con Lorenzo? A ver qué piensan las 62. Podemos combinar con ellos y presentar nuestras renuncias en forma conjunta con las 62 —propuso otro de los jefes gremiales.

Cansados, todos dijeron que sí. Era una salida astuta: les servía para ganar tiempo ante la arremetida del tándem Perón-Rucci, y les permitía articular una defensa común con Lorenzo Miguel, quien aparecía como el principal perdedor de la jugada del General.

La reunión terminó a las 22.15 y, cuando despedía a los caciques gremiales camino a su departamento, Rucci supo que iba a tener que apelar a uno de sus gestos osados para ablandarlos. Tal vez, un anuncio por radio y TV: podía decir que había decidido renunciar a su cargo de secretario general de la CGT para facilitar el nuevo gobierno de Perón. Así forzaría a sus renuentes compañeros a imitarlo; y todo eso obligaría a Lorenzo a dejar las 62.

Pero ya tendría tiempo para meditarlo mejor. Ahora debía preparar con Pozo las palabras que diría al día siguiente, el martes 25, en el Canal 13, con motivo del histórico triunfo del General. Rucci ya estaba canchero en esas cosas: grababa en el Grundig a cinta de Pozo lo que quería transmitir y luego su asesor desgrababa el mensaje, lo mejoraba y se lo entregaba por escrito para que él le diera la puntada final con Osvaldo Agosto, su jefe de Prensa.

—Metele, Ricardo, que se me hace tarde —le pidió Rucci antes de soltar la verba.

Era un mensaje conciliatorio, a tono con "esta nueva etapa histórica en la que la Patria nos convoca a todos los argentinos", y le salió redondo. Pero hubo un problema: Pozo no había apretado la tecla justa.

—¡Uh, qué cagada! Bueno, vamos otra vez.

De nuevo a grabar y otro problema: el Grundig no estaba bien conectado al enchufe.

El tercer intento funcionó.

—Salió muy bien, José. Dejame pasarlo esta noche en mi programa —le pidió Pozo.

—Pero va a salir primero en tu programa y recién después en Canal 13.

—No se van a enterar; total, no me escucha nadie.

Pozo conducía en Radio Argentina, de 24 a 1, "La noche de los compañeros". Esa noche tuvo una primicia: la voz de Rucci expresando "el pensamiento de la clase trabajadora organizada" luego de la victoria electoral. No había ninguna referencia al Pacto Social firmado con los empresarios ni mucho menos a una eventual ruptura de ese acuerdo en protesta por los aumentos de precios en algunos sectores clave, como temían algunos. Comenzaba con el clásico "Compañeros" y tenía varias perlitas que condensaban su ideología y su estilo gremial y político:

- Recordaba que luego del derrocamiento de Perón, en 1955, sobre los trabajadores "recayó el mayor peso de la cruz impuesta por el liberalismo gorila y también la mayor cuota de sacrificio en la heroica resistencia por la recuperación de la soberanía, la libertad y la justicia", pero enfatizaba que "ahora el fragor de las luchas ha pasado a convertirse en historia; la realidad de nuestros días es la realidad del trabajo y de la paz".

- Destacaba la necesidad de "pacificar los espíritus, requisito indispensable para encarar un proceso de reconstrucción que apunta a la liberación de la Patria y a la realización integral del pueblo".

- Reafirmaba el apoyo de la CGT a Perón para "reiniciar la revolución justicialista interrumpida en 1955, que significa la recuperación plena del poder adquisitivo de los salarios, la valorización del trabajo, la creación de nuevas riquezas", y el compromiso de la central obrera con la "doctrina justicialista", que incluía, según resaltaba, "la unidad latinoamericana y del Tercer Mundo contra todas las formas de imperialismo, sean los Estados Unidos o la Unión Soviética. El deber ahora es reencontrarse con las masas laboriosas del Tercer Mundo que luchan por su liberación definitiva".

- El Rucci peleador se notaba en el párrafo que les dedicaba a sus rivales ubicados a derecha e izquierda: "Después de apelar a la violencia, a veces rayana en lo criminal, en un clima de amplias libertades e igualdad de posibilidades no se puede seguir resguardando ambiciones y privilegios ni impedir o sabotear la consolidación de un gobierno popular. Resulta tan pernicioso la subsistencia de pretensiones liberales injustas como la acción de grupos izquierdistas similares a los que en países hermanos contribuyeron a abortar las posibilidades de una política popular", en alusión a la caída de Salvador Allende en Chile.

- Y finalizaba diciendo que "la reconstrucción de la Patria es una tarea común para todos los argentinos, sin sectarismos ni exclusiones. La liberación será el destino que sabremos conquistar. Compañeros, la Patria requiere de todos; todos con la Patria en la hora suprema de la verdad, con profundo sentimiento de nacionalidad, con profundo sentimiento de cristiandad".

A las 23.15, Rucci salió y le avisó a su chofer, Muñoz, que se prepararan para llevarlo a su departamento, en la avenida Avellaneda.

—Lo siento, muchachos, pero me llevo el lechón —les dijo.

Es que a las 20 lo había llamado su hijo, Aníbal. Fue tanta la insistencia de Aníbal por hablar con su padre que Rucci tuvo que interrumpir la acalorada reunión con sus reticentes compañeros del consejo directivo de la CGT para atenderlo.

—Hola, hijo, ¿cómo estás?, ¿pasa algo?

—No, estamos bien. Papá, no viniste este fin de semana por las elecciones y hace mucho que no te veo. Venite ahora, así preparamos mi cumpleaños.

Aníbal, su único hijo varón, el mayor, su heredero, cumplía quince años el domingo siguiente, y Rucci se sintió en falta.

—Bueno, ahora tengo una reunión muy importante que no puedo dejar, pero apenas termine voy para allá. Y llevo un lechón que están haciendo acá, a la parrilla. Avisale a mami que no prepare nada para comer, que yo llevo el lechón.

Ahí fue cuando Rucci tomó la decisión de pasar esa noche con su familia. Resultó algo inusual, imprevisto, porque los días de semana él acostumbraba a quedarse en su fortaleza de la CGT, el único lugar donde se sentía realmente seguro. A veces viajaba a San Nicolás, donde seguía siendo el secretario general de la seccional de la UOM, y tenía algunos asuntos que atender. Pero aquel fin de semana no había podido estar con los suyos: se había quedado en la CGT controlando el dispositivo electoral.

Con el lechón en el baúl, partió el Torino colorado en una caravana armada que integraban otros tres vehículos. En la mitad del trayecto Alfredo Antón, que iba en el Torino gris que cerraba la comitiva, notó que un Peugeot 504 azul, con tres jóvenes, dos hombres y una mujer, parecía seguirlos.

—Nos sigue un Peugeot, ¿los apretamos? —consultó con el Torino de Rucci por la Motorola.

—Déjense de joder que mañana los diarios van a titular: "Rucci mandó a apretar a unos pacíficos ciudadanos" —fue la respuesta.

El Peugeot siguió detrás de la caravana y sus ocupantes no se inmutaron cuando Antón y tres guardaespaldas que iban en el Torino gris les mostraron sus armas. Sólo los abandonó en Avellaneda y Nazca, a media cuadra del domicilio donde esperaban la esposa y los hijos de Rucci.

A las 23.50, Rucci entró al departamento junto con el lechón y los tres custodios que pasarían la noche en el quincho del fondo: El Negro Corea, el Negro Rocha y Nito Carrere. Al resto los había despedido con la orden de que estuvieran al día siguiente a las doce.

—Hola, José, hola, muchachos, ¡qué tarde que llegaron! —los saludó Coca.

—Y estas cosas son así: se sabe cuándo empiezan pero no cuándo terminan. ¿Y los chicos?, ¿ya están durmiendo? —preguntó Rucci mientras apoyaba la bandeja con el lechón en la mesa del living.

—Sí, les hice unos fideos y se fueron a dormir a nuestro cuarto.

—Muchachos, preparen todo para una picada acá en el living que yo voy al dormitorio a ver a los chicos.

El sueño tranquilo de sus hijos hizo que Rucci se sintiera en paz luego de otra jornada agitada. Le gustaba lo que hacía, lo enamoraba el poder sindical, se sentía fascinado por Perón, pero nada le daba más placer que observar a sus hijos cuando dormían. El primero que se despertó fue Aníbal, que aprovechó un descuido de su madre para mostrarle algunas pruebas del colegio en las que no le había ido nada bien.

—No importa, Aníbal. Seguro que en la próxima vas a mejorar —lo consoló en voz baja.

—¿De qué están hablando ustedes? —quiso saber la madre.

—No, nada, cosas de hombres nomás —respondió Rucci.

Claudia le contó algo de su grabación de aquel día en el programa "Me llaman Gorrión", y le preguntó cómo estaba Perón luego de la victoria del domingo. Enseguida, se durmieron: no estaban acostumbrados a acostarse tan tarde. Todos los días tenían que levantarse a las seis y media para ir a la escuela. Rucci volvió a despertar a los chicos y los llevó al dormitorio de ellos, una construcción reciente en el piso de arriba al que se accedía por una escalera interna. Ese cuarto, que compartían con la abuela, la madre de Coca, daba a una pequeña azotea.

Cuando Rucci bajó, todos lo esperaban en el living. El lechón había sido cortado en trozos y el vino tinto estaba servido. Había clima de fiesta por la victoria del domingo. Rucci les contó sobre su última visita al General y todos brindaron por el futuro de José o El Petiso, como le decían sus custodias cuando estaban solos.

—Pero qué música fulera que pasan en la radio. Voy a poner unos buenos tangos —dijo Rucci.

Y puso un disco de Troilo, su preferido. También trajo una botella de whisky, cinco vasos y sirvió una ronda.

—Vamos a brindar por el gobierno del General —propuso.

Todos alzaron los vasos. Rucci estaba feliz.

—Coca, ¿por qué no bailás un poco con Jorge? Vos sí que sabés bailar esto.

Coca y el Negro Corea salieron a la pista. Rucci bailaba bastante bien, pero disfrutaba mucho viendo cómo danzaba su esposa.

Luego de los tangos, los tres custodias se fueron al quincho que les servía de dormitorio. Estaba en el fondo y tenían que atravesar un jardín.

—Tengan cuidado que están arreglando los maceteros, no se vayan a caer —los alertó Rucci, que seguía la pequeña obra por teléfono.

—Sí, José, no te preocupes —le contestó uno de los "muchachos".

—Coca, mañana, cuando venga el albañil, tenemos que decirle que terminen los arreglos antes del domingo, que quiero hacerle un asadito a Aníbal por el cumpleaños.

Capítulo 5

UN SOLDADO DEL GENERAL

> *Nosotros, aunque el candidato a vicepresidente sea una escoba, igual vamos a votar por el general Juan Domingo Perón.*
>
> Rucci, el 5 de agosto de 1973 en la residencia de la calle Gaspar Campos durante una charla de Perón con dirigentes partidarios sobre el rol de Isabelita en la campaña.

Faltaban pocas horas para que el avión "Giuseppe Verdi" de Alitalia fletado por Giancarlo Elia Valori, un empresario italiano con aceitados vínculos con el Vaticano y la logia Propaganda Due, aterrizara en Ezeiza. El chárter traía de regreso a Juan Perón luego de más de diecisiete años de exilio y se había convertido en una suerte de Arca de Noé del peronismo, en el que estaban representados todos los gajos del Movimiento: la política, el sindicalismo, la ciencia, el deporte, la cultura y el espectáculo, entre otros. Mezclaba, por ejemplo, a Héctor Cámpora, Isabel Perón, Carlos Menem y Antonio Cafiero con el director de cine y cantautor Leonardo Favio, la modelo Chunchuna Villafañe, la joven estrella Marilina Ross y "El Nene" José Sanfilippo, un eficaz centrodelantero; a sacerdotes como Carlos Mugica; a militares retirados como el general Ernesto Fatigatti; a figuras de la derecha peronista como Lorenzo Miguel con personajes de la izquierda peronista como Eduardo Luis Duhalde, quien luego sería secretario de Derechos Humanos con Néstor y Cristina Kirchner. Algunos habían ido a buscar al General a Madrid, donde residía desde hacía doce años, y otros se habían agregado en la escala en Roma. Cada asiento del chárter había sido disputado con la pasión que ponen los peronistas cuando sus sensibles olfatos les indican que el poder está al alcance de la mano. Eran ciento cincuenta y tres las personas que se turnaban para sacarse fotografías y charlar un rato con Perón, que a los setenta y siete años aparentaba una salud de hierro.

Pero a miles de kilómetros de distancia, en Buenos Aires, varios dirigentes peronistas tenían otra percepción y seguían dudando si el chárter aterrizaría efectivamente en Ezeiza. Por un lado, recordaban el intento frustrado de 1964, cuando Perón sólo pudo llegar hasta Río de Janeiro. Por el otro, la dictadura del general Alejandro Lanusse machacaba que a Perón "no le da el cuero" para volver y que, a último momento, optaría por bajar en Asunción, Carrasco o Montevideo. No eran apenas palabras: el gobierno había desplegado veinticinco mil soldados sólo para aislar el aeropuerto de Ezeiza y había dispuesto que aquel viernes 17 de noviembre de 1972 fuera feriado para que la gente aprovechara el fin de semana largo y se fuera de vacaciones, bien lejos de Ezeiza. Igual, decenas de miles de personas marcharon empecinadas al aeropuerto aquel día gris, frío y lluvioso, en un abierto desafío al cerco militar.

La CGT, en tanto, había dispuesto un paro general para recibir a Perón, y su edificio de la calle Azopardo se había convertido en el cuartel general del Operativo Regreso luego de que colapsara el conmutador último modelo instalado en la sede oficial del peronismo, en la avenida La Plata. José Rucci era uno de los jefes de ese operativo, junto con el flamante secretario general del Movimiento Nacional Justicialista, Juan Manuel Abal Medina, un nacionalista católico de derecha de apenas veintisiete años y hermano —dos años mayor— de Fernando, otro nacionalista católico pero que había girado a la izquierda y había sido el primer jefe de Montoneros y el encargado de gatillar una pistola nueve milímetros contra el pecho del general Pedro Aramburu, el 1º de junio de 1970.

La última discusión en la CGT sobre si Perón regresaría a la Argentina o bajaría en Paraguay o en Uruguay ocurrió en la larga noche del jueves 16 al viernes 17. En un momento, cuando ya eran las dos de la madrugada, apareció Rucci en calzoncillos, camiseta y pantuflas, camino a su departamentito.

—Muchachos, me van a perdonar pero falta poco para que llegue el General a Ezeiza, y yo me voy a dormir porque va a ser un día largo. No hay ninguna posibilidad de que esta vez no traigamos de regreso al General. ¡Esta vez, el General regresa sí o sí! Así que los que quieran quedarse a dormir en la CGT son muy bienvenidos: agarren los primeros sillones que encuentren y acomódense. Buenas noches.

Los visitantes tardaron un poco en reaccionar. El teniente Julián Licastro lo codeó a Carlos Grosso, luego intendente de Buenos Aires, y le dijo: "¡Éste sí que es un conductor!". A los quince minutos no quedaba nadie en la CGT: todos se fueron a sus casas convencidos de que aquella vez la cosa iba en serio.

Al final, el chárter aterrizó en Ezeiza y Rucci pasó a la historia como la persona que cubrió al General en la pista con un paraguas oportuno. A su lado, en la foto famosa, aparece un reflexivo Abal Medina, el pelo engominado y los brazos cruzados: según confesaría luego, estaba recordando a su hermano Fernando, quien ya había muerto en un tiroteo con la policía, el 7 de septiembre de 1970, en una confitería de William Morris, en la provincia de Buenos Aires.

—Estaba pensando en mi hermano Fernando, por supuesto. Lo tengo como si fuera hoy. Era para lo que yo me había metido en esta historia, que estuviera allí el General, y bueno, era "Perón o muerte", ése era el lema. Al día siguiente, Norma Arrostito (ex pareja de su hermano, N. del A.) me manda con unas compañeras unas líneas donde decía: "Seguramente yo sola sé qué estabas pensando". Conservo esas líneas.

Luego, Rucci y Abal Medina subieron a Perón a un auto para llevarlo al Hotel Internacional de Ezeiza. El aire se cortaba con un cuchillo aquel día histórico. "Tranquilos, señores, que vengo armado", dijo el General para aflojar tanta tensión. Rucci sonrió y pensó en lo rápido que ocurría todo en aquella Argentina vertiginosa.

Rucci era del interior del país: había nacido el 15 de mayo de 1924 en un puesto de la estancia "La Esperanza", en Alcorta, en el sur de la "invencible" provincia de Santa Fe. Es la ciudad que aparece en los manuales de historia como el centro neurálgico del "Grito de Alcorta", una huelga de pequeños y medianos agricultores desatada el 25 de junio de 1912 contra los altos precios de arriendo que les cobraban los terratenientes, y que derivó en la creación de la Federación Agraria Argentina y dio un fuerte impulso al cooperativismo agrícola. Rucci siempre fue inquieto, frontal, avasallador, aguerrido, explosivo. A la escuela pudo ir sólo hasta el sexto grado ya que tuvo que salir a trabajar temprano: empezó en el campo, como domador de caballos, y luego su familia se trasladó a Rosario, donde desempeñó tareas diversas, desde limpiar tripas en un frigorífico hasta vender chocolates en un cine. Siguió viaje hasta Buenos Aires, colado en un camión que distribuía diarios. Allí, tras probar suerte en varios oficios del rubro gastronómico, entró a la fábrica de cocinas Catita, una marca muy popular en aquellos tiempos, donde comenzó barriendo los pisos y fue escalando posiciones hasta convertirse en obrero metalúrgico. En 1944 se afilió a la flamante Unión Obrera Metalúrgica y tres años después inició su actividad gremial al ser elegido delegado de esa fábrica. El golpe de Estado de 1955, la Revolución Libertadora, lo envió a la cárcel; al salir, continuó realizando tareas gremiales y tuvo una activa participación en la Resistencia Peronista, a las órdenes de Augusto Timoteo Vandor, el nuevo líder de los metalúrgicos y una de las figuras top del gremialismo argentino de todos los tiempos. En 1957 se casó con Nélida Blanca Vaglio, "Coca". Ella era metalúrgica como él: trabajaba en Radio Serra, una fábrica de televisores, y se conocieron cuando Coca fue a la Unión Obrera Metalúrgica junto con sus compañeros a quejarse porque aún no tenían delegado. La eligieron a ella, lo cual abrió las puertas para el romance con José o El Petiso, como ya lo llamaban.

Por ese entonces, Rucci ya era un ávido lector de historia argentina, que siempre resulta un buen modo de aprender sobre cómo se gana y cómo se pierde el poder en nuestro país. Le gustaban los revisionistas, José María Rosa en primer lugar. También leía a Juan Perón, a quien "quería más que al padre", como le decía su esposa. Además, frecuentaba los escritos de nacionalistas católicos, como el francés Charles Maurras. Todo eso fue afianzando su peronismo y, dentro del amplio abanico del Movimiento, su nacionalismo de derecha. Fumaba mucho: cigarrillos largos Benson & Hedges; era fanático del tango, Troilo y Gardel en primer lugar, y cada vez que podía asistía a los partidos de San Lorenzo y a las veladas del Luna Park, dos "vicios" que compartía con otro dirigente metalúrgico en ascenso, Lorenzo Miguel.

A principios de los sesenta, la carrera sindical de Rucci dio un salto cuando Vandor lo puso como encargado de Prensa de la UOM, cuyo secretariado también integraba Lorenzo Miguel como tesorero. Pero Vandor y su pupilo Rucci tenían diferencias sobre un punto central: qué hacer con

Perón. El General seguía anclado en su exilio; en 1964 fracasó, por causas que nunca quedaron claras, su intento de regresar a la Argentina, y Vandor sostenía que el sindicalismo, convertido ya en la columna económica y política del justicialismo, debía olvidarse de Perón y desarrollar un proyecto autónomo para, entre otros asuntos, negociar con los factores de poder desde sus propios intereses. Era el "peronismo sin Perón", un intento de formar un partido laborista, el más serio que hubo en la Argentina. Rucci no podía estar más en desacuerdo: para él sólo podía haber peronismo con Perón, y el sindicalismo debía convertirse en la punta de lanza del Movimiento Nacional Justicialista para arrancarle al gobierno de turno el regreso del General, el único capaz de continuar con la revolución peronista que el golpe de 1955 había dejado inconclusa. El año 1966 fue crucial para esa disputa, que reflejaba también una división que se daba en todo el justicialismo: ¿había que seguir subordinados a la estrategia de un líder que se consumía en un exilio que parecía eterno, o debían desenvolverse según sus propios medios e intereses, con el sindicalismo como columna vertebral y también como cerebro de esa nueva fuerza? Fue entonces cuando Vandor hizo sentir el peso de su liderazgo y luego de una áspera discusión por el tema de siempre Rucci perdió su cargo en la UOM.

Enojado con Vandor, Rucci tuvo que repensar toda su vida. Por lo pronto, debía encontrar un trabajo, así que convenció a su esposa de vender la casa que tenían en Villa Martelli y compró un taxi. Los Rucci se fueron a vivir a lo de una tía de Coca, doña Concepción, en Parque Patricios. Pero no llegó a cambiar de oficio porque a los tres meses Vandor dio marcha atrás y lo mandó llamar a la UOM, donde le confió la intervención a la seccional de San Nicolás. No era un distrito clave para la UOM (allí son tres las seccionales que cortan el bacalao: Capital, Avellaneda y Vicente López), pero era un lugar importante porque tenía jurisdicción sobre la megaempresa Somisa y porque estaba muy cerca de Villa Constitución, donde la ortodoxia vandorista era desbordada por la izquierda. Rucci maniobró convenientemente y terminó siendo elegido secretario general de la seccional San Nicolás, un cargo que mantendría hasta su muerte. Pero primero cayó Vandor, quien fue asesinado el 30 de junio de 1969 en su búnker de la calle La Rioja al 1900, minutos antes de que Rucci llegara en su camionetita a buscar unos carteles que debía llevar a San Nicolás. Aunque no era el candidato de Perón, Lorenzo Miguel dejó la tesorería de la UOM y se convirtió en el heredero del Lobo, tanto en el gremio como en las 62 Organizaciones.

Rucci siguió un tiempo en San Nicolás hasta que a principios de julio de 1970 Lorenzo lo llamó por teléfono.

—Venite urgente, que vas a ser el nuevo secretario general de la CGT.

—No seas boludo, no me cargués.

—No, venite que es en serio.

Ocurría que la dictadura había decidido normalizar la CGT poniendo fin a la intervención dispuesta luego del Cordobazo, el año anterior. La UOM era el gremio líder y no quería perder la oportunidad de que un metalúrgico fuera el nuevo secretario general, pero tenía que encontrar al dirigente adecuado: alguien de sus filas con el temple necesario para conducir al resto de los gremios. Lorenzo no quería jugar ese papel. Era un fiel discípulo de Vandor y consideraba que no había nada comparable a conducir la UOM porque allí estaba el verdadero centro del poder sindical; cumplía el rol de gran titiritero y prefería permanecer en las bambalinas repartiendo los cargos y acrecentando la influencia del gremio de todas las maneras posibles dentro de un proyecto que sus adversarios solían denominar "la patria metalúrgica". Además, el dirigente elegido debía tener un cierto peso propio para ser aceptado por el resto de los gremios, pero no tanto como para eclipsar a Lorenzo o desarrollar vuelo propio, por fuera de los "cuerpos orgánicos" de la UOM. Lorenzo pensó que ese hombre era Rucci, con quien había compartido no sólo el secretariado vandorista sino también la cárcel por las protestas y las tomas durante el gobierno de Arturo Frondizi. A los pocos meses, se daría cuenta de que se había equivocado feo.

Coca se sorprendió mucho cuando volvió del almacén y se encontró con la camionetita que usaba su marido.

—Hola, José, ¿qué pasa que no estás en San Nicolás?

—No, ¿sabés que Lorenzo me mandó llamar porque quiere ponerme como secretario general de la CGT?

Así se hizo: el 6 de julio de 1970 Rucci asumió el cargo que lo convertiría rápidamente en uno de los hombres más poderosos del país. Hacía veintiocho días que el general Juan Carlos Onganía, aquel que no tenía plazos sino objetivos y que se veía a sí mismo como una encarnación local del español Francisco Franco, había sido destituido, debilitado por el Cordobazo, una protesta que unió a trabajadores y estudiantes, y por el secuestro y asesinato de Aramburu, que había marcado el debut de otro grupo guerrillero peronista, Montoneros. El nuevo hombre fuerte del Ejército, el general Alejandro Agustín Lanusse, prefirió preservarse y colocar en la presidencia al general Roberto Marcelo Levingston, un agregado militar en Washington que era tan poco conocido que, cuando su nombre fue anunciado por las fuerzas armadas, los diarios pudieron ilustrar la noticia sólo con la foto de su documento.

Rucci se dio cuenta rápidamente de que la dictadura presentaba gruesas grietas y desde el comienzo mostró sus garras: pidió aumentos salariales y mejoras en las condiciones de trabajo, pero fue más allá al reclamar "la participación de los trabajadores en las grandes soluciones para el país" y exigir el retorno de Perón. Eso sorprendió no sólo a los militares sino también a Lorenzo Miguel, ya que Rucci invadía claramente su territorio anulando la división de tareas entre la CGT y las 62 Organizaciones. Rucci lo explicaría luego con su elocuencia habitual.

—Cuando asumí en la CGT yo no era un dirigente nacional. Era un dirigente de quinta categoría en mi gremio, un boludo de provincia, el boludo de San Nicolás, al que colocaron en la CGT para llenar un vacío. No se ponían de acuerdo en el nombre del secretario general y me pusieron a mí. Pero se dieron cuenta de que la vaca les resultó toro. Yo no venía a llenar un vacío. Yo venía a hacer cosas; fundamentalmente, a ponerme al servicio del general Perón.

Para Perón, la llegada de Rucci a la CGT fue una bendición: había perdido su candidato para la sucesión de Vandor en la UOM, pero el nuevo secretario general de la central gremial parecía serle leal. Y quiso conocerlo. La primera vez que Rucci entró al despojado chalet "17 de Octubre", en el barrio Puerta de Hierro, en las afueras de Madrid, fue el 16 de abril de 1971. Levingston ya formaba parte de la historia: Rucci lo había jaqueado rápidamente con una serie de paros que culminaron con una huelga general en noviembre de 1970. Levingston no duró mucho más, apenas hasta el 23 de marzo de 1971, y fue reemplazado por el propio Lanusse, que era el poder detrás del trono.

Perón y Rucci se cayeron muy bien apenas se vieron. El General cumplió con el ritual que reservaba a los visitantes primerizos y lo condujo rápidamente hasta el fondo del chalet, donde muy grave le dijo: "Rucci, aquí está enterrado mi mejor amigo, el más leal que tuve", y luego le aclaró que era un perrito al que había querido mucho. Era una ironía sobre la naturaleza humana, una forma de expresar su desconfianza natural hacia las personas, en especial hacia los dirigentes de su Movimiento. Rucci salió de ese encuentro más peronista que nunca.

—El problema argentino se solucionará sólo cuando el pueblo pueda elegir a su gobierno, y la mayoría del pueblo es peronista —declaró en Madrid.

Perón quedó muy satisfecho: "Es el primer dirigente gremial que me es leal, creo", comentó luego de despedirlo.

A partir de entonces, la relación se afianzó a través del télex. Perón tenía un equipo en su quinta, y Rucci o sus colaboradores acudían una vez a la semana a la central de ENTEL, la empresa estatal de telecomunicaciones, en Corrientes y Maipú, para enviarle sus informes de situación o pedirle que les bajara línea. Una vez, ante un viaje a Madrid de uno de sus adversarios internos, el gráfico y místico Raimundo Ongaro, referente de la izquierda cristiana del Movimiento, Rucci ordenó a su jefe de Prensa, Osvaldo Agosto, que enviara al General un informe sutilmente desfavorable a Ongaro para inducirlo a que no lo recibiera.

—Si usted, eventualmente, decide recibirlo, eso podría ser interpretado en la Argentina como un aval para la revitalización de la CGT de los Argentinos con las lógicas consecuencias negativas para la CGT que represento —decía el télex que Agosto firmó como si fuera José Rucci.

—¿Está el suscripto presente? —preguntó Perón inmediatamente.

Agosto se tomó un rato para contestar, el suficiente como para llamar a Rucci por teléfono.

—José, el General pregunta si vos estás aquí, ¿qué hago?

—Decile que sí.

—Sí, mi General —contestó Agosto.

—Me dicen que Ongaro está mal con los militares y eso nos viene bien a nosotros —comenzó Perón.

"Sonamos, seguro que lo recibe", pensó Agosto.

—Pero también me dicen que Ongaro habla con Dios. Si habla con Dios, ¿para qué quiere hablar conmigo? —completó Perón.

Agosto se puso contento y volvió a telefonear a Rucci.

—José, prepará el asadito, que seguro que no lo recibe.

Rucci viajó tres veces más a Madrid, a ver al General. Se ganó la confianza de Perón con su estilo directo, frontal, combativo contra la dictadura: Rucci fue su ariete principal contra los intentos de Lanusse de enhebrar una salida electoral que apuntaba a acordar con los sindicalistas, los políticos peronistas y los empresarios de la Confederación General Económica, liderados por José Ber Gelbard, pero vetaba el retorno de Perón. Lanusse era un antiperonista de pura cepa, un "gorila" que ya se había sublevado contra Perón en 1951, pero era más inteligente, realista y dúctil que muchos de sus pares: se daba cuenta de que la Revolución Argentina iniciada con Onganía estaba agotada, y planeaba una salida electoral con el peronismo pero sin Perón. Los riesgos le parecían evidentes: el triunfo electoral del socialista Salvador Allende en Chile indicaba el camino hacia el cual podía dirigirse la Argentina si los grupos juveniles que habían optado por la lucha armada seguían siendo legitimados por una dictadura que ya había perdido el rumbo y que sólo servía para atizar el descontento popular. En realidad, Lanusse maniobraba por convertirse en la opción electoral ganadora; se veía como el sucesor de sí mismo, claro que con el visto bueno de las urnas. Su jugada principal fue la propuesta de un Gran Acuerdo Nacional entre todos los partidos políticos para desembocar en una salida democrática controlada, y en ese marco nombró a un experimentado político radical como ministro del Interior, Arturo Mor Roig; prometió un pronto llamado a elecciones, y emprendió una serie de arriesgadas negociaciones que abarcaron a las principales figuras del peronismo, incluido el propio Perón, y del sindicalismo. Perón fue visitado en secreto por el enviado de Lanusse, el coronel Francisco Cornicelli, a quien el líder exiliado llamaba en privado "el coronel Vermicelli" como una manera de rebajar su importancia, y fue llevando pacientemente esa relación hasta que los acontecimientos que se iban desarrollando en la Argentina le permitieron romper cualquier puente con la dictadura.

Con relación a Rucci, Lanusse volvió a convocar como ministro de Trabajo a Rubens San Sebastián, un estrecho aliado de los sindicatos: había sido con él con quien habían negociado la cesión de las obras sociales durante la dictadura de Onganía, el gran logro de Vandor, y también le envió sus propuestas políticas a través del coronel Cornicelli. En el plano estrictamente gremial, Rucci aprovechó convenientemente la presencia de San Sebastián en Trabajo para impedir que se extendiera la influencia de los sindicalistas de izquierda, los "bichos colorados", los "sucios y asquerosos bolches", los "inmundos trotskistas" o los "infiltrados", como los llamaba despectivamente.

Sus principales rivales estaban en Córdoba, de la mano de Agustín Tosco, secretario general de la seccional de Luz y Fuerza y número dos de la CGT en esa provincia, pero también en el Gran Buenos Aires, en Rosario y en otras ciudades importantes. Los combatió con las viejas mañas del gremialismo peronista, amparado por las leyes que favorecían el monopolio de la representación sindical y por los funcionarios de Trabajo que le eran afines en la aplicación e interpretación de esas normas. Fueron memorables sus cruces mediáticos con Tosco, por ejemplo a principios de febrero de 1973, durante dos horas en Canal 11, en el programa "Las dos campanas", que conducía Gerardo Sofovich con un panel integrado por los periodistas Rodolfo Pandolfi, Silvia Odoriz, Horacio Salas, Pablo Giussani y Jorge Conti. En ese debate, Rucci y Tosco expusieron sus puntos de vista. Rucci era un peronista ortodoxo, pero no un fascista ni una figura de ultraderecha: se declaraba partidario de la revolución y de la liberación nacional ("¡A la revolución —nacional, popular y cristiana, peronista— no la para nadie! La revolución es provocar el gran cambio que entierre esta estructura que somete a los pueblos; estructuras que someten a los trabajadores y que colocan al país en el terreno de la dependencia. Revolución es liberación. Acá la revolución tiene que tener como objetivo fundamental el respeto a la dignidad humana. Punto segundo: que el capital cumpla una función social"), y "admirador de la revolución cubana", aunque también un severo crítico de Rusia ("Es uno de los pocos países, quizás el único, en el mundo donde el sindicalismo no existe"), del marxismo y de la socialización de los medios de producción, es decir, de "la revolución de decir aquello que tenés vos es mío y vos ahora pasás a no tener nada". Tosco, por su lado, era un marxista lúcido, legitimado por su práctica sindical.

Rucci aclaraba que su problema con Tosco "no es personal. Se trata de un asunto claramente ideológico. ¡Y él no tiene la valentía de decir: 'Sí, yo estoy en desacuerdo con Rucci porque Rucci es peronista, porque Rucci se debe a una doctrina, porque está en un planteo revolucionario que yo no comparto porque soy comunista'. Como dice el General: '¡Ojo, no hay que dejarse pisar el palito por los bolches! Éstos quieren que nosotros pongamos la cara y la gente. Y ellos, los dirigentes. ¡Son unos pipiolos si piensan que los vamos a dejar!'".

Pero en el plano político, aunque mantuvo varias reuniones con Cornicelli (los sindicalistas peronistas no le niegan una hora de su tiempo a nadie que tenga algún poder), nunca cedió a las tentaciones. "Rucci fue uno de los dirigentes más honrados en la historia del peronismo", le confió el propio Cornicelli a Rodolfo Pandolfi, periodista estrella del diario *La Opinión*, con una amplia trayectoria que incluía otras creaciones de Jacobo Timerman: las revistas *Confirmado* y *Primera Plana*. Rucci estaba convencido de que su destino político estaba atado al regreso victorioso de Perón.

Además, a Perón le divertía el desparpajo de Rucci, quien era uno de los pocos que desafiaban el temor reverencial que provocaba su figura, y se atrevía a hacerle bromas. Por ejemplo, sobre la escasa predisposición de Perón a pagar las cuentas en hoteles, restaurantes y cafés.

—Veo, General, que sigue teniendo sus problemas de reuma en su mano izquierda —le dijo una vez al levantarse del bar de un hotel madrileño.

—¿Por qué dice eso, Rucci? —le preguntó Perón con curiosidad.

—Porque cada vez que su mano izquierda, General, va hacia el bolsillo, se frena y no entra.

—Pero Rucci, ¡si todos ustedes viven de mí!

Otro que se atrevía a bromear sobre el General en su presencia era Rodolfo Galimberti, su delegado ante la Juventud Peronista, pero sólo hasta que cayó en desgracia por su imprudencia oral y perdió su cargo, el 29 de abril de 1973.

Para aquel momento, Rucci ya estaba habituado a los oropeles del poder: notas y fotos en diarios y revistas, a veces acompañado por mujeres muy bonitas; bienes que no estaban al alcance de cualquier trabajador, como sacos y camperas de moda y un Torino, el símbolo de estatus de los sindicalistas, y amistades de otra extracción social, como el hacendado Manuel de Anchorena, un nacionalista de derecha que lo invitaba a cabalgar y a cazar zorros a su campo. Había conocido también algunos sinsabores, como la muerte el 14 de febrero de 1973 de Osvaldo Bianculli, de veintinueve años, su secretario privado y mano derecha, al que quería como a un hijo, en un confuso tiroteo durante un acto en Chivilcoy en apoyo al metalúrgico Victorio Calabró, candidato a vicegobernador de Buenos Aires por el peronismo y sus aliados.

El rasgo que identificó a Rucci en su relación con Perón fue su lealtad, una palabra mágica para el peronismo.

—Yo siempre he seguido una estrategia marcada por el Movimiento Peronista, que se supone tiene un hombre que la ordena, que la marca, que es el general Perón. Por eso yo una vez dije que la lealtad al General se demuestra haciendo, pero que también hay que tener coraje para no hacer si el General dice que no, aunque vos oigas la crítica de abajo... Porque si somos peronistas con Perón, no hay vuelta de hoja: somos peronistas con Perón para todo. ¿O acaso yo, el primer día que fui a la CGT, no dejé bien claro que soy peronista-con-Perón?

Rucci pensaba que la CGT debía convertirse en la principal rueda de auxilio de Perón con un objetivo: la toma del poder a través de las elecciones.

—La CGT no puede estar al margen de los grandes problemas existentes en la República. De lo contrario, tendríamos que cerrar la CGT y dedicarnos a reclamar aumentos de salarios. El movimiento obrero debe saber que solamente alcanzará la plenitud de sus derechos con la suma del poder. Derrotemos al sistema, tomemos el poder y produzcamos el gran cambio con mentalidad revolucionaria.

Una muestra de esa lealtad a Perón: muchos dirigentes peronistas no habían quedado satisfechos cuando Perón hizo designar como número dos en la fórmula electoral a su tercera esposa, Isabel Martínez, el 4 de agosto de 1973. Era una opción apoyada con fervor sólo por López Rega, quien ya sabía que al General le quedaban pocos meses de vida y preveía que el seguro ascenso de Isabelita lo convertiría en el presidente en las sombras. Al otro día, un domingo, hubo una reunión con Perón en su casa de Gaspar Campos en la que participaron varios dirigentes, entre ellos Isabelita, Rucci, López Rega y el presidente Lastiri. Todos se afanaban por ocultar sus prevenciones sobre la postulación de Isabelita y, como solía ocurrir en presencia del anciano líder, disputaban un imaginario torneo a ver quién lo agradaba más, esta vez con sugerencias sobre cómo debía comportarse la candidata a vice durante la incipiente campaña electoral. Perón no les daba mucha importancia y, mientras ellos se turnaban para decir sus inconsistencias, se entretenía charlando animadamente con una compañera de la Juventud Peronista que tenía el brazo enyesado pero eso no lograba opacar sus evidentes atractivos. La situación parecía sacada de una película italiana. Hasta que Rucci se hartó, se levantó de su silla y dijo:

—Miren, nosotros vamos a votar por el general Juan Domingo Perón y por cualquier candidato que lleve el general Juan Domingo Perón. Nosotros, aunque el candidato a vicepresidente sea una escoba, igual vamos a votar por el general Juan Domingo Perón.

Como no hubo nada que agregar, la reunión terminó y todos los visitantes se fueron retirando disciplinadamente de Gaspar Campos.

Decididamente, Rucci no les caía bien a los norteamericanos. Un cable confidencial del embajador John Lodge a su gobierno del 3 de octubre de 1973, poco más de una semana después del asesinato, lo describe como un "portavoz y títere de Perón. Él no tuvo ningún apoyo directo en el movimiento obrero ni nadie que lo siguiera por él mismo". Lodge prefería al "ala moderada del movimiento sindical peronista", en la que incluía a Lorenzo Miguel y al sucesor de Rucci en la CGT, el textil Adelino Romero.

—Romero está estrechamente alineado con el líder de los metalúrgicos y de las 62 Organizaciones, Lorenzo Miguel, en el ala moderada del movimiento sindical peronista. Altamente capaz, con mentalidad internacional, Romero ha trabajado cerca de los Estados Unidos y de las organizaciones sindicales internacionales orientadas democráticamente. Por lo tanto, las declaraciones con tintes antinorteamericanos de la CGT que hubo con Rucci cambiarán probablemente con Romero. Sin embargo, Perón le da el tono al movimiento obrero argentino, y Romero y los otros líderes sindicales continuarán danzando con su música.

Como Perón es impredecible, así será la política laboral en el corto plazo.

Para Lodge, la gestión de Romero en la CGT también debería ser "algo más democrática" que la de Rucci, es decir, más abierta a los dirigentes sindicales disidentes y no peronistas.

Unos meses antes, el 18 de mayo de 1973, en plena pelea interna entre Rucci y Lorenzo Miguel, Lodge destacó en otro cable reservado enviado a su gobierno que "los líderes sindicales moderados están preocupados por la posible concentración de un excesivo poder en las manos de Rucci como secretario general de la CGT en un gobierno peronista", y enfatizaba que eso podía suceder si "el reciente intento de Rucci para disolver las 62 Organizaciones Peronistas, que siempre han servido para contrabalancear a la CGT, tiene éxito", y si el ministro de Trabajo del presidente electo, Héctor Cámpora, resultaba ser un "sindicalista no moderado". Dos jugadas que, para alegría de la embajada y de los "moderados", no le salieron bien a Rucci.

Capítulo 6

LA TRENZA DE VANDOR

El enemigo principal es Vandor y su trenza. Hay que darles con todo y a la cabeza, sin treguas ni cuartel. En política no se puede herir, hay que matar, porque un tipo con una pata rota hay que ver el daño que puede hacer.

Perón en una carta enviada desde Madrid al sindicalista "leal" José Alonso, en enero de 1966.

Juan Perón siempre consideró al sindicalismo la columna vertebral del Movimiento Nacional Justicialista y, como tal, le reservó un rol clave aunque subordinado a su liderazgo. Él conducía en soledad una alianza heterogénea, policlasista, y nunca aceptó que los gremios, o cualquier otro componente de su coalición, gozaran de autonomía política, que sacaran los pies del generoso plato peronista.

Eso explica el recelo de Perón hacia la Unión Obrera Metalúrgica y hacia el más famoso de sus secretarios generales, Augusto Timoteo Vandor, un entrerriano de Bovril, una pequeña ciudad cerca de Paraná, que condujo ese gremio desde diciembre de 1958 hasta el 30 de junio de 1969, cuando a los cuarenta y seis años fue asesinado en la sede de la UOM, en la ciudad de Buenos Aires, por cinco audaces en el "Operativo Judas".

"El Lobo" Vandor es uno de los personajes más interesantes de la fauna variada que ha originado el peronismo, pero su figura continúa en penumbras, tal vez porque fue el único que osó enfrentarse abiertamente con Perón al propiciar una suerte de laborismo vernáculo, un partido centrado en los sindicatos, pragmático e independiente del líder exiliado.

Perón tampoco derrochaba simpatía por el heredero del Lobo y del "vandorismo", Lorenzo Miguel, y propiciaba la disolución de las 62 Organizaciones Peronistas.

Es que la UOM no era sólo la UOM: con el desarrollo industrial, se había convertido en el gremio más moderno y poderoso, y con casi medio millón de afiliados, marcaba el rumbo del sindicalismo. A su alrededor orbitaba una maraña de sindicatos, como los papeleros, molineros, soderos, municipales, plásticos y gastronómicos, y un grupo de economistas, abogados y políticos, como Antonio Cafiero, Hugo Anzorregui y Carlos Ruckauf.

Durante el largo exilio de Perón, los metalúrgicos lideraron las 62 Organizaciones Peronistas; mantuvieron una fuerte influencia en la CGT, y fueron la caja que financió buena parte de las actividades del peronismo y de casi todos sus dirigentes políticos, desde los sabotajes y las huelgas de la Resistencia a la Revolución Libertadora y el pago de campañas políticas hasta la breve incursión en 1966 en las islas Malvinas de un grupo de jóvenes nacionalistas y la compra de la casa del General en Vicente López.

En esos dieciocho años sin el líder, el sindicalismo cargó con el costo de mantener vivo al peronismo en la Argentina y, en consecuencia, pasó a dominarlo. Es cierto que los gremios habían sido concebidos como la columna vertebral del Movimiento, una criatura de Perón donde el partido constituía apenas una herramienta electoral. Sólo que, desalojado del gobierno y con el General fuera del país, los sindicatos aumentaron drásticamente su peso relativo ya que se convirtieron en la única fuente de donde el peronismo podía extraer recursos. "El movimiento obrero no era solamente el que ponía los hombres; ponía el dinero, ponía todas las estructuras. El partido se limitaba a abrir algunas unidades básicas en la época electoral, nada más", cuenta Fernando Donaires, dirigente histórico de los papeleros y un vandorista paladar negro.

Los gremios se contaron entre los beneficiarios principales del pacto de Perón con Arturo Frondizi por el cual el político desarrollista llegó al gobierno en 1958. Perón le dio parte de sus votos y, en retribución, Frondizi sancionó en agosto de aquel año la Ley de Asociaciones Profesionales, que mantuvo el monopolio de la representatividad gremial, es decir, el sindicato nacional único por rama de actividad, y el derecho a agruparse en una única central obrera. Esos dos principios forman la viga maestra del sindicalismo peronista.

Fueron dieciocho años en los que, además, los sindicatos tuvieron que tratar cotidianamente con los sucesivos gobiernos militares y civiles que mantenían proscripto a Perón pero que guardaban la llave para solucionar las demandas concretas que interesaban a los sectores trabajadores, es decir, a sus bases. Esa interacción con los ocupantes de los roles de poder incentivó el natural pragmatismo de muchos sindicalistas y los llevó a propiciar un partido con todas las banderas justicialistas pero sin la influencia decisiva del líder fundador.

La idea de un "peronismo sin Perón" sedujo también a los generales de la llamada Revolución Argentina, inaugurada el 28 de junio de 1966 con el golpe de Juan Carlos Onganía contra el radical Arturo Illia.

Vandor no era hombre de muchas palabras, al menos en público. Pero hay dos frases que ya forman parte de la mitología peronista. Una de ellas resume su idea del partido laborista que él encabezaría: "Es necesario enfrentar a Perón para salvar a Perón", dijo en octubre de 1965 en Avellaneda durante un congreso partidario, según trascendió entonces en la prensa.

Por aquellos años, Osvaldo Papaleo era un conocido periodista de TV y tenía una estrecha relación con el Lobo.

—Vandor se enfrenta con Perón. Más que postular un peronismo sin Perón, Vandor estaba convencido de que el peronismo debía ser manejado desde acá, desde la Argentina. Vandor tenía conciencia de su poder. Los sindicatos habían sido los depositarios de la Resistencia Peronista y ya hacían muchas cosas sin consultar a Perón.

La otra frase que se le atribuye a Vandor sintetiza su estilo: "Golpear para negociar", un pragmatismo frío, racional e implacable, orientado por el principio rector de convertir al sindicalismo en una pieza ineludible en la constelación del poder. Papaleo lo explica en detalle:

—La UOM hacía hincapié en la acción directa; luego negociaban, pero si tenían que parar el país lo hacían sin problemas. Por ejemplo, le dieron vuelta el país al presidente Frondizi. Eran duros. Y a Onganía le sacaron las obras sociales a cambio de una promesa de paz social.

La cuestión de las obras sociales es clave para entender el poder actual de los sindicatos. Las obras sociales ya existían, pero formaban un conglomerado muy heterogéneo. El decreto ley 18.610 fue firmado por Onganía en febrero de 1970 para reorganizar el sistema y estableció que los aportes de trabajadores y empleadores financiarían las obras sociales, que serían administradas por los sindicatos. Ésa había sido siempre una sentida ambición de los gremialistas, a la que Perón se había negado sistemáticamente durante sus dos primeros gobiernos, precisamente para impedir que la "columna vertebral" accediera a una montaña de dinero que incentivara sus deseos y sus posibilidades de autonomía política.

Un halo de misterio rodeaba a Vandor. Se sabía que había estado en la Marina y que había pedido la baja como cabo primero maquinista en 1947. Dos años después entró en la fábrica Philips, en Saavedra, desde donde comenzó su exitosa carrera gremial. "Vandor nunca hablaba, se expresaba por solicitadas, y llegar a él era un misterio. Era del sur, de Villa Lugano como Lorenzo Miguel, y no le gustaba cruzar la avenida Rivadavia", recuerda Papaleo.

Según el periodista Santiago Senén González, Ernesto "Che" Guevara, que estaba en las antípodas ideológicas de Vandor, lo había elogiado intensamente: "Tiene pasta, es el único dirigente sindical de Argentina que puede arrastrar a las masas".

Rodolfo Pandolfi fue un testigo privilegiado de esa época, como periodista estrella de las revistas *Primera Plana* y *Confirmado* y del diario *La Opinión*, tres creaciones del periodista y editor Jacobo Timerman. Según Pandolfi, el Lobo había sido marxista en su juventud.

—Vandor se proyecta como un líder nacional y llega al peronismo desde el marxismo, como una opción táctica. Él tenía un proyecto enfrentado al de Perón, una suerte de laborismo. No se enojaba nunca, hablaba siempre en voz baja. Él me citaba a su despacho y colocaba dos sillas en el medio de la sala para que nos pusiéramos a hablar. Él fue golpista en el 66, como otros sindicalistas y como otras tantas personas, por ejemplo como Timerman. En realidad, Timerman siempre fue golpista, también en 1976.

Pandolfi recuerda que Vandor "tenía un estilo de vida rumboso. Le gustaban mucho las carreras de caballos. Yo le pregunté una vez: '¿Va todos los días al hipódromo?'. 'No, todos los días no; sólo cuando hay carreras de caballos', me contestó".

Hubo dos hechos puntuales que marcaron el tenor del enfrentamiento entre Perón y Vandor:

- A principios de diciembre de 1964 fracasó el Operativo Retorno de Perón por causas hasta ahora no precisadas pero que sus adversarios solían atribuir a Vandor, que fue uno de los organizadores del viaje. Perón había embarcado en un vuelo de línea desde Madrid, pero no pudo llegar a Buenos Aires y se tuvo que volver desde la escala en Río de Janeiro porque la dictadura brasileña no lo dejó seguir a pedido del gobierno de Illia.
- El 19 de abril de 1966 se realizaron las elecciones a gobernador de Mendoza, que fueron consideradas un test nacional sobre la viabilidad de un partido peronista sin Perón. Vandor apoyaba a Alberto Serú García, un "neoperonista". A último momento, Perón decidió respaldar a Ernesto Corvalán Nanclares, a quien nadie le otorgaba ninguna posibilidad, y envió a su propia esposa, Isabel, para indicar claramente cuál era su preferencia. El Lobo había aparecido en la tapa de *Primera Plana* con el siguiente titular: "¿Vandor o Perón?". Dividido, el peronismo perdió la provincia, pero Corvalán Nanclares sacó casi el doble de votos que Serú García. "Después de Mendoza, la capital del peronismo está otra vez en Madrid", interpretó Mariano Grondona.

Para contener a Vandor, Perón apuntalaba a José Alonso, un sastre que lideraba el sindicato del vestido y que desde el 1º de febrero de 1963 era el secretario general de la CGT. En 1965, Alonso fue reelecto en la CGT y se le plantó al Lobo al crear las "62 Organizaciones de Pie Junto a Perón". Pero luego, en febrero de 1966, Vandor lanzó un contraataque mortífero, y Alonso fue reemplazado al frente de la CGT por Donaires. En aquel momento circulaba en Buenos Aires una carta enviada por Perón a Alonso en la que, utilizando un lenguaje tomado de Nicolás Maquiavelo, expresaba cómo veía al jefe metalúrgico.

—El enemigo principal es Vandor y su trenza. Hay que darles con todo y a la cabeza, sin treguas ni cuartel. En política no se puede herir, hay que matar, porque un tipo con una pata rota hay que ver el daño que puede hacer.

Según Pandolfi, "Perón apuesta a los textiles para frenar a Vandor, primero a Andrés Framini y luego a Alonso, del vestido, pero el problema para Perón, y eso explica en parte su enorme cariño posterior por Rucci, era que los textiles ya no tenían la fuerza de antes; eran más sumisos, pero lo moderno pasaba por los metalúrgicos, que, además, reunían a su alrededor un mejor contenido intelectual".

Al final, la pelea se dirimió a favor de Perón. Vandor no alcanzó a despegarse a tiempo de Onganía y el descontento social se lo llevó también a él. El Cordobazo, la revuelta obrera y estudiantil del 29 de mayo de 1969, sorprendió no sólo a la dictadura sino también a la CGT y al Lobo. Vandor se quedó sin aire y decidió someterse a la conducción de Perón, aunque no tuvo tiempo ya que fue asesinado el 30 de junio de aquel año.

Perón quiso sacar provecho de la muerte del Lobo y buscó influir en el nombramiento del sucesor. Pero pronto se dio cuenta de que su problema no era ya Vandor sino el vandorismo, es decir, un modo de concebir la política a partir de los sindicatos que había hecho carne no sólo en la UOM sino en los gremios satélites de los metalúrgicos y en algunos sectores políticos del Movimiento.

El 1º de octubre de 1969, siete días antes de cumplir setenta y cuatro años, Perón envió una carta a quien aparecía como el favorito para suceder a Vandor, Avelino "El Gallego" Fernández, ex número dos de la UOM y en aquel momento secretario general de la seccional Capital, la más poderosa del gremio metalúrgico. Fernández había sido fiel a Vandor y leal a Perón, quien en la carta le confió sus temores.

—Mucho he pensado sobre la Unión Obrera Metalúrgica desde el asesinato de Vandor porque no ignoro el valor que esta organización tiene dentro de la empresa en que nosotros estamos empeñados y no tengo mucha confianza en la forma en que Vandor será reemplazado. Existen demasiados interrogantes e influencias como para dormir tranquilos frente al futuro de la UOM y su influencia en el Movimiento Sindical Argentino. Los intereses que se moverán alrededor de ese reemplazo podrán ser muy grandes, entre ellos el de la dictadura, que no dejará de hacer todo lo posible por poner mano en él, para asegurar allí una obediencia muy peligrosa para el movimiento sindical.

Y lo ungió como su candidato en la interna metalúrgica.

—Yo creo que, si es preciso, usted debe "tomar la manija", como única garantía segura para el Movimiento, que tiene puestas hoy sus preocupaciones en la UOM.

Lorenzo Miguel, "El Loro", no figuraba en los planes de Perón. Había llegado a la conducción nacional en 1962, cuando Vandor lo puso como tesorero. "Lorencito", como lo llamaba Vandor, siempre se había movido con cautela y discreción.

Según cuentan los periodistas Ricardo Carpena y Claudio A. Jacquelin, los biógrafos no autorizados de Lorenzo Miguel, su candidatura fue levantada por el Grupo de los Ocho, los gremios vandoristas, con el siguiente argumento: "Nos dimos cuenta de que Miguel era un candidato ideal ya que no tenía ningún contacto político ni gremial al margen de la UOM, lo que nos abría las puertas para que fuéramos el poder detrás del trono". En el intento fueron auxiliados diligentemente por la dictadura, a través del ministro San Sebastián, quien también especulaba con que el

Loro sería más influenciable que Fernández. Con semejante respaldo, los promotores de Lorenzo tejieron una serie de maniobras que terminó con la impugnación de la candidatura de Fernández, el hombre de Perón, y con su expulsión del gremio. Y el 20 de marzo de 1970, siete días antes de cumplir cuarenta y tres años, Miguel fue designado formalmente como el nuevo secretario general de la UOM, con Luis Guerrero, de la seccional Avellaneda, como copiloto. Lorenzo se afirmó rápidamente como el heredero de Vandor y demostró a propios y extraños que había llegado a la cima del gremio más poderoso para dejar su propia huella durante muchos años.

Capítulo 7

LORENZO Y MONTONEROS, RELACIONES PELIGROSAS

Le ofrecemos (a la "burocracia sindical", N. del A.) un armisticio, en donde le respetamos su poder. Eso después se puede expresar en que nosotros no puteamos todos los días a Lorenzo Miguel, en que no lo matamos, en una serie de cosas. Ahora, ellos no están muy interesados en la negociación; hasta hace poco tiempo parecía que estaban.

Mario Firmenich, "El Pepe", a fin de septiembre o principios de octubre de 1973, luego del asesinato de Rucci, durante una charla de la Conducción Nacional de Montoneros con sus cuadros.

Montoneros consideraba a la "burocracia sindical" su principal enemigo dentro del peronismo. Eran dos palabras que le servían para identificar a los dirigentes que dominaban los gremios, a los que acusaba de "traicionar" los intereses de la clase obrera. "Burócrata" era sinónimo de "traidor" en el lenguaje juvenil de la época. Lorenzo Miguel y José Rucci constituían la cara más visible del monstruo, pero varios jefes montoneros, no todos, distinguían claramente al uno del otro: consideraban que Lorenzo tenía un poder propio, basado en la UOM y en las 62 Organizaciones, con el cual, en determinadas ocasiones, podían negociar acuerdos y treguas, siempre pasajeros. Apreciaban su estilo componedor, su disposición casi natural a los arreglos y al reparto de lugares y roles de poder, su gusto por la "trenza". En cambio, veían a Rucci como un mero alfil de Perón, sin poder propio, muy dependiente de las órdenes que recibía del General, y que, para colmo, se comportaba como un gallito de riña, agresivo, dispuesto a tensar las relaciones al máximo con su temperamento fogoso y sus palabras rotundas y mordaces.

Emiliano Costa, periodista del diario *El Cronista Comercial* y dirigente del gremio de prensa, provenía de las Fuerzas Armadas Revolucionarias (FAR), un grupo guerrillero de origen marxista, y fue uno de los líderes de la Juventud Trabajadora Peronista (JTP), una agrupación lanzada por Montoneros para disputar a la "burocracia sindical" la conducción de los gremios y de la CGT.

—Lorenzo Miguel era el sindicalista más fuerte, era la UOM; era también el más vivo. Él era más ambivalente y tenía juego propio, no así Rucci. No era que nos lleváramos mejor con él que con Rucci, pero Lorenzo Miguel actuaba más de atrás, de los costados, como un padrino, ordenando los tantos. Rucci estaba en la línea de fuego como secretario general de la CGT.

Otro de los jefes de la JTP era Andrés Castillo, un delegado de la Caja Nacional de Ahorro y Seguro que venía del nacionalismo de derecha (había integrado, por ejemplo, el grupo liderado por Dardo Cabo que en 1966 desvió un avión a las Malvinas y plantó allí una bandera argentina) y que luego, en la dictadura, sobrevivió a la Escuela de Mecánica de la Armada (ESMA) y estuvo exiliado. Al volver al país, recuperó su gremio y ahora es secretario general adjunto de la Asociación Bancaria.

—Con Lorenzo siempre hablamos, antes y después de la JTP. A él la JTP no le gustó y por eso creó la Juventud

Sindical Peronista. Yo lo respetaba mucho porque lo conocía de antes y porque siempre había estado cerca de la UOM. Nosotros no supimos acordar con Lorenzo, que se prestaba a eso. Juan Manuel Abal Medina siempre nos decía: "Hablen con Lorenzo", pero la conducción montonera estaba muy dividida sobre ese tema. Recuerdo una vez que Abal Medina le dijo a Rodolfo Galimberti en una conferencia de prensa: "Sentate al lado de Lorenzo". "Estás loco, ¿querés que quede escrachado?", fue la respuesta. Ésa era la sensación más general. Había algunos jefes montoneros proclives, como Carlos Hobert, que era muy político. En general, la militancia no quería acordar con él. A Perón le convenía Rucci porque así tenía controlada a la UOM; le tenía desconfianza a Lorenzo y al vandorismo. Yo creo que Rucci sí tenía poder propio: controlaba algunas seccionales de la UOM, influía en varios gremios. Yo lo conocía de cuando no se comía las "s", era muy vivo. Era un nacionalista de derecha, un peronista muy leal a Perón. Perón lo quería mucho, todos sabíamos eso.

Juan Carlos Dante Gullo, "El Canca", uno de los rostros más conocidos de la Juventud Peronista, actual diputado kirchnerista, siempre tuvo una muy buena relación con Lorenzo Miguel.

—Ahora se habla de Rucci como una figura muy importante, como la base de sustentación del plan económico de Perón, pero la verdadera base eran la Confederación General Económica y el ministro de Economía, José Ber Gelbard, por un lado, y el movimiento obrero, por el otro, y el que mejor expresaba al movimiento obrero no era Rucci sino Lorenzo Miguel.

Lorenzo Miguel, "El Loro", murió el 29 de diciembre de 2002, a los setenta y cinco años, y tenía un estilo político muy distinto del de Rucci. Él se manejaba con dos frases. Una de ellas es explicada por Lidia Vivona, su secretaria de casi toda la vida:

—Lorenzo era el poder, un grande, un auténtico padrino que velaba por todos. Tenía una frase típica: "Al enemigo hay que tenerlo al lado. Y al amigo, sabemos que es amigo y que nos puede esperar. Pero al enemigo hay que tenerlo lo más cerca posible". Era un negociador nato.

La otra frase de Lorenzo la cuenta Roberto Digón, dirigente peronista, ex diputado, ex secretario general de los empleados del tabaco y ex candidato a presidente de Boca Juniors.

—Lorenzo Miguel negociaba con los montoneros. "Se negocia todo y con todos; todo hay que negociar", era su lema. Él negociaba a través de Juan Manuel Abal Medina y de otros. Rucci guardaba más distancia de ellos. Igual, Lorenzo Miguel tenía una guardia imperial para protegerse; hasta llegó a usar una tanqueta en 1975.

Rucci y Lorenzo ocupaban lugares diferentes en el sindicalismo y en la relación con Perón. Tenían sus "contradicciones", como señalaba Mario Firmenich, el máximo jefe de Montoneros, y se peleaban bastante, como consignan los periodistas Ricardo Carpena y Claudio Jacquelin en su biografía no autorizada de Lorenzo Miguel.

—El vuelo propio y audaz emprendido por el secretario de la CGT fue cuestionado reiteradamente por el vitalicio caudillo metalúrgico, algo avalado por asiduos concurrentes a la UOM que solían escuchar gritos destemplados cuando se reunían Miguel y Rucci. Quienes conocieron de cerca esa relación aseguran que más de un problema se producía porque el líder de la CGT era "el más peronista de todos los dirigentes". Uno de los pocos, si no el único, para quien todo lo que viniera de Perón era dogma de fe y, por lo tanto, no le preocupaban los inconvenientes que a su organización pudiera causarle.

Además, tenían características personales diferentes. Rucci era carismático, pasional, frontal, creativo y hablaba bien en público. Miguel no tenía carisma, era frío, cauteloso, estructurado y le incomodaban los discursos ante auditorios cargados; prefería las reuniones pequeñas, cerradas, en las que podía hacer pesar su muñeca política.

Carpena y Jacquelin transcriben un duro intercambio verbal entre ambos:

—"Si no te gusta lo que hago, renuncio y me vuelvo a San Nicolás", se envalentonó Rucci en una oportunidad, dispuesto a no dejarse vapulear. "Si renunciás, te vas a tu casa porque yo te intervengo la seccional", le espetó Miguel, como para no dejar dudas de que en sus dominios no había lugar para los díscolos.

Peleas frecuentes que también recuerda Aníbal Rucci, el hijo del líder de la CGT.

—Todos los veranos yo iba a pasar las vacaciones a la CGT. Hubo discusiones muy duras con Lorenzo. Yo presencié una por teléfono: "Voy para allá y te cago a trompadas", le dijo mi papá. Rucci era un peronista de Perón y para Perón.

De todos modos, había cosas que los unían, como la prevención frente a la criatura sindical de Montoneros, la JTP, con la cual querían correrlos de los gremios y de la CGT, o el intento de veto a la reincorporación en las fábricas de los sindicalistas de izquierda que habían sido dejados cesantes por razones políticas durante la dictadura militar. O, unos meses antes, en diciembre de 1972, el intento común de colocar a Antonio Cafiero como candidato a presidente en lugar de Héctor Cámpora para los comicios del 11 de marzo de 1973. Pero "Cafierito", como lo llamaba Perón, había cometido el error de reunirse con el último presidente de la dictadura, Alejandro Lanusse, desafiando una prohibición expresa del General. "Con los militares no hable. Con ellos, el único que debe tratar soy yo", le había ordenado en Madrid.

También en aquella oportunidad el Loro se adaptó más rápido a la nueva situación y frenó los intentos rupturistas de Rucci. Negoció con Cámpora, con Montoneros y con el aparato partidario encarnado en el secretario general del Movimiento, Abal Medina, las fórmulas electorales en varias provincias: Montoneros pudo colocar figuras afines como candidatos a gobernador en Buenos Aires, Córdoba, Mendoza, Salta, San Luis y Santa Cruz, y las 62 Organizaciones se quedaron con todos los postulantes a vice en esos distritos menos en Córdoba, donde fue designado un sindicalista combativo, Atilio López. El caso más notorio fue el bonaerense: Victorio Calabró, el jefe de la UOM en Vicente López, acompañó a Oscar Bidegain.

Luego, poco antes de asumir, Cámpora negoció con Lorenzo el nombre del ministro de Trabajo: fue elegido Ricardo Otero, "La Cotorra", su adjunto en la secretaría general de la UOM Capital, para enojo de Rucci, que fue excluido del arreglo. Rucci estuvo a punto de renunciar a la CGT por el desaire, del cual no se olvidaría jamás: incluso en la mañana de su muerte, expresó su voluntad de arreglar esa cuenta pendiente.

Pero el tema que más enturbió las relaciones entre Lorenzo y Rucci fue el intento de eliminar las 62 Organizaciones Peronistas para concentrar la representatividad gremial y política de los trabajadores en la CGT y en él mismo, que, como hemos visto, fue una orden del propio Perón. Ése pudo haber sido el tema del muy urgente llamado telefónico de Lorenzo a Rucci poco antes de la emboscada fatal.

En tanto, las relaciones entre Montoneros y Rucci llegaron a su peor nivel el 20 de junio de 1973, cuando lo que iba a ser una fiesta popular y la más masiva movilización política en la historia argentina por el regreso definitivo de Perón se transformó en una matanza, con trece muertos y más de trescientos cincuenta heridos. Fueron peronistas los muertos y peronistas también los asesinos, en una jornada que reflejó la locura violenta de los extremos que comenzaban a tensar dramáticamente al oficialismo. Rápidamente, los montoneros acusaron de la matanza a la derecha del peronismo, que había copado el palco, en especial a los dirigentes que habían integrado la Comisión Organizadora para el Regreso Definitivo del General Perón a la Patria: su titular, el teniente coronel retirado Jorge Osinde, secretario de Deportes y Turismo y hombre de López Rega; Rucci; Miguel, y Norma Kennedy. Otra vez Lorenzo demostró más pragmatismo que Rucci: en la tarde del día siguiente, Lorenzo ya estaba reunido con Roberto Perdía, el número dos de Montoneros, en el departamento de Abal Medina, una planta baja de Callao al 1700. Lo cuenta Perdía, "El Pelado Carlos" era su nombre de guerra, en su libro *La otra historia*.

—Intentamos un diálogo con Lorenzo Miguel, jefe de la UOM y de las 62 Organizaciones, expresión política del sindicalismo peronista, con el que veníamos confrontando. Había heredado el poder y las políticas del "Lobo" Augusto Timoteo Vandor, cuya vitalidad dio su nombre —"vandorismo"— a ese estilo sindical, que iba de la "presión" a la "negociación". Su poder real era distinto y orgánicamente más poderoso que el del propio José Ignacio Rucci, secretario general de la CGT.

Fue un "encuentro nervioso", recuerda Perdía, pautado por "el metálico sonido de la corredera de una pistola, de algún custodio de Lorenzo Miguel, desde un pasillo vecino. La 'mesa de negociación' era el rincón de una salita. Sentados en dos pequeñas banquetas, uno frente al otro, cara a cara, sin formalismos, durante un par de horas tratamos de encontrar la 'punta del ovillo' de aquella madeja que se había armado. El jefe sindical deslindó responsabilidades. Advirtió que dentro de las columnas sindicales había —al igual que en las nuestras— compañeros con palos, cadenas, alguna arma corta, preparados para lo que era —en ese momento— parte del 'folklore' en las movilizaciones masivas. Pero aseguró que lo que allí había pasado estaba fuera de los planes acordados por el sindicalismo y aun de sus propias reglas de juego. Que era como si 'alguien' se hubiera vuelto 'loco'".

Durante una entrevista con el autor, Perdía fue aun más preciso en los recuerdos.

—Ya éramos conscientes del enfrentamiento que se venía. Estábamos preocupados, había después de Ezeiza un consenso de que, si eso seguía así, iba a terminar mal. Lorenzo me comentó que había sido una barbaridad, que veníamos de una campaña electoral sin un solo muerto, con algunos enfrentamientos pero sin un solo muerto, "y eso que Cámpora no era nuestro candidato". Y agregó: "Nosotros habíamos conversado sobre Ezeiza en las 62; lo discutimos y acordamos ir con las (armas) cortas, como para una reunión entre compañeros".

Según Perdía, él le preguntó qué había pasado en Ezeiza. "Lorenzo me dijo: 'Alguien se volvió loco acá. Este petiso se cree Napoleón; yo creo que está loco'. Eso lo dijo textual, pero yo no lo quise poner en mi libro para que no se intuyera que Lorenzo tuvo algo que ver con la muerte de Rucci."

Ezeiza fue un mazazo para Montoneros, como el golpe palaciego que el 13 de julio de 1973 forzó la renuncia del presidente Cámpora y provocó un nuevo llamado a elecciones. La fórmula justicialista fue anunciada el 4 de agosto: Perón, secundado por su tercera esposa, Isabel. Todo quedaba en casa, y Rucci era uno de los dirigentes más entusiasmados por el seguro triunfo del General. A mediados de agosto fue a visitarlo a su residencia de la calle Gaspar Campos. "¿Qué hacés, Gallego?", le dijo a López Rega, mientras le rozaba la mejilla con un *jab* de derecha y lo sorteaba rápidamente en busca del candidato. Era su método para esquivar al celoso secretario privado de Perón, cada vez más molesto en su rol de filtro y con quien nunca simpatizó. Perón lo esperaba en su escritorio.

—¿Qué hacemos, General, para cerrar la campaña? ¿Un gran acto en la Plaza de Mayo?

—No, Rucci, vamos a hacer que todos los trabajadores desfilen frente a la CGT. Y yo voy a saludar desde el balcón.

—¡Qué bien, General! Va a tener que estar varias horas...

—Y que cada secretario general de cada gremio vaya al frente de su columna. Creo que es hora de que cada uno revalide títulos.

El desfile fue el viernes 31 de agosto de 1973, comenzó temprano y duró hasta las 19. Perón vistió un traje Príncipe de Gales y no se perdió detalle del acto; tomaba agua mineral y a veces se sentaba en un banquito que tenía a su lado. Rió y saludó a todos; lucía muy feliz: fue el reencuentro con su pueblo luego de tantos años de exilio.

Rucci estaba ansioso y no paraba de encender sus Benson & Hedges. En un momento, Perón miró los cigarrillos con ganas.

—¿Quiere uno, General?

—Bueno, deme uno.

Perón tomó el cigarrillo encendido, le dio una pitada y lo apagó. Había dejado de fumar por prescripción médica, pero cada tanto reincidía un poquito.

Luego de los gremios, pasaron las columnas de la Juventud Peronista, larguísimas y compactas, hegemonizadas por los montoneros. Todos sus enemigos declarados estaban en el balcón, acompañando a Perón: López Rega, Osinde, Isabelita, Rucci y Miguel, pero sólo silbaron y abuchearon al secretario general de la CGT.

—¡Rucci traidor, a vos te va a pasar lo que le pasó a Vandor!

La Unión de Estudiantes Secundarios, la UES, una de las agrupaciones de superficie vinculadas a Montoneros, coreaba otra consigna con la pegadiza música de la publicidad de la pasta dental Odol.

—¡Qué lindos que son tus dientes!, le dijo Rucci a Perón; Perón contestó sonriente: ¡Ja ja! ¡Morirás como Vandor!

Cuando los gritos se volvieron ensordecedores, Rucci se metió dentro de la CGT y elevó el sonido de la Marcha Peronista.

Rucci tomó nota y dos semanas después les pidió a sus asesores que convocaran a un grupo de dirigentes de la Juventud Peronista. "Quiero reunirme acá con esos que cantan en mi contra y me comparan con Vandor. ¡Nada menos!", les ordenó. Con mucho trabajo, Osvaldo Agosto y Ricardo Pozo lograron que los líderes juveniles más conocidos, entre ellos Gullo, Ricardo Salame, Juan Carlos Añón y Jorge Obeid, luego dos veces gobernador de Santa Fe, fueran al despacho del quinto piso de la CGT.

Rucci entró y saludó a todos, uno por uno.

—Miren, muchachos, no los llamé para discutir con ustedes porque yo soy un simple obrero que no puede ponerse al nivel de ustedes, que estudian en la universidad. Yo sólo quería decirles lo siguiente: si Perón me dice que hay que ir hacia adelante, yo voy hacia adelante; si me dice que hay que ir hacia atrás, voy hacia atrás; si me dice que me corra a la izquierda, voy a la izquierda, y si me dice que vaya a la derecha, voy a la derecha. Así que no se equivoquen conmigo: cuando tengan una crítica hacia mí, ya saben a quién tienen que dirigirse.

La política argentina siempre ha sido un terreno muy propicio para los rumores y para las teorías conspirativas. También Lorenzo conocía las especulaciones sobre su presunta colaboración en el asesinato de Rucci, según las cuales él o alguien de su entorno habrían filtrado información clave sobre el lugar exacto al que había ido a dormir aquella noche tan inusual el jefe de la CGT. Lo admite Lidia Vivona, su secretaria eterna:

—Lorenzo sufrió mucho cuando se enteró del asesinato. José era como un hijo para él; le hablaba mucho, le decía: "Tranquilo, José, no te calentés, tené paciencia". Pero Rucci se llevaba el mundo por delante, era polvorita. Lorenzo se reunió con los montos antes y después del asesinato de Rucci porque sentía que debía hacerlo. Él se reunía con todos. Lorenzo sabía que decían que había ayudado a su muerte, pero eso no era verdad.

Tampoco la familia de la víctima cree en esas especulaciones. Por el contrario, la viuda de Rucci, Coca, recuerda a Miguel como "un amigo. Hasta se ocupó de pagar la hipoteca de la casa" que su marido había comprado en Haedo.

—Algunos habrán pensado seguramente que José tenía una fortuna. Pero no era así. Él nos dejó la casita en Haedo, hipotecada, y un auto, un Torino. El departamento de Avellaneda, donde estábamos viviendo, era prestado. Al mes de su muerte, me llamó Lidia Vivona y me dijo: "Coca, Lorenzo Miguel quiere hablar con usted". Yo fui a verlo y lloré durante todo el viaje. Pensaba: "José murió y cómo puede ser que en la calle todo siga igual". Cuando llegué a la sede de la UOM, me recibió Lorenzo, y enseguida fueron apareciendo muchos dirigentes. Lorenzo me dijo: "Bueno, quédese tranquila que el gremio le va a pasar una pensión mensual y se va a hacer cargo de los gastos de los estudios de los chicos. Le vamos a poner un auto para que no tenga que viajar en colectivo o tomar taxis, que está muy peligroso. ¿Está cómoda en ese departamento?". "No, la verdad que no, me gustaría mudarme", le contesté. "¿A su casa?", me preguntó. "No, a un departamento: tengo miedo." "Vamos a ver si compramos un departamentito para usted y sus hijos, y luego lo arreglamos cuando usted venda su casa", fue su respuesta. Así que, gracias a la UOM, nos fuimos a vivir a Primera Junta. Luego entré a trabajar en la UOM, en el sanatorio. Me jubilé en 2005. Con el Torino, un día fui y le dije a Lorenzo: "Lorenzo, te dejo el auto porque yo no lo uso". "Bueno el gremio te compra un autito." "No, para qué si yo no manejo." "El gremio te lo compra igual, y aprendé a manejar." Me compraron un Fiat 125, pero nunca aprendí.

Un ex oficial montonero, que, como se verá luego, participó en tareas logísticas de la Operación Traviata y cuyo nombre se mantendrá en reserva, considera que es probable que la emboscada haya sido preparada con, "al menos, un entendimiento, una especulación, de que le caería bien a Lorenzo Miguel. Las operaciones siempre se hacían así: si amasijábamos a un gerente de la Philips, por ejemplo, era porque teníamos arreglado quién sería promovido a su lugar. Eso no habla bien de la moralidad de la guerrilla, pero era así".

Esa opinión fue corroborada nada menos que por el propio Firmenich, según Miguel Bonasso, periodista, escritor, ex asesor de prensa de Cámpora, ex dirigente de Montoneros y actual diputado, quien en uno de sus libros, *Diario de un clandestino*, relata una reunión que tuvo con "El Pepe" luego del asesinato de Rucci y mientras preparaba la salida del diario partidario *Noticias*, en cuyo staff figuraría como director. Allí, Firmenich le confirmó "oficialmente que Rucci fue ejecutado por la Organización". Siempre según Bonasso, Firmenich "incluso sugiere que el capo de la UOM, Lorenzo Miguel, le dio luz verde al atentado, al sugerir que su compañero y rival en metalúrgicos era el obstáculo central para un eventual acuerdo con la Orga".

Las reuniones entre el Loro y los montoneros siguieron casi inmediatamente después del asesinato de Rucci. A principios de octubre de 1973 Cafiero, que era el titular de la Caja Nacional de Ahorro y Seguro, llamó a su despacho a Castillo. "Lorenzo quiere hablar con ustedes para que no haya despelotes en la Plaza de Mayo", le dijo, en alusión al acto del 12 de octubre por la tercera asunción presidencial de Juan Perón.

Castillo informó a la Conducción Nacional de Montoneros, que lo autorizó a concurrir a la cita junto con otros jefes de la JTP: Emiliano Costa, Guillermo Greco y Enrique Juárez. Cuando llegaron al búnker de la UOM, en la calle

Cangallo, vieron que en la planta baja los esperaba un clima espeso: había muchos guardaespaldas de Lorenzo y "pesados" de la Concentración Nacional Universitaria, un grupo de choque de la ultraderecha, que les mostraban las armas mientras algunos se acercaban a palparlos con pinta de pocos amigos. Ellos también estaban "calzados". En la puerta divisaron a "Lamparita", un inconfundible colaborador de Lorenzo.

—Estamos calzados. No queremos dejar las armas acá, pero las vamos a dejar arriba, antes de entrar al despacho de Lorenzo Miguel —le explicaron.

—Por orden de Lorenzo, los compañeros no van a ser palpados de armas —dijo Lamparita a los custodios en voz muy alta, casi gritando.

Lamparita los condujo al quinto piso, donde no se los revisó, en lo que fue interpretado por los visitantes como una inconfundible e inesperada muestra de confianza y buena voluntad. Los hicieron esperar unos minutos en la sala de reuniones del secretariado general de la UOM hasta que entró Lorenzo, solo y en mangas de camisa.

—Compañeros, ¿quién mató a Rucci? —preguntó Lorenzo a boca de jarro, luego de los saludos de rigor y antes de que sus visitantes alcanzaran a sentarse en los sillones de cuero negro. Los sindicalistas montoneros se quedaron helados. Uno de ellos pensó que se venía la balacera y buscó instintivamente su arma, pero Lorenzo, luego de una pausa teatral, juntó las manos y siguió hablando.

—La UOM lo había puesto a José en la CGT, pero luego ya no pudo controlarlo. Tenía un carácter muy difícil. Era incontrolable. Aunque hay que reconocer que siempre fue muy leal al General y al Movimiento... Compañeros, quiero agradecerles que hayan venido hasta ésta, nuestra casa, para reunirse conmigo.

—Por favor, Lorenzo, los agradecidos somos nosotros y estamos muy contentos de que nos hayas invitado —saltó uno de los invitados, expresando con el tono de su voz el alivio generalizado de los visitantes.

—Miren, compañeros, si vamos a la Plaza tal como estamos hoy, nos vamos a matar entre nosotros, los gremios y la juventud, mientras el hijo de puta de López Rega se va a estar cagando de risa. Mejor, pongámonos de acuerdo entre nosotros, dividamos los lugares que vamos a ocupar en la Plaza, que nadie se haga el vivo, y metamos en el medio a los de Guardia de Hierro y a los de otras agrupaciones, que seguro que no van a ir armados. Así, ellos hacen de colchón. Alguna piña siempre va a haber, somos todos peronistas, pero no tiene que pasar a mayores.

Al final, cada uno ocupó su lugar en la Plaza y no hubo violencia aunque Perón tuvo que hablar a su pueblo detrás de vidrios blindados. Fue la primera vez que lo hizo así, tan protegido. Un signo de los nuevos tiempos.

Gullo cuenta que "teníamos una buena relación con Lorenzo y con las 62, y el 14 o el 15 de octubre de 1973 Lorenzo nos ofrece una forma de relación política que incluía un lugar para la JTP en los gremios, en el movimiento obrero. Eso se cortó luego del 17 de octubre por el acto que se hizo en Córdoba para presentar públicamente la fusión entre Montoneros y FAR, que la UOM interpreta como una muestra de que queríamos copar las comisiones internas de las fábricas, por lo que sacan una solicitada en contra".

Lorenzo siempre conservó algunos puentes con los montoneros y tal vez por eso nunca sufrió un atentado, ni siquiera una amenaza concreta, desde ese costado del arco político. Con los años, su principal abogado, Fernando Torres, fue el defensor de Firmenich en los juicios durante el retorno a la democracia, luego de la sangrienta dictadura entre 1976 y 1983; Lorenzo recibió en su casa de Villa Lugano a María Elpidia Martínez Agüero, la esposa de Firmenich, y hasta ofreció asistencia económica a la familia de Gullo cuando éste estuvo detenido en Villa Devoto. Grande fue la sorpresa de Aníbal Rucci, el hijo del ex secretario general de la CGT, en 1982, cuando fue a saludarlo a su casa y se topó en la puerta de entrada con Gullo, que también estaba de visita. Quizá como testimonio de todo esto, y de algunos encuentros más que no se conozcan, el 27 de marzo de 1990, mientras festejaba su cumpleaños número sesenta y tres en el carrito de la costanera A los Amigos, Lorenzo recibió la visita inesperada de Perdía y Fernando Vaca Narvaja, quienes acababan de ser indultados por el presidente Carlos Menem. Ellos, solemnes, cruzaron el salón y le entregaron como regalo una plaqueta: "Al compañero Lorenzo Miguel en su cumpleaños. Con unidad, solidaridad y organización construiremos la Argentina justa, libre y soberana. Montoneros". Y se sacaron fotos con el cumpleañero. Quienes estuvieron allí aseguran que el gesto sorprendió a todos los invitados menos a Lorenzo, a quien, como de costumbre, no se le movió un pelo.

Capítulo 8

LA VANGUARDIA DE LA CLASE

> *La ideología de Perón es contradictoria con nuestra ideología porque nosotros somos socialistas. Nuestra ideología es el socialismo porque el socialismo es el estado que mejor representa los intereses de la clase obrera. Y un proyecto de vanguardia es el proyecto de una organización política que expresa los intereses de la clase obrera.*
>
> Firmenich a fin de septiembre o principios de octubre de 1973, en la charla con los "cuadros" que respondían a Montoneros.

Los montoneros, por un lado, y los dirigentes sindicales, por el otro, fueron los dos polos principales del conflicto desatado dentro del peronismo a partir del 17 de noviembre de 1972, cuando se produjo el primer retorno de Perón a la Argentina y quedó claro que el peronismo estaba por volver al gobierno. Perón completó ese triángulo en el vértice superior y trató de administrar en su beneficio, de conducir, esas poderosas fuerzas enfrentadas dentro de su Movimiento. Intentó colocarse por encima de las partes, en su postura tradicional de Sumo Pontífice que, infalible, bendice a todos sus fieles, estén a su derecha, en el centro o a su izquierda.

—Cada uno dentro del Movimiento tiene una misión. La mía es la más ingrata de todas: me tengo que tragar el sapo todos los días. Otros se lo tragan de cuando en cuando. En política, todos tienen que tragar un poco el sapo. Pero yo hago aquí de Padre Eterno, bendigo "urbi et orbi". ¿Por qué? Porque mi misión es ésa. La misión mía es la de aglutinar el mayor número posible. Ahora, dentro de eso hay distintas posiciones. A mí se me presentan todos los días y me dicen: "Éstos son traidores", y vienen otros y dicen: "Los traidores son los otros". Y yo siempre les digo lo mismo, porque todos los que vienen me dicen: "¡Pero nosotros tenemos razón!", y yo les digo: "Tal vez sí, pero yo no soy juez, no estoy para darles la razón. Yo estoy para llevarlos a todos, buenos y malos". Porque si quiero llevar sólo los buenos me voy a quedar con muy poquitos. Y en política con muy poquitos no se puede hacer mucho. Ésta es mi misión, que, como digo, es la más ingrata de todas. Muchas veces viene un tipo al que yo le daría una patada y le tengo que dar un abrazo.

Para Perón, su Movimiento debía tener alas ubicadas a derecha e izquierda siempre que compartieran sus ideas básicas.

—Tenemos, sí, una ideología y una doctrina, dentro de la cual nos vamos desarrollando. Algunos están a la derecha de esa ideología y otros están a la izquierda, pero están en la ideología. Los de la derecha protestan porque están los de la izquierda, y los de la izquierda protestan porque están los de la derecha. Yo no sé cuál de los dos tiene razón. Pero eso es una cosa que no me interesa. Me interesa que exista un Movimiento que sea, diremos, multifacético, que tenga todas las facetas que un Movimiento debe tener. Esto no es un partido político. En consecuencia, no puede ser ni sectario, ni excluyente. Cada uno puede tener su idea, pero teniendo un objetivo común.

El triángulo formado por Perón, el sindicalismo y Montoneros contenía a todas las fuerzas que condujeron al peronismo por tercera vez al gobierno gracias al triunfo electoral del 11 de marzo de 1973. Todas las fracciones que componían al peronismo celebraron la derrota de los militares, pero pronto tanto el ala izquierda (Montoneros) como el ala derecha (los sindicalistas) volvieron a su lucha interna para definir la orientación del nuevo gobierno, del presidente Héctor J. Cámpora, como explican Silvia Sigal y Eliseo Verón en el libro *Perón o muerte*.

—El peronismo que llega al poder en 1973 es un compromiso entre fracciones que tienen de hecho proyectos políticos muy diferentes y cuyo único término de unidad es la persona de Perón. La guerra dentro del peronismo, que ya existía pero que se manifestó abiertamente en el momento del triunfo electoral, fue sin duda una lucha sin cuartel por el control del partido y del gobierno, pero fue sobre todo un combate en el que cada fracción trató de arrastrar al líder hacia su propia posición.

El gobierno de Cámpora se recostó sobre Montoneros y sus agrupaciones juveniles afines, de superficie, una situación que fue corregida más bien drásticamente por Perón, primero con su retorno definitivo a la Argentina y luego con la renuncia de Cámpora el 13 de julio de 1973, que fue vivida por la Juventud Peronista como un golpe de Estado contra ellos. Hubo una nueva elección, el 23 de septiembre de 1973, en la que Perón resultó prácticamente plebiscitado. Dos días después, Rucci fue acribillado a balazos: la muerte, una respuesta militar, reemplazaba a la palabra, a la acción política. El asesinato volvía a convertirse en una herramienta política, como había ocurrido con el general Pedro Aramburu en 1970, aunque existían varias diferencias: el país había retornado a la democracia, el peronismo controlaba el gobierno, Perón ya no estaba en el exilio, y Rucci no tenía mucho que ver con Aramburu.

Para aquella época ya había hecho su aparición un cuarto factor: la derecha peronista armada, vinculada al secretario privado de Perón y ministro de Bienestar Social, José López Rega. Fue el 20 de junio de 1973 en la matanza de Ezeiza. Si bien los montoneros intentaron vincular a esa derecha armada con la "burocracia sindical" y ése fue uno de los argumentos utilizados para justificar la eliminación de Rucci, se trató de un actor diferente, que recién a partir de fines de noviembre de 1973 tomaría cuerpo en la Triple A, la Alianza Anticomunista Argentina. Además, el auge de la Triple A ocurrió después del fallecimiento de Perón, el 1º de julio de 1974, y López Rega, convertido en el presidente en las sombras, terminó enfrentado con la "burocracia sindical", encarnada en Lorenzo Miguel, que lo eyectó del gobierno, del poder y del país al año siguiente, luego de una masiva protesta en la Plaza de Mayo.

Volviendo al triángulo original, que nos ayuda a entender la dinámica del peronismo hasta la ruptura entre Perón y Montoneros en el acto del 1º de mayo de 1974, el General abandonó su posición de Padre Eterno mucho antes de su triunfo del 23 de septiembre de 1973. Comenzó a correrse hacia el ala sindical con la matanza de Ezeiza, cuando acusó de la tragedia a los "infiltrados", a "los que ingenuamente piensan que pueden copar nuestro Movimiento o tomar el poder que el pueblo ha reconquistado", y se definió con claridad durante la nueva campaña electoral, que, a diferencia de la que se había realizado apenas seis meses antes, fue protagonizada por los sindicatos, con Rucci como gran bastonero. La escenografía lo demuestra: Perón pasó a dirigir sus dardos contra los montoneros desde la CGT con sus "charlas magistrales" de los martes, y el único acto masivo de la campaña fue un desfile frente a la central obrera: Montoneros y sus agrupaciones juveniles llevaron mucha gente, pero Perón los miraba desde el balcón cegetista rodeado por la plana mayor de la odiada "burocracia sindical". También estuvieron con él su mujer, Isabelita, candidata a vice, y López Rega, que intentó complacerlo con una interpretación rebuscada.

—General, no son tantos: dan vuelta la esquina y vuelven a pasar frente a nosotros.

—No, Lopecito, no pasan dos veces. Pero éstos no son nuestros.

Perón se había decidido por el sindicalismo, que, con Rucci en la CGT, le garantizaba una estructura de poder y de lealtad dentro de su Movimiento.

A esa altura, Perón ya se había convencido de que por lo menos los principales jefes montoneros no estaban "en la ideología", en la doctrina de su Movimiento, no tenían "un objetivo común" al suyo.

Entre las consignas "¡Perón, Evita, la patria peronista!" de los sindicatos, y "¡Perón, Evita, la patria socialista!" de los muchachos que hasta hacía relativamente poco tiempo formaban parte de su "juventud maravillosa", el General había optado por la primera.

Los montoneros también habían cambiado o, al menos, habían explicitado sus diferencias con el General. El conflicto apareció con nitidez cuando se asumieron como la "vanguardia" de la clase obrera, un concepto tomado del marxismo leninista que los llevaría, en poco tiempo, a una posición insostenible: el peronismo sin Perón. Paradójicamente, eso ya había sido intentado en la década anterior por Augusto Vandor, el más brillante de los "burócratas sindicales".

Este giro fue explicado por Mario Firmenich en la charla con los principales dirigentes, los "cuadros", de las agrupaciones juveniles que respondían a Montoneros, que tuvo lugar en la Ciudad Universitaria de la Universidad de Buenos Aires (UBA) en los últimos días de septiembre o en la primera quincena de octubre de 1973.

—La ideología de Perón es contradictoria con nuestra ideología porque nosotros somos socialistas, es decir, para nosotros la Comunidad Organizada, la alianza de clases, es un proceso de transición al socialismo, el cual, además, entendemos, por el análisis de la realidad, que es obligado; es decir, no hay formas de frenarlo: desarrolladas las tareas de liberación nacional, apoyado en los trabajadores necesariamente se concluirá en la construcción de la patria socialista (bandera que tanto hemos gritado).

Ellos buscaban el socialismo, a diferencia de Perón, quien "no es partidario de una revolución violenta ni de un cambio de sistema, sino que es partidario de un cambio progresivo de las estructuras dentro del sistema, y, además, entre el tiempo y la sangre elige el tiempo".

A partir de esa definición ideológica, Firmenich esclareció cuál era el rol que los montoneros se atribuían: el de vanguardia del proletariado.

—Nuestra ideología es el socialismo porque el socialismo es el estado que mejor representa los intereses de la clase obrera. Y un proyecto de vanguardia es el proyecto de una organización política que expresa los intereses de la clase obrera.

Por lo tanto, los montoneros no eran unas simples "formaciones especiales" del peronismo, que, como sostenía Perón, habían servido para luchar contra la dictadura, pero que, una vez recuperada la democracia, tenían que dejar las armas y dedicarse a la política.

—Nosotros pensamos hoy que Perón nos denominó de entrada "formaciones especiales" porque dentro de su proyecto ideológico y de su proyecto político no cabe la noción de vanguardia, o sea, la vanguardia organizada. Entonces, éramos una especie de brazo armado del peronismo. Una "formación especial" es algo que existe para un momento especial; la dictadura era un momento especial. Para combatirla por todos los medios, requería una estructura organizativa también especial. Si somos "formaciones especiales" y no hay proyecto de vanguardia, la cosa es muy clara:

teníamos prácticamente que disolvernos. Si no somos "formaciones especiales" y lo que hay es un proyecto político-ideológico, que tiene su implementación estratégica, entonces no sólo no hay que disolverse, sino que hay que lograr la conducción del Movimiento Peronista para transformarlo en Movimiento de Liberación Nacional total, es decir que eso se constituya en una herramienta político-militar que desaloje a los elementos que distorsionan la esencia del Movimiento de Liberación Nacional en el peronismo.

Firmenich admitió que asumirse como la vanguardia de la clase obrera los llevaba a un enfrentamiento decisivo, mortal, con Perón por la conducción del Movimiento.

—La conducción estratégica para Perón es unipersonal; es el conductor y sus cuadros auxiliares. Eso es contradictorio con un proyecto de vanguardia, en donde la conducción estratégica la ejerce una organización, es decir, es pluripersonal; no es un hombre; no hay un conductor. Y además a partir de allí, del hecho del desarrollo de nuestro proyecto y de nuestra pretensión, tal vez "desmedida", de ser conducción estratégica, surgen confrontaciones o competencias de conducción.

Esas definiciones ideológicas y organizativas no significaban que estuvieran dispuestos a dejar el peronismo y a buscar otra trinchera de lucha. Muy por el contrario, la intención era permanecer allí y reemplazar a Perón para conducir al Movimiento hacia el sueño socialista.

—El peronismo es obligadamente el movimiento de masas nacionalista y revolucionario por el cual pasa inexorablemente la revolución. Es decir, pretender desarrollar una revolución fuera del peronismo, por contradicciones ideológicas con Perón, es absurdo; terminaríamos, ahí sí, en el PCR (Partido Comunista Revolucionario, N. del A.). Lo que realmente nos interesa es producir la transformación interna del Movimiento Justicialista a través del desplazamiento de la burocracia.

En ese marco, Firmenich identificó a la "burocracia sindical" como el gran enemigo interno de Montoneros ya que era el pivot sobre el que se estaba apoyando Perón para enfrentarlos, para "aniquilarnos", para disolverlos como grupo armado.

—En el Movimiento Peronista hay, salvando a Perón, dos fuerzas orgánicas que son la burocracia y nosotros, que son dos proyectos. Si Perón pretende combatir a los dos imperialismos (el norteamericano y el ruso, N. del A.) y opta por su proyecto ideológico (Comunidad Organizada, alianza de clases, N. del A.) para combatirnos a nosotros no le queda más remedio, aunque no le guste, que apoyarse en la burocracia.

La "burocracia sindical" fue definida como "un estamento, una capa social, con características propias y diferenciadas del resto de los sectores sociales del Movimiento. Este sector, que es de extracción obrera, expresa una ideología que no es la de la clase obrera. Incluso, no es homogéneo entre sí. Tiene un cúmulo de contradicciones internas; esas contradicciones derivan de que a lo largo de la existencia del Movimiento Peronista, en particular desde el 55 en adelante, se ha ido burocratizando el nivel de conducción y se ha ido vendiendo y corrompiendo, pero no todos por igual porque no han tenido todos las mismas posibilidades: los dirigentes de los sindicatos que dependían directamente de las empresas imperialistas tuvieron mejores posibilidades que el sindicato de fideeros".

Firmenich le negaba a la "burocracia sindical" la representación de los intereses de la clase trabajadora: ese título le pertenecía a Montoneros y lo legitimaba para una lucha sin cuartel contra los impostores, primero por la conducción del Movimiento y luego por la revolución socialista.

—Lo único que busca es preservar la estructura de poder y preservar su poder. La burocracia es, por definición, participacionista. Puede ser participacionista con el imperialismo y puede ser participacionista con el justicialismo.

Había en aquel Firmenich una clara influencia del marxismo leninismo, que abarcaba también a sus compañeros de la Conducción Nacional, tal como quedó reflejado en un documento oficial de Montoneros de aquella época, que apareció casi en simultáneo con el asesinato de Rucci bajo un nombre pomposo: "La Biblia". Era un lenguaje y un método de análisis tomado del "socialismo científico" y basado en la lucha de clases como motor de la historia, que le permitían entender no sólo la realidad actual sino también avizorar el futuro a través de la comprensión de las leyes "objetivas" del desarrollo social.

Fue Vladimir Lenin quien sostuvo que "el partido es el sector políticamente consciente y avanzado de la clase obrera, de la clase revolucionaria; es su vanguardia". Y eso era así porque estaba dirigido por "una teoría de vanguardia" y portaba la "ideología correcta", el marxismo, que era "proletaria" por definición y funcionaba como "una guía para la acción". No importaba que la mayoría de los cuadros de Montoneros no proviniera de la clase a la que aspiraba a beneficiar. Para Lenin, la vanguardia era indispensable para despertar la conciencia revolucionaria de la clase trabajadora porque, de lo contrario, por sus propios medios, ella sólo podría desarrollar, con suerte, una conciencia sindical.

—La conciencia política de clase no se le puede aportar al obrero más que desde el exterior, esto es, desde fuera de la lucha económica, desde fuera de la esfera de las relaciones entre obreros y patrones.

En otras palabras, la composición de clase de un partido revolucionario no significa nada en la determinación de su carácter de clase. Lenin defendió constantemente esta idea, afirmando, por ejemplo, que el Partido Laborista inglés era un partido burgués aunque sus miembros fueran trabajadores, mientras que un pequeño grupo sin raíces en la clase trabajadora tenía derecho, por el solo hecho de profesar la doctrina marxista, de proclamarse como único representante del proletariado y exclusiva encarnación de la conciencia proletaria. Ése es un atributo que reivindicaron todos los partidos o formaciones leninistas del mundo, más allá de su tamaño y de su vinculación real con la clase obrera.

Firmenich había sido más claro aún en su discurso del 22 de agosto de 1973, en un acto en la cancha de Atlanta, donde lamentó que en el Pacto Social firmado con los empresarios de la Confederación General Económica "los trabajadores no tienen representantes... Porque tienen allí, en la CGT, una burocracia con cuatro burócratas que no representan ni a su abuela", mientras la multitud, más de cuarenta mil personas, se entusiasmaba y coreaba dos consignas conocidas:

—¡Se va a acabar, se va a acabar, la burocracia sindical!

—¡Rucci traidor, a vos te va a pasar lo que le pasó a Vandor!

"Compañeros: esa consigna refleja verdaderamente lo que estamos diciendo... No existe la más mínima posibilidad. El tiempo...", continuó Firmenich, pero su frase se perdió en el griterío de la gente.

—Es decir, no es que nosotros estemos en contra de la existencia de un pacto social sino que creemos que éste (el firmado en junio, N. del A.) no refleja los intereses de los trabajadores y por lo tanto deberá ser modificado porque si no, no hay ningún proceso de liberación posible.

La multitud acompañó con otra consigna:

—¡La clase obrera dirige la batuta para que bailen los hijos de puta!

—Compañeros: el punto en cuestión... El punto en cuestión es que todavía la clase trabajadora no está debidamente organizada y representada, y por lo tanto no tiene la batuta... No nos engañemos porque, si no, vamos a encarar mal el accionar; que tenga la batuta es nuestro objetivo. Habremos de ver, en consecuencia, cómo la tenemos que tomar.

Una de las formas que encontraron, la más política, para que la clase obrera tomara la batuta fue el lanzamiento de la JTP, que apuntaba a desalojar a los caciques sindicales primero de los gremios y luego de la CGT. Era un objetivo ambicioso, que apuntaba al centro del poder gremial, como explica Emiliano Costa.

—Veíamos que había una continuidad en las luchas gremiales, algo que ya venía desarrollándose, y quisimos constituir el referente más estructural que necesitaban las distintas alternativas y agrupaciones sindicales opuestas a la burocracia sindical. Antes, estas luchas se habían encuadrado en los Gremios Combativos, en la CGT de los Argentinos. Esas agrupaciones lograban representación fabril en los gremios, en especial de servicios, pero no podían desarrollar una propuesta más global porque la burocracia sindical se los impedía. Salvo algunos casos en los que podían ganar la conducción de un gremio, como fue el caso de Gas del Estado.

Según Andrés Castillo, "ya teníamos agrupaciones en distintos gremios y nos juntamos. Fue una decisión política de Montoneros para disputar el poder de la burocracia sindical ya que apuntábamos a ir reemplazándola hasta llegar a quedarnos con la CGT".

La JTP tenía una organización piramidal, dividida por regiones geográficas como lo estaba la Juventud Peronista. En la Capital Federal, la conducción estaba en manos de Costa, Enrique Juárez —de Luz y Fuerza—, Castillo, y Guillermo Greco, de Gas del Estado. Como en todas sus agrupaciones de superficie, Montoneros, que durante el retorno a la democracia nunca se desarmó y siempre tuvo un pie en la clandestinidad, designaba un responsable, un "comisario político", que funcionaba como el jefe en las sombras. Hubo varios en la JTP, entre ellos Horacio Mendizábal, un estudiante de Abogacía que provenía del grupo Descamisados y que luego se convertiría en el jefe del ejército montonero, y Carlos Hobert, considerado por muchos el cuadro político más lúcido de la Orga.

Los miembros de la JTP, como los integrantes de las otras agrupaciones de superficie, la Juventud Universitaria Peronista (JUP), por ejemplo, formaban parte también del aparato armado de Montoneros. Era una doble pirámide, donde muchas veces el rol público no coincidía con el raviol asignado en la estructura clandestina. Un dirigente de la Juventud Peronista con mucha exposición ante los micrófonos, un "jetón", como se decía bastante despectivamente, podía tener un rango menor en la Orga; el que era jefe en la superficie podía ser subordinado en la clandestinidad. Era un esquema complicado, ambiguo, que traía contratiempos pero garantizaba el control y la hegemonía internos por parte de la Conducción Nacional, "Carolina Natalia" o CN para los íntimos.

La JTP fue fundada a fines de 1972 en el sindicato de Gas del Estado, pero su debut público fue el 28 de abril de 1973 en la Federación de Box, donde hubo varios miles y mucho fervor: la revolución estaba a la vuelta de la esquina y la decisión de enfrentar a la odiada "burocracia sindical" en su propio terreno se les presentaba como un jaque mate seguro. Una consigna monopolizaba los cantos:

—¡JTP, la nueva CGT!, ¡JTP, la nueva CGT!

Pronto, la Conducción Nacional de Montoneros caracterizó al cantito como una "desviación", ya que el objetivo no era reemplazar a la CGT con otra estructura sindical sino ocupar el lugar de los "burócratas" de la central obrera. "Una cosa es la CGT, que equivale al sindicato, y otra cosa es la JTP, que equivale a la agrupación. Tenemos que fortalecer la JTP para ganar la conducción de toda la CGT", ordenó Firmenich en el acto del 22 de agosto.

La criatura mostró sus uñas desde el principio y se hizo fuerte en los gremios de servicios: Gas del Estado, telefónicos, Obras Sanitarias de la Nación, bancarios y prensa, y del transporte: ferroviarios y colectiveros. "Teníamos poder y éramos una amenaza para la burocracia sindical sin que esto suene como que le estábamos ganando, que podíamos vencer un confederal de la CGT", cuenta Costa.

Tenían límites precisos. No manejaban el Ministerio de Trabajo, y la Ley de Asociaciones Profesionales favorecía la reproducción gremial del oficialismo. Castillo recuerda lo que pasó en su gremio.

—En la Asociación Bancaria teníamos mucha fuerza en la Capital y en las grandes ciudades, pero nada en el resto del país. No podíamos ganar nunca en el nivel nacional, pero presentamos una lista fuerte; es decir, llegamos para presentarla a la sede del gremio, que estaba en la calle Reconquista, a las 21.45, pero no nos dejaron pasar. Estaba todo cerrado y vallado; adentro estaba el ministro de Trabajo, Ricardo Otero, ¡certificando que hasta las 24 de ese día de cierre no se había presentado ninguna lista de oposición al oficialismo!

De todos modos, la JTP preocupó mucho a Lorenzo Miguel y a Rucci. Luego del acto en la Federación de Box, Lorenzo buscó reunirse con los "muchachos". Costa esperó afuera; entraron Juárez, por la JTP; Gullo, por la JP, y Mendizábal, el "responsable" designado por Montoneros. Todos volvieron de mal humor. Lorenzo les había propuesto dividirse las tareas: que organizaran a los estudiantes e hicieran trabajos barriales, pero que les dejaran los sindicatos a ellos. "Hay que repartirse bien los lugares: ustedes, la juventud; nosotros, los gremios. Es la mejor manera de que los peronistas no nos pisemos la manguera entre nosotros", les dijo, antes de despedirlos, y le dio una palmada en el hombro a Mendizábal. Los montoneros no aceptaron la amable propuesta: no quisieron resignar un proyecto estratégico contra sus enemigos de la "burocracia sindical".

La reacción de Lorenzo y de Rucci fue lanzar la Juventud Sindical Peronista (JSP), que estuvo formada por los gremialistas menores de cuarenta años. Nunca lograría opacar el poder de convocatoria y de movilización de Montoneros, pero terminaría del lado de los vencedores en la sangrienta disputa dentro del Movimiento.

Capítulo 9

LOS AUTORES O LINO
NO CANTA LA MARCHITA

Yo fui y los acompañé a llevar las máquinas de tejer Knittax; es decir, estuches de esas máquinas de tejer llenos de armas de todos los colores. En realidad, a las metras y a los fusiles los llamábamos Knittax por la forma. [...] Vi a los ocupantes del departamento, nunca eran menos de seis personas. [...] Estaban vigilando y armando el operativo. Eran todos tipos seguros, que no iban a fallar. [...] Eran todos jefes, de alto nivel.

Un oficial montonero que desempeñaba un cargo importante en el gobierno de Buenos Aires y cuyo departamento fue usado como cuartel general de la Operación Traviata.

—Decime, Roberto, si se muere Rucci, ¿lo afecta a Perón?

Roberto Digón soltó las carpetas amarillas que estaba ordenando en el fichero metálico de su despacho y se dio vuelta sorprendido. Encontró la mirada ansiosa de Pablo Cristiano, oficial mayor de Montoneros y jefe de la rama sindical de la Orga en la Capital.

—Pablo, ¿lo van a matar? Es una barbaridad.

—No, no, por ahora no. Era sólo una pregunta.

Eran los primeros días de agosto de 1973. Perón acababa de anunciar a su esposa, Isabel, como compañera de fórmula para las elecciones del 23 de septiembre. Montoneros quería a Cámpora, pero era una idea inviable: Perón había quedado muy enojado con el gobierno de su ex delegado y pronto lo sacaría de escena enviándolo lejos, como embajador a México. Montoneros ya había absorbido a las Fuerzas Armadas Revolucionarias (FAR) para formar la mayor guerrilla del continente y de la historia argentina, pero la fusión recién sería anunciada públicamente el 12 de octubre, en estudiada coincidencia con el retorno de Perón a la Casa Rosada. En realidad, el debut fue diecisiete días antes de su presentación en sociedad, con el asesinato de Rucci.

Pero todavía faltaba bastante para que Rucci cayera acribillado en la vereda del departamento en el que vivía su familia. Aquella noche fría de agosto Pablo Cristiano había ido a visitar a su amigo Digón al sindicato de los empleados del tabaco, en Bolivia al 300, barrio de Flores. Digón era el secretario general del gremio, y cada tanto se reunían a cenar para charlar e intercambiar figuritas sobre política y sindicalismo. Para Pablo, esas salidas eran un escape porque ya vivía en la clandestinidad, estaba "compartimentado", como se decía. Se conocían desde hacía tiempo. El sindicalista había simpatizado con las FAR, pero en aquel momento guardaba una prudente distancia de la "opción estratégica" que habían realizado al fusionarse con Montoneros. Lo separaban dos motivos: para Digón, Perón seguía siendo el líder indiscutido del Movimiento mientras que la guerrilla cuestionaba su liderazgo y se negaba a desarmarse, y, en segundo lugar, desconfiaba de los montoneros. "Pensaba que, con la fusión, las FAR, que eran un núcleo más pequeño y bien estructurado, correrían el riesgo de ser infiltradas por los servicios, como creo que sucedió", recuerda ahora Digón.

Pablo Cristiano venía de las FAR y ése era su nombre de guerra. Se llamaba Horacio Antonio Arrué y era hijo de un diputado peronista por la provincia de Corrientes. Había estudiado en la Universidad Católica Argentina, donde se recibió de licenciado en Economía con medalla de plata. Combinaba su intenso catolicismo tercermundista (de allí el sobrenombre "Cristiano") con una sólida formación marxista, y esa mezcla se reflejaba en su admiración por la Revolución Cubana. Era rígido en los planteos y generoso en la entrega: "Lucho por una sociedad más justa; mis hijos pueden quedarse sin padre, pero también los hijos de muchos otros compañeros", contestaba cuando algún familiar le cuestionaba los riesgos de su militancia armada. En aquel momento, había una fuerte tensión en Montoneros entre los que tenían una visión más política, pragmática y negociadora, y aquellos más militaristas, doctrinarios y principistas. Pablo pertenecía, en cuerpo y alma, al segundo grupo.

Cauteloso, Pablo Cristiano había llamado dos horas antes anunciando su visita. Llegó a las 21 en su Citroën 2 CV, cuando ya no quedaba nadie en el sindicato. La pregunta sobre si la muerte de Rucci afectaría a Perón seguía repiqueteando en la cabeza de Digón cuando cerraron el sindicato y fueron a cenar al lugar de siempre: el restaurante La Sabrosa Achura, uno de los tres desprendimientos del alabado La Raya. Tomaron vino Bianchi, tinto, y devoraron una parrillada. Digón le sacaba el tema de Rucci y Pablo Cristiano lo gambeteaba con habilidad: se había dado cuenta de que había hablado de más, un error imperdonable para un cuadro de su experiencia y de su nivel. A Digón le quedó claro que lo estaban siguiendo a Rucci; que, tal vez, todavía no habían tomado la decisión de "hacerlo" pero que, sin lugar a dudas, estaban detrás de él. Al final, terminaron hablando de otras cosas más llevaderas: de la familia, de los amigos y de fútbol.

Luego de la cena, ya en su casa, Digón siguió atando cabos y llegó a la conclusión de que Pablo Cristiano había llegado al sindicato desde el departamento de Rucci, que quedaba a apenas cuatro cuadras. No durmió bien aquella noche, y a las siete menos cuarto de la mañana ya estaba llamando por teléfono al teniente Julián Licastro, quien se había tenido que mudar por un tiempo a Flores por razones de seguridad. Ambos se conocían bien porque los cursos de Licastro sobre la doctrina peronista y el método de conducción del General habían funcionado en el sindicato del tabaco; luego, se mudaron a la sede del Partido Justicialista, en la avenida La Plata, hasta recalar en la CGT, a pedido de Rucci y del propio Perón para formar a los futuros "cuadros" del gremialismo.

—Julián, tengo algo muy urgente que decirte.

—Es que hoy tengo que ir todo el día a la CGT.

—Es por eso; venite ya al sindicato que yo estoy saliendo para allá.

—Bueno, me visto, desayuno y en una hora y media estoy en el gremio.

El encuentro fue a las 8.30. Digón le contó la anécdota con lujo de detalles.

—Están chequeándolo, ¿por qué no le avisás a Rucci?

—¡Qué barbaridad! Se lo digo hoy mismo, apenas lo vea.

—Creo que lo quieren joder a Perón.

Por la tarde, Licastro llamó por teléfono a Digón, le contó que ya había hablado con Rucci y que a la noche pasaría por el sindicato. Digón lo esperó con una picada con salames, quesos y aceitunas, como le gustaba al teniente.

—¿Le contaste a Rucci?

—Sí, claro, y me dijo, textual: "Pero ¿qué querés que haga? Cambio seguido de domicilio; la mayoría de las veces me quedo a dormir acá, en la CGT; no me asomo a la puerta sin custodia... ¡Más no puedo hacer!".

—No dio mucha bolilla.

—No. Y también me dijo lo siguiente: "Casi todos los días recibo alguna amenaza, pero no me puedo parar por eso... Julián, yo ya estoy jugado".

—¿Por qué no hace un chequeo de su custodia? Tal vez, alguien lo esté entregando.

—Les tiene mucha confianza.

En aquel momento ya habían confluido en Montoneros todos los grupos armados que, con intensidad variable, admitían que en la Argentina el camino a la revolución socialista sólo podía pasar por el peronismo: los descamisados, que provenían, en general, de los sectores progresistas de la Democracia Cristiana, los "cristianuchis", como se los identificaba; una parte de las Fuerzas Armadas Peronistas (FAP), el sector "oscuro" o movimientista, y las FAR, que se habían formado en el Partido Comunista o en el marxismo en su versión Che Guevara, y eran, en su mayoría, universitarios de clase media para arriba.

A esa altura, hacía tiempo que Rucci estaba siendo seguido. "Cada una de las organizaciones político-militares que confluyeron en Montoneros tenía, digámoslo así, su propio servicio de inteligencia y, en consecuencia, un listado de tipos a 'hacer'; de objetivos para matar o 'ajusticiar'. Juan José Taccone, de Luz y Fuerza, por ejemplo, estaba en la lista de Montoneros. Rucci figuraba en el listado de las FAR", cuenta un ex oficial montonero.

El dato es confirmado por un ex integrante de las FAR, que participó en las tareas de inteligencia para detectar todos los movimientos de Rucci:

—Ya se lo venía siguiendo a Rucci desde hacía un año y medio. Teníamos mucha información sobre él; algunos datos provenían de nuestros compañeros en los sindicatos, que integraban la Juventud Trabajadora Peronista y que nos hablaban de todos los delegados que Rucci había entregado por el solo hecho de haber hablado en las asambleas en contra de la burocracia sindical. Teníamos también gente en la Unión Obrera Metalúrgica. Hubo muchos seguimientos porque el fulano (Rucci, N. del A.) era muy cambiante: no repetía los lugares pero tampoco las rutinas. Pienso que él ya se olfateaba algo, sabía que algo se estaba pudriendo. Lo seguimos por todos lados a Rucci, durante mucho tiempo. Fue un operativo muy bien preparado. Hubo montones de relevamientos de datos, montones de reuniones. Fue algo tan grande que en los relevamientos participaron incluso compañeros que venían del interior, hacían su trabajo y volvían rápidamente a sus provincias sin saber para qué operativo habían trabajado. Casi todos estaban "compartimentados": no sabían cuál era el objetivo, el blanco. Había que preservar el secreto para asegurar el éxito.

¿Cómo obtuvieron el dato del nuevo domicilio de Rucci, al que se había mudado junto con su familia hacía poco tiempo, el 15 de mayo de 1973? Otro ex guerrillero explica que "los hijos de Rucci iban a la escuela Almirante Brown, en Haedo. Una maestra que militaba con nosotros encontró sus apellidos en una planilla y se los entregó a su responsable, que, a su vez, los pasó a nuestro servicio de informaciones, el de Montoneros, que era mejor que el de las FAR. La orden que volvió fue: 'Vigilen a esos chicos'. Ahí se descubrió que los venían a buscar en un Torino. Luego se chequeó la patente del Torino con las patentes de los autos que trabajaban para Rucci, y se descubrió que el número coincidía con el de uno de esos autos. Era el mismo Torino. Sólo fue cuestión de seguirlo para descubrir dónde vivía la familia de Rucci".

El cuartel general de la Operación Traviata fue el departamento C del piso número 12 del edificio ubicado en la avenida Juan B. Justo 5781, a sólo ocho cuadras del nuevo domicilio de Rucci. Era un lugar insuperable: desde allí se divisaba perfectamente la vivienda del jefe de la CGT.

El departamento de Juan B. Justo era conocido por algunos jefes guerrilleros porque allí vivía una pareja de compañeros que acababa de mudarse a La Plata, donde él, un oficial montonero, había sido designado en un cargo importante por el gobernador Oscar Bidegain, un experimentado político de Azul aliado a los montoneros.

El principal colaborador de Bidegain era uno de los jefes más lúcidos de Montoneros, el periodista Norberto Habegger, "El Cabezón", sólo que sin un cargo formal y con el pseudónimo de Ernesto Gómez. Bidegain consultaba con él todos sus pasos. Le tenía una confianza ciega desde que Habegger había sido enviado a Azul por la cúpula montonera para convencerlo de que aceptara la candidatura a gobernador.

La alianza de Bidegain con los montoneros se fortaleció cuando una de sus hijas, Gloria, actual diputada kirchnerista, conoció y se casó con Daniel Vaca Narvaja. También el duro enfrentamiento que caracterizó desde el principio su relación con su vicegobernador, Victorio Calabró, de la UOM, ayudó a mantenerlo alineado con los jóvenes revolucionarios.

Habegger era un católico progresista que en 1966, a los veinticinco años, había escrito el libro *Camilo Torres, el cura guerrillero*, sobre el sacerdote colombiano que era uno de los iconos de los jóvenes latinoamericanos que se inspiraban en una versión revolucionaria y mundana de Cristo. "No hay mayor amor que dar la vida por sus amigos", eran las palabras que abrían el libro, tomadas del Evangelio según San Juan. Había sido el número dos de los jóvenes de la Democracia Cristiana antes de fundar el grupo Descamisados con otros "cristianuchis" como él y con algunos peronistas de la zona norte de la provincia de Buenos Aires. De su infancia y adolescencia en Arrecifes conservaba el carácter afable, campechano, que le daba una notable destreza política, aunque quienes lo conocieron bien afirman que, además, era un avezado cuadro militar.

Los montoneros coparon varios puestos clave en el gobierno de Bidegain, pero según una fuente que estuvo en esas lides, esa participación institucional "fue sólo para contar con recursos (salarios, contratos, información, relaciones, logística) que nos permitieran acumular fuerzas para la batalla final que vendría después de la muerte de Perón. Todos los grupos internos del peronismo sabíamos que Perón se iba a morir más temprano que tarde, y todos nos estábamos preparando para disputar su herencia, para el día después". Eso explica que la cúpula de la Orga le haya ordenado a Habegger que fuera el asesor número uno del gobernador, pero utilizando un nombre falso.

Una mañana, a principios de junio, Habegger llamó a su despacho al oficial montonero que acababa de mudarse a La Plata.

—¿En qué situación está tu departamento en Buenos Aires?

—Lo seguimos alquilando, pero ahora estamos pensando en entregarlo porque no lo usamos. Tenemos que sacar los muebles...

—No lo hagás, tengo que pedírtelo prestado por un tiempo.

—¿Para qué?

—Me dijeron que es para preparar algo muy grande.

Nuestro hombre no preguntó más: "En aquella época, había preguntas que no se hacían y pensamientos que no se tenían. Era una organización semiclandestina y resultaba mejor no saber mucho. Busqué las llaves; anoté en un papelito el nombre del portero, un uruguayo que, según decía, había estado con los tupamaros, y le dejé todo al Cabezón".

Probablemente, Habegger no conocía para qué sería usado el departamento. Él era un católico bien formado y el giro de Montoneros hacia el concepto marxista leninista de "vanguardia armada del proletariado" no lo convencía para nada, como aún recuerdan algunos de sus subordinados en La Plata. Tampoco le convenía en el nivel personal: a pesar de su trayectoria y de sus responsabilidades, era cuestionado en la Conducción Nacional por su falta de formación marxista, al punto que le costaba mucho ascender en el escalafón interno. Pero integraba una Orga y debía cumplir las órdenes sin chistar y sin preguntar.

A los dos meses, Habegger avisó al oficial montonero que necesitaba que fuera al departamento porque "los muchachos dicen que tienen que entrar algunas cosas y que no quieren despertar sospechas en los vecinos ni en el portero".

—Yo fui y los acompañé a llevar las máquinas de tejer Knittax; es decir, estuches de esas máquinas de tejer llenos de armas de todos los colores. En realidad, a las metras y a los fusiles los llamábamos Knittax por la forma. A los vecinos y al portero uruguayo les dijimos que estábamos montando un taller de tejido. Tuve que ir cuatro o cinco veces, las armas llegaban en diferentes autos y furgones. Vi a los ocupantes del departamento, nunca eran menos de seis personas; habían armado un redondel con una lona en el living y acampaban en el suelo. Allí comían, conversaban y hasta dormían. No tocaban las camas ni las cocinas ni el baño para no dejar ninguna huella. Estaban vigilando y armando el operativo. Eran todos tipos seguros, que no iban a fallar; había gente de diferentes ámbitos y hasta de diferentes provincias. Eran todos jefes, de alto nivel.

Nuestro hombre sólo se dio cuenta de que el blanco era Rucci cuando "me enteré de que lo habíamos amasijado. ¡Era muy cerquita del departamento! Estábamos con Bidegain en la UOM de Campana; eran unos tipos muy fachos, de López Rega. Cuando el chofer me contó lo que había escuchado por la radio, me acerqué al gobernador que estaba sentado escuchando un discurso y le comenté bien bajito la novedad. Bidegain se dio vuelta y me dijo: '¡Salgamos corriendo antes de que éstos se enteren!'. Y nos fuimos rajando".

El tercer llamado de Habegger fue a la semana de la Operación Traviata.

—Tenés que ir al departamento a sacar todo lo que dejaron los muchachos.

Allá fue el oficial montonero, a cumplir con su deber: hizo, en total, cinco viajes, a veces en Torino y otras veces en Ford Falcon, todos autos oficiales de la gobernación bonaerense, con los cuales era difícil que lo parara la policía.

—Los muchachos armaron el operativo desde el departamento y, luego, hicieron la retirada con base al departamento, donde dejaron las armas y los uniformes de pintores que habían utilizado. Yo fui en distintos autos oficiales de la gobernación y saqué todo: armas, ropas, alimentos, bolsas de dormir; había pistolas, fusiles, ametralladoras, granadas. Con un gran cagazo a que igual me parara la policía, llevé todo al Gran Buenos Aires, a la altura de San Justo, donde hubo transbordos siempre a otro auto.

Fue un operativo complejo, que demandó unos cuatro meses de preparación. Hubo algunos contratiempos. Por ejemplo, sobre la marcha hubo que cambiar nada menos que al jefe de la operación, Fernando Saavedra, "El Gordo Damián" o "Culipanza", el sobrenombre que arrastraba desde el secundario por su físico y por los anteojos de vidrios gruesos que le daban un aspecto intelectual. El Gordo Damián lo era: había estudiado Sociología y Administración de Empresas en la Universidad Católica Argentina, pero también tenía sus atributos militares; por algo era el jefe de la Columna Oeste, una de las que tenía mayor poder de fuego y movilización en la Regional Buenos Aires. Varios de los sobrevivientes de Montoneros siguen considerándolo, y así lo escriben, nieto de nuestro primer Premio Nobel de la Paz, el ex canciller Carlos Saavedra Lamas, pero su ex esposa, Albertina Paz, jura que no es así.

—Nada que ver con Saavedra Lamas, es una confusión. Él sí descendía de Cornelio Saavedra. Yo lo conocí a fines de 1968 en una fiesta. Ese año yo había estado en Europa, y al tiempo de conocernos él me contó que había estado en mi fiesta de quince. Yo no lo recordaba. Era muy lúcido, muy valiente y muy divertido.

Albertina Paz es un buen ejemplo de la peronización de los hijos de numerosas familias de la clase alta, que seguían siendo profundamente antiperonistas, "gorilas", mientras sus retoños se convertían a la doctrina tan odiada y, casi simultáneamente, se volcaban a la lucha armada.

—Yo soy de los Paz de Córdoba, desciendo de Julián Paz, que era el hermano del "Manco" Paz y también un gran estratega militar. Era una familia gorila, liberal; éramos once hermanos, tengo una hermana desaparecida. Mi familia era la dueña del ingenio Concepción, el más importante de Tucumán. Mi mamá vive todavía y por suerte he podido arreglar todas las cuentas que tenía pendientes con ella. Es muy lúcida. Una vez nos vino a visitar al departamento en el que vivíamos en Buenos Aires y le dijo a Fernando: "No quiero que vayas a mi casa porque podés convencer al resto de mis hijos. Y no quiero que ustedes ganen porque si ustedes ganan sé que yo voy a perder".

Otro ejemplo de ese fenómeno fue Juan Carlos Alsogaray, "El Hippie", hijo del general Julio Alsogaray, ex comandante en jefe del Ejército, y sobrino de Álvaro, ex ministro de Economía y patriarca del liberalismo nativo. El general Alsogaray fue quien encabezó el pelotón que a las cinco de la mañana del 28 de junio de 1966 depuso al presidente Arturo Illia. "El Hippie" estudió Sociología en la UCA y en La Sorbona, en París; se fue a vivir en pareja con Cecilia Taiana, hija del médico y dirigente peronista Jorge Taiana, y se convirtió en guerrillero montonero para horror de toda su familia. De todos modos, padre e hijo se querían mucho y se llevaban muy bien. Una vez, el general se salvó de una emboscada y horas más tarde, al entrar el hijo montonero al departamento familiar, le preguntó con sorna: "¿Fuiste vos?".

La peronización de los jóvenes de las clases media y alta tuvo un fuerte impulso luego del golpe de Estado del general Juan Carlos Onganía, en 1966, que clausuró la política, vació la Universidad y alimentó a las Organizaciones Político-Militares (OPM) más duraderas. Ellos tenían la voluntad romántica de cambiar a la Argentina y al mundo incluso a través de la lucha armada, una misión casi sagrada que les exigía una entrega total. Eran los tiempos de la "complementación económica", que consistía en donar todos sus bienes y sus sueldos a la Organización, que les devolvía el equivalente a un sueldo mínimo con el cual debían encarar una vida austera, como la que vivían los pobres a los que confiaban redimir. Albertina Paz, como tantos otros, hizo su parte:

—Teníamos una noción de entrega a todo nivel: de tiempo, de trabajo y también de bienes. Así que un día yo decidí vender las acciones que tenía en el ingenio, las que me correspondían por herencia; le di la plata a la Organización, y la Organización decidió la compra de una imprenta, donde luego imprimíamos el diario que repartíamos en los barrios y en las villas. Vino gente de Raimundo Ongaro, de los gráficos, a ayudarnos a usarla. Eso fue en 1970, nos llamábamos Acción Peronista. También llevábamos las cintas de Perón a las villas, a los barrios, en la zona norte de la provincia de Buenos Aires.

Acción Peronista desembocó en Descamisados, el grupo que también integraban Habegger; "El Sordo" Oscar De Gregorio; Horacio Mendizábal, "Hernán"; Jorge Taiana hijo, quien sería embajador con Carlos Menem y canciller con Néstor y Cristina Kirchner, y Fernando Galmarini, ex secretario de Deportes de Carlos Menem y ministro de Gobierno de Buenos Aires y diputado nacional con Eduardo Duhalde, entre otros.

Para la fecha del operativo para "ajusticiar" a Rucci, los "Desca" o la "D", como se la llamaba, ya se habían integrado a Montoneros. Fernando Saavedra, que era oficial mayor, fue designado jefe de la operación y ese nombramiento le provocó una sensación ambivalente. Por un lado, estaba orgulloso: era un reconocimiento a su capacidad militar y suponía un peldaño sólido para seguir avanzando en una Organización que cada vez más premiaba ese tipo de méritos. "¡No sabés!, Rucci tiene como veinte monos que lo siguen a todas partes, pero es una operación muy fácil: tiene agujeros muy grandes en la seguridad y se le puede llegar muy bien", contó una vez. Pero al mismo tiempo andaba muy enojado y se negaba a realizar el operativo, no porque le tuviera una especial simpatía a Rucci sino porque pensaba que era infantil desafiar de esa manera al General. "No quiero hacerlo, pero ellos insisten", comentaba, en alusión a la Conducción Nacional de Montoneros. El dilema era complicado: estaba en contra del operativo pero sabía que no podía desobedecer una orden de ésas sin pagar un alto costo, que en aquel momento no podía precisar. Mal dormido y aturdido por las dudas, cayó feo de una pared y se dobló un tobillo en una de las sesiones matinales de ejercicios físicos que el grupo estaba realizando para ponerse a punto. Con el tobillo a la miseria y un pronóstico de reposo por varios días, Fernando Saavedra tuvo que ser reemplazado.

    Su lugar fue ocupado por el mejor cuadro militar de Montoneros, Julio Iván Roqué, más conocido como "Lino", "Martín" o "Mateo", un oficial superior que era el número seis de la Conducción Nacional de la Orga y que volvió a planificar desde cero todo el operativo. Es a él a quien vio nuestro hombre, el oficial montonero que trabajaba en la gobernación de Buenos Aires, en una de las visitas que realizó a su departamento de la avenida Juan B. Justo. Lo vio junto a otros compañeros; dos de ellos están vivos.

Lino era un cordobés grandote y amable, con cara de turco. Maestro y licenciado en Ciencias de la Educación, había publicado numerosos artículos, incluso en la revista *Pasado y Presente*, que era animada por intelectuales que, como se verá más adelante, terminaron teniendo mucha influencia en el giro marxista de Firmenich y de otros miembros de Montoneros. En ese grupo de pensadores estaban Juan Carlos Portantiero y varios cordobeses, como José Aricó. Lino había sido también profesor universitario y rector de un instituto secundario en Córdoba.

También él se volcó a la lucha armada durante la dictadura de Onganía, en Córdoba. Primero, integró el comando Santiago Pampillón, y luego fue uno de los fundadores de las FAR, que debutó a mediados de 1970, junto con su gran amigo Carlos Olmedo, "José", un brillante filósofo y epistemólogo que resultaría prematuramente muerto en 1971, en Córdoba, a los veintiocho años. El prestigio interno de Lino comenzó el 10 de abril de 1972, cuando mató al general Juan Carlos Sánchez en pleno centro de Rosario desde un Peugeot 504 en movimiento, en la primera y única operación conjunta entre las FAR y el Ejército Revolucionario del Pueblo (ERP), el brazo armado del trotskista Partido Revolucionario de los Trabajadores (PRT). Aquel día, en otra operación, murió el número uno de la Fiat en la Argentina, Oberdan Sallustro, asesinado por el ERP mientras estaba secuestrado. Vestida de colegiala, la compañera de Lino, Gabriela Yofre, le avisó con una señal cuando el auto del general estaba llegando al lugar de la emboscada. Sánchez era un verdadero pesado de la dictadura: era el jefe del Segundo Cuerpo del Ejército y los guerrilleros justificaron su asesinato argumentando que era un torturador. Unos meses antes de su muerte, Sánchez alardeó que en sus dominios había eliminado al 85 por ciento de la guerrilla; las FAR le contestaron con un comunicado irónico: "El 15 por ciento restante no se rinde". Miguel Bonasso lo describe bien a Lino o por lo menos a la imagen que de él se tenía en la Orga: "Se comenta que tiene un par de huevos que no pasan por la puerta". Al momento de la Operación Traviata, Lino era uno de los guerrilleros argentinos que habían recibido instrucción en Cuba; luego del atentado, haría cursos en Argelia, el Líbano y Europa del Este.

Ideológicamente, Lino era un marxista leninista que admiraba al Che Guevara, a quien consideraba el modelo de todo revolucionario. No le tenía ninguna confianza ni simpatía a Perón y una anécdota sirve para ilustrar ese dato clave. El 25 de mayo de 1973, él fue uno de los presos liberados de la cárcel de Villa Devoto por la presión popular sobre el flamante gobierno del presidente Héctor Cámpora. Había caído tres meses atrás, junto con su amigo y compañero de militancia, el escritor Francisco Urondo, "Paco", en una quinta del Gran Buenos Aires, pero los militares nunca se dieron cuenta de que se trataba nada menos que del ejecutor del general Sánchez. Así, pudo pasar inadvertido en Devoto. La noche anterior a la asunción de Cámpora, todos los guerrilleros presos entonaron varias veces la Marcha Peronista, la famosa marchita que en ese escenario sonaba como un himno de guerra. Todos, menos Lino. "Él sabía que luego de lo de Rucci ya no habría retorno con Perón, pero no le importaba mucho", cuenta un familiar.

De Devoto, Lino saltó prácticamente a la Conducción Nacional creada por Montoneros luego de la fusión con las FAR, que estaba formada por ocho miembros: cinco provenían de Montoneros y tres de las FAR. El orden fue el siguiente: 1) Mario Eduardo Firmenich, de Montoneros, la "M", en la jerga; 2) Roberto Cirilo Perdía, también de la "M"; 3) Roberto Quieto, de las FAR, la "R"; 4) Carlos Alberto Hobert, de la "M"; 5) Raúl Clemente Yäger, de la "M"; 6) Lino, de la "R"; 7) Horacio Mendizábal, de la "M", quien se había incorporado con los descamisados, la "D", y 8) Marcos Osatinsky, de la "R". Todos ellos eran oficiales superiores, que era en aquel momento el más alto rango del aparato militar y clandestino de Montoneros. En total, había dieciséis oficiales superiores: los ocho miembros de la Conducción Nacional más los jefes de las ocho Regionales, que abarcaban todo el país: Buenos Aires; Rosario, Santa Fe y Paraná; Noreste; Noroeste; Cuyo; Córdoba; Patagonia, y La Plata y Mar del Plata. Estos dieciséis jefes formaban el Consejo Nacional.

Cada Regional estaba constituida por Columnas, que dependían de un oficial mayor, el segundo rango en el escalafón. Hacia abajo, el núcleo central de la Orga eran las Unidades Básicas de Combate (UBC), distribuidas por zonas geográficas y a cargo de un oficial primero, que estaban integradas por un racimo variable de oficiales segundos y oficiales. De ellas dependían las Unidades Básicas Revolucionarias (UBR), que desempeñaban tareas específicas (sindicales, estudiantiles, prensa o logística, por ejemplo) y estaban formadas por los aspirantes. Hasta ahí llegaba la estructura clandestina. Los aspirantes eran, en general, militantes legales de las agrupaciones de superficie y de los frentes de masas, como la Juventud Peronista, la Juventud Universitaria Peronista y la Juventud Trabajadora Peronista.

Los dos lugartenientes de Lino en la Operación Traviata fueron Marcelo Kurlat, "El Monra" o "El Mono", el jefe de la Columna Capital de la Regional Buenos Aires, y Pablo Cristiano, quien también había recibido instrucción militar en Cuba. Ambos eran oficiales mayores, aunque el Monra estaba un escalón por encima en la pirámide montonera. Era un estudiante de Ingeniería que se había endurecido con el paso del tiempo, y que estaba casado con Mercedes Carazo, "Lucy", "Inés" o "Ana", bonita, aguda y rígida, consejera superior de la Universidad de Buenos Aires y la mujer de más alto rango en la Orga ya que también era oficial mayor.

Firmenich, Perdía y Quieto formaban el triángulo superior de la Conducción Nacional. Una fuente muy calificada lo ubicó a Perdía, "El Pelado Carlos", como el responsable político de la Operación Traviata, es decir, como el nexo entre el grupo operativo dirigido por Lino y la cúpula de Montoneros.

—Perdía no participó de la operación en sí, pero era el nexo del grupo operativo con Firmenich y con Quieto. Yo lo vi varias veces porque algunas de las reuniones del grupo operativo se hicieron en la casa donde yo vivía.

La fuente, que no es el oficial montonero que prestó el departamento de la avenida Juan B. Justo, ratificó esa información en una segunda entrevista con el autor de este libro.

Perdía es un bonaerense hijo de chacareros que se recibió de abogado en la Universidad Católica Argentina y que también provenía de la juventud de la Democracia Cristiana, con la que rompió en 1966. Es uno de los tres montoneros que llegaron a comandantes y que lograron sobrevivir a todos estos años violentos, junto con Firmenich y con Fernando Vaca Narvaja. La versión de que habría participado, de alguna manera, en la Operación Traviata es bastante extendida: otras tres fuentes también lo ubicaron allí, aunque sin tanta precisión. Otro informante juró que se lo encontró un mes después de la muerte de Rucci, en "un entrenamiento militar en una casa del Gran Buenos Aires, que fue dirigido por él. Había dos compañeros que venían de las FAR, que, según contaron, eran los que habían tenido el dato de la casa de Rucci, que era muy poco conocido. Lo venían siguiendo desde antes de la unión con Montoneros. Eso es lo que me dijeron antes del recreo, antes de jugar al fútbol. Me di cuenta de varias maneras de que el Pelado también sabía de eso".

Sin embargo, en su modesta oficina en el Hotel Bauen, en Callao y Corrientes, que ha sido recuperado por sus empleados o "expropiado" según sus antiguos dueños, Perdía negó esas versiones de manera muy enfática.

—Eso no es verdad. Tampoco es verdad que la Conducción Nacional tomó la decisión en el caso Rucci ni que conocía esa operación. Pero esa operación no estaba fuera de contexto; no estaba fuera de nuestras líneas de acción, que incluían la lucha contra la burocracia sindical.

Perdía, que ahora es miembro del consejo de redacción de la revista *Question Latinoamérica*, afín al presidente venezolano Hugo Chávez, y colabora con movimientos sociales, agregó:

—Yo no descarto que haya participado gente de la estructura de nuestra organización militar. Tampoco lo afirmo. Lo que sí digo que fue uno de los dos hechos que nos perjudicaron gravemente. Lo de Rucci hay que tomarlo junto con la confrontación con Perón, que no supimos evitar. Es parte de lo mismo. Hemos sido los principales perjudicados. Hay que tener en cuenta qué se estaba peleando y los motivos. Por un lado, estaban los montoneros y la izquierda peronista; por el otro, Rucci y los sindicatos, también Lorenzo Miguel. El hecho Rucci corre la línea, altera esa balanza, define la pulseada.

Capítulo 10

CÓMO FUE EL OPERATIVO
O PINTORES AL ATAQUE

Y perdone, señora, la molestia que le hemos ocasionado.

"El Flaco" a la dueña de casa desde la que le dispararon a Rucci, que estaba atada de pies y manos en su dormitorio, antes de comenzar el ataque, en el mediodía del martes 25 de septiembre de 1973.

A las nueve menos cuarto de la mañana de aquel martes 25 de septiembre de 1973 en el que matarían a su marido, Coca de Rucci estaba por abrir la puerta de la casa chorizo en la que vivía cuando vio que al lado esperaban dos jóvenes altos y bien vestidos; tenían los rostros limpios, sin barba ni bigotes, y los cabellos prolijamente peinados. Uno de ellos llevaba un maletín. "Deben estar interesados en la casa de la vecina", pensó Coca. Apenas les dedicó un vistazo a los desconocidos: estaba más preocupada en llevarle los diarios *Crónica*, *Clarín*, *La Nación* y *La Prensa* a José, que a esa hora aún dormía. "Si la compran, espero que no sean muy ruidosos", agregó, y entró. Ahora prepararía el mate para José y buscaría el momento para preguntarle cuándo cumpliría su promesa de hacer ese viajecito los dos solos, tal vez a algún lugar con playa, para descansar de tanta política y de tanto sindicalismo. Venía firme en esa ofensiva doméstica desde hacía varios fines de semana, que era cuando Rucci visitaba a su familia. Aquel martes era distinto porque el domingo habían sido las elecciones, un gran triunfo del General, y José había tenido que quedarse en la CGT supervisando todo.

También los jóvenes que iban a matarlo, muchachos peronistas como él, se habían visto obligados a alterar sus planes. Ellos tenían previsto liquidarlo el día anterior, el lunes al mediodía, cuando saliera de su casa. No había sido la única vez que habían debido postergar el ataque contra el líder sindical. Pero allí estaban los dos miembros del comando montonero, esperando que la vecina de Rucci, Magdalena Cirila María Villa, viuda de Colgre, les abriera la puerta de su casa de la avenida Avellaneda 2951. La señora de Colgre tenía sesenta y tres años, había quedado sola y quería achicarse luego de cuarenta y un años en ese lugar. También era dueña de la casa contigua, con entrada por el número 2947 de Avellaneda. Las dos "regias casas" habían sido puestas en venta el 14 de abril de aquel año con un cartel que invitaba a los interesados a llamar al martillero Pedro Osés, cuya inmobiliaria quedaba en Nazca 574, justo a la vuelta. Ella estaba haciendo las tareas del hogar y vestía una "pollera gris y una blusa floreada con fondo azul tirando a violeta", según la descripción que haría la policía, cuando escuchó el timbre.

—Ah, es usted, ¿cómo le va? —dijo al reconocer a uno de los jóvenes, el que usaba traje azul, con chaleco, y aparentaba unos veintitrés años. Había estado allí el martes anterior junto con otro muchacho, el del ambo claro, el más alto y buen mozo.

—Buen día, señora. Vine con el profesor, con el dueño de la escuela de televisión.

—Buen día, señora, un placer —saludó el otro joven. Vestía un saco sport marrón, muy elegante, y usaba anteojos oscuros llamativamente grandes. Era un poquito más morochito: tenía cabellos negros y el cutis trigueño.

—Señora, venimos a devolverle el plano que me prestó la semana pasada y a comenzar a concretar la operación de compra de su casa —dijo el otro, solemne.

—¡Cómo no! Pasen, pasen...

Era la tercera visita que la señora de Colgre recibía de estos jóvenes interesados en montar una academia de televisión. La semana anterior hasta le habían dado una tarjeta: "Academia ORS", con una dirección: Yatay 419, y le habían pedido el plano prestado para "mostrárselo al profesor, al director de la academia, que es una persona muy ocupada y no ha podido venir. Él es el que, en definitiva, tomará una decisión sobre este tema". ¡Hablaban bien estos muchachos! Se veía que estaban seriamente interesados en la casa. La vendedora se alegró de haberles abierto la puerta la primera vez, el lunes 10 de septiembre, hacía poco más de dos semanas. En aquella oportunidad, vino uno solo, un joven muy entrador, de pelo castaño claro y corto. La señora de Colgre era muy selectiva y se negaba a abrirles la puerta a los que tocaban el timbre para ver la casa pero que, por distintos y razonables motivos, no le inspiraban confianza. En cambio, aquellos jóvenes eran otra cosa. ¡Se veía que era gente de buena familia!

—Vengan, les vuelvo a mostrar la casa. Al final, usted, profesor, todavía no la vio.

—No crea, señora, ya estuve estudiando bien el plano.

—Pero no es lo mismo, profesor. Vea, ésta es la cocina de esta casa; luego, pasamos a la otra casa. Están unidas por una puerta interior y no tenemos que salir a la calle, como habrá visto en el plano.

—Muy linda cocina, señora.

—Y éste es el patio.

—Muy lindo, muy grande.

—Y éste es el dormitorio principal. Vea que da al patio, tiene mucha luz y es muy aireado.

En eso, la señora de Colgre notó que el profesor la tomaba de un brazo.

—No se mueva, señora. No se asuste: si usted se porta bien no le va a pasar nada. Pero tiene que portarse bien.

—Pero yo no tengo dinero.

—Tenemos que quedarnos aquí un rato. Una persona va a venir a traernos droga; la recibimos y luego nos vamos. Quédese tranquila.

La señora quiso reaccionar pero ya estaba sentada en su dormitorio, en su sillón de mimbre, y el profesor le terminaba de atar las manos con un cordón blanco. Luego, le amarró los pies.

—No tan fuerte, profesor, por favor, que tengo problemas de circulación de la sangre.

—Está bien, señora, no se preocupe.

Al final, buscó un lápiz labial de la señora, de color rosado, y en una hoja de papel escribió con letras de imprenta: "No tiren en el interior. Dueña de casa", y se lo colocó en la falda. Luego se retiró y entró al cuarto otro joven. Tenía el rostro cubierto con un pañuelo y llevaba guantes de goma color amarillo. La propietaria calculó que medía un metro setenta y rápidamente percibió que era más brusco que los otros.

—¿Voy a estar mucho tiempo así?

—Hasta las once, las doce, la una de la tarde, las dos, las tres... Depende... Nos van a traer la droga y luego nos vamos. Hasta ahí, tiene que portarse bien y no le pasará nada malo. Y no hable.

Sus compañeros lo llamaban "El Flaco". Trajo una silla del comedor y se sentó cerca de la puerta del dormitorio, del lado de afuera, desde donde vigilaba a la vendedora pero también podía seguir lo que sucedía en el resto de la casa.

La señora de Colgre no pudo verlos pero ya habían entrado Lino, el Monra y Pablo Cristiano disfrazados de pintores. Hasta tenían gorritos. Trajeron dos bolsas de género blanco de un metro de largo por 0,60 de ancho y dos latas de pintura Pincelux Duperial de cuatro litros, una gris perla y la otra blanca, llenas de armas, municiones y granadas. Era un disfraz muy adecuado para ingresar todo eso sin levantar sospechas. También entraron una bandeja de metal para rodillo, sogas y una brocha marca Pingüino. Uno de ellos agregó un paquete de galletitas Traviata, un queso y seis salamines por si la espera se hacía larga.

Mientras el Flaco vigilaba a la propietaria, el resto del grupo se ubicó en la casa de al lado, que estaba totalmente desocupada. En la planta baja, sacaron los vidrios de las ventanas del living y dejaron en el suelo dos granadas de Fabricaciones Militares, listas para ser utilizadas si el operativo se complicaba. El ataque sería realizado desde los dos cuartos del primer piso. Cada uno de ellos tenía una ventana de 2,5 metros por 1,20. Lo primero que hicieron fue subir un poco las cortinas de madera. Lino se ubicó en el segundo cuarto, cuya ventana estaba casi toda cubierta por la tela roja del cartel de venta, en cuya parte inferior hizo un agujero en forma de siete desde el que dispararía el tiro fatal contra Rucci. Ahora debían tener paciencia y esperar a que la víctima saliera de su guarida.

En la operación había intervenido mucha gente, la mayoría sin saber para qué. Era una norma de seguridad elemental, se trataba de "compartimentar" todo y a todos. "No cuente ni permita que le cuente, no pregunte ni permita que le pregunte", dijo Mario Firmenich, "El Pepe", el 24 de enero de 1984, explicando uno de los principios de seguridad de Montoneros, al declarar ante el juez que investigaba el secuestro de los hermanos Jorge y Juan Born, ocurrido el 19 de septiembre de 1974. Esa norma, que incluía a las parejas, por lo cual el marido casi nunca sabía en qué andaba la esposa y viceversa, también facilitaba el control de la organización por parte de la cúpula montonera, que concentraba toda la información o al menos gran parte de ella.

Ya dijimos en el capítulo anterior que algunos militantes se encargaron de las tareas de inteligencia. Una fuente reveló que fueron utilizados furgones camuflados como si fueran vehículos de reparto de productos alimenticios, que se turnaban para vigilar el departamento de los Rucci.

—Eran como casitas rodantes, un compañero iba atrás haciendo la vigilancia y anotaba todos los datos de los movimientos de Rucci hasta que se le encontró una rutina. Esa parte sabíamos hacerla muy bien. Por la noche, los furgones eran guardados en garajes y en unidades básicas amigas.

Como era común en este tipo de "operetas", otros montoneros tuvieron la tarea de robar los autos que serían utilizados y conseguirles nuevos papeles. También armaron un grupo de contención, por si en la fuga aparecía la policía y había que entretenerla para facilitar la huida del grupo operativo. Y una posta sanitaria, es decir, un grupo de médicos y enfermeros con un quirófano improvisado en alguna casa por si había algún herido. Lo explica una ex integrante de Montoneros:

—Yo era de Sanidad y hacía las postas sanitarias con otros compañeros: algún cirujano, algún médico, enfermeros. Yo había hecho un curso de enfermería. Interveníamos en tareas de rescate durante o luego de un operativo, pero la verdad es que lo que más nos tocaban eran heridos en las prácticas de tiro de la Organización. Eso era lo más común porque los operativos se hacían con mucha planificación, tratando siempre que fueran sorpresivos y que nosotros estuviéramos con un número superior de combatientes. Eso garantizaba, en teoría, que no hubiera tiroteos ni heridos ni muertos. Cuando no resultaba así, era porque no habíamos planificado bien las cosas. Nos contactábamos a través de secretarias telefónicas, un servicio que era muy común en aquella época. Por ejemplo, una persona tenía un kiosco y también se ocupaba de anotar mensajes telefónicos para otras personas. Utilizábamos códigos. Llamábamos a una de estas secretarias, que encontrábamos en la guía de teléfonos, y le decíamos: "Si llama fulano, dígale esto". Cada Columna tenía su responsable de Sanidad.

Según la fuente, antes de la muerte de Rucci "existía el comentario entre nosotros de que había habido varios alertas para armar una posta sanitaria para un operativo muy grande, pero luego se levantaban porque la operación no se realizaba".

Desde el punto de vista militar, la Operación Traviata salió perfecta, por lo cual ni Sanidad ni el grupo de contención fueron utilizados.

Otro informante coincidió en que el operativo fue postergado algunas veces.

—Los compañeros que hacían las tareas de vigilancia del domicilio de Rucci se comunicaban con walkie-talkie con el departamento que hacía de cuartel general. Los "pintores" estaban listos para salir cuando les avisaran que estaba todo bien. Hubo dos o tres intentos antes de las elecciones del 23 de septiembre. Creo que la fecha del atentado fue muy importante. Si se hubiera realizado antes de las elecciones, habría sido un claro mensaje contra Perón; luego, fue interpretado como un atentado contra la mayoría del pueblo que lo acababa de elegir con más del 60 por ciento de los votos.

Sobre la fecha elegida, esta fuente agregó: "Lo hicieron cuando vieron que podían entrar a la casa disfrazados de pintores sin ningún problema. El grupo operativo tenía autonomía táctica y decidió hacerlo cuando tuvo todas las condiciones. La Conducción Nacional de Montoneros ya lo había autorizado o al menos tenía conocimiento de la operación, pero confiaba, según creo yo, en que lo hicieran antes de las elecciones".

Fueron claves en el operativo las visitas previas al departamento de los Rucci realizadas por dos compañeros del gremio de los telefónicos, donde Montoneros tenía muchos simpatizantes. El 3 de septiembre de 1973, con la excusa de que debían revisar la caja de distribución de las líneas de la cuadra, que estaba instalada en la azotea del primer piso, al lado del cuarto donde dormían los hijos con la abuela, los espías pudieron hacer un puente para "pinchar" la línea de teléfono de Rucci desde la casa de Avellaneda 2947, la que estaba desocupada. Luego estuvieron otras dos veces para memorizar cuántos metros medía el pasillo de entrada al departamento y calcular cuántos minutos demoraba Rucci para recorrerlo, así como para hacerse una idea de las dimensiones de la vivienda. Coca de Rucci los había atendido con gentileza y la última vez hasta les había ofrecido unos mates. Después fue cuestión de llevar un "micro", un teléfono portátil con forma de tubo igual al que usaban los telefónicos en sus visitas domiciliarias, para poder escuchar tranquilamente todas las conversaciones de los Rucci, por ejemplo el llamado de la secretaria de Lorenzo Miguel avisándole que el jefe de los metalúrgicos quería que fuera volando a verlo. Terminó siendo la última llamada que recibió. Al ratito, sonó de nuevo el teléfono y la señora de Rucci atendió a su amiga Elsa.

—Elsa, esperame que se está yendo José... Chau, José, chau.

De inmediato, el compañero del grupo operativo de Montoneros que estaba escuchando con la oreja pegada al "micro" avisó a los tiradores que el blanco ya estaba saliendo del departamento, un dato clave para que Lino y el resto se prepararan para el ataque.

A unos metros de distancia, en el dormitorio de la otra

casa, la señora de Colgre se sentía muy incómoda, atada de pies y manos, y vigilada por el Flaco.

—¿Qué tengo que hacer cuando se vayan?

—Ya le vamos a avisar —dijo el Flaco mientras veía que uno de sus compañeros le hacía la señal que indicaba que el ataque estaba por comenzar.

—Y perdone, señora, la molestia que le hemos ocasionado —agregó antes de desaparecer de la vista de la dueña de casa.

La señora de Colgre se asustó mucho cuando escuchó el primer disparo, que le pareció una gran explosión. En la otra casa, habían iniciado el fuego.

Durante la planificación del atentado, habían discutido mucho sobre la manera más adecuada de asegurar la eliminación del blanco, una tarea que recaería en Lino, el mejor tirador de Montoneros, que estaría ubicado en la ventana más alejada del primer piso de la casa de Avellaneda 2947, arriba, atrás y a la izquierda de Rucci. La huida del grupo sería por los fondos de esa casa, de donde saltarían el muro usando dos escaleras de la señora de Colgre, una de madera y la otra de aluminio, que habían descubierto en la primera visita, en dirección a la calle Aranguren, donde estarían esperando dos automóviles. Una de las posibilidades era apostar un par de tiradores en la azotea del colegio Maimónides, ubicado en Avellaneda 2970, en diagonal a la casa de Rucci, para que abrieran fuego y distrajeran a los guardaespaldas, mientras Lino disparaba con su FAL. Pero esa opción presentaba dos problemas: cómo acceder a un lugar donde todos los días había cientos de alumnos y cómo asegurar la huida de esos compañeros. Al final, Lino y sus compañeros se decidieron por utilizar un solo grupo y una sola boca de fuego: la clave no era distraer al enemigo sino aprovechar la sorpresa para que varios tiradores dispararan a la vez contra el Torino sin blindar y los acompañantes del sindicalista, mientras Lino se dedicaba a acertar rápidamente el disparo fatal; el ataque debía ser corto y fulminante para maximizar las posibilidades de una huida sin bajas.

Este desenlace es confirmado por Jorge Sampedro, más conocido como Jorge Corea o el Negro Corea, uno de los custodios que acompañaba a Rucci.

—Yo ya estaba sentado en el asiento de atrás, del lado de la calle, del Torino rojo. Cuando Rucci toca la manija de la otra puerta, del lado de la vereda, le tiran con todo desde atrás y desde arriba, desde unos cinco o seis metros, calculo. En dos o tres minutos le tiraron con FAL, con Itaka, con ametralladora. Yo salgo y cuando lo agarro ya estaba muerto; el primer tiro que le acertó, lo mató. Estaba con los ojos abiertos, no alcanzó a decir nada. A Muñoz, el chofer, le metieron varios tiros, estuvo muy jodido, y a Rocha, otro custodio, le dieron dos tiros, uno en el hombro y otro en la cabeza. Yo tenía un montón de vidrios en el cuerpo pero no recibí ningún disparo porque estaba fuera de la línea de tiro. Había una gran confusión; yo tiré con la cuarenta y cinco hacia enfrente, al techo del colegio Maimónides, porque algunos "muchachos" gritaban que los atacantes estaban ahí, pero ahí no había nadie. La policía vino enseguida; no sabían de dónde habían venido los tiros hasta que les comenté que, por la trayectoria, me parecía que habían venido de arriba. Cuando la policía fue a ver, encontró granadas y muchas armas, pero los atacantes ya se habían fugado. Nosotros no tiramos ni un tiro hacia el lugar de los disparos; mala suerte porque, si lo hubiéramos hecho, tal vez les habríamos acertado algún tiro.

El oficial montonero que prestó su departamento para que montaran el cuartel general confirma que hubo un solo lugar desde el que partieron los disparos: "Pareció que había habido varias bocas de fuego, pero hubo sólo una".

Algunos custodios juraron luego que habían sido distraídos por un jeep Gladiador azul que tenía la caja tapada por una lona verde, que pasó a toda velocidad por Avellaneda. Y que desde el interior de ese vehículo les lanzaron algunas granadas y les dispararon con ametralladoras. Pero otros guardaespaldas no recordaron ese dato en sus declaraciones ante el juez.

Lino y sus muchachos huyeron rápidamente y dejaron algunos regalitos que llamaron la atención. Un revólver empavonado negro, con cachas de madera, W357 Magnum Smith & Wesson, norteamericano, con su carga completa y sin rastros de huellas digitales, fue encontrado en el piso, cerca de la ventana desde la que Lino había disparado. Sus datos: Nº 2k 37582, modelo 19-3-23320-67D. La Policía Federal, a través de una nota firmada por el comisario Félix Cogorno, el jefe del departamento Delitos Federales, informó dos días después que el arma "no se encontraba registrada". El periodista norteamericano Martin Andersen sostuvo en su libro *Dossier secreto, el mito de la guerra sucia* que "el FBI rastreó el arma desde la fábrica Smith & Wesson hasta el vendedor en Nueva York, que se la había vendido a una azafata de Aerolíneas Argentinas, que la había comprado para un amigo militar. La Policía Federal se topó con una muralla de granito en su investigación, y se disculpó por no resolver el asesinato". Este dato le sirvió a Andersen para asegurar que a Rucci no lo había matado Montoneros sino "un grupo que operaba desde el Ministerio de Bienestar Social, de López Rega", como le había confiado su informante predilecto, "Sam", quien, según se supo luego, era Robert Scherrer, un agente del FBI que operaba desde la embajada de los Estados Unidos en la Argentina. Esa fuente le dijo que también otros ataques de Montoneros, como el asesinato del radical Arturo Mor Roig, ex ministro del Interior de Alejandro Lanusse, al año siguiente, habían sido obra de la banda de López Rega.

En realidad, el Magnum fue dejado a propósito por los atacantes, como una prueba cifrada para que el presidente electo, el general Juan Domingo Perón, sólo él, se enterara de que el operativo había sido realizado efectivamente por Montoneros. Es que, como ya vimos, esa arma había sido robada a la custodia del gremio de los empleados de la empresa estatal Obras Sanitarias, en una "opereta" que sí había sido firmada por la Orga.

El otro regalito del grupo operativo fue un pantalón blanco muy gastado, que resultó pertenecer al uniforme de verano de alguien que había cumplido el servicio militar como marinero antes de 1970. La Armada no pudo informar la identidad del marinero porque el número de serie de la prenda estaba ilegible. El pantalón fue encontrado junto a una camisa amarilla que tenía manchas de pintura roja y azul, debajo de una pileta en el patio de la casa de la señora de Colgre, muy cerca de los tachos de pintura, la bandeja de metal para rodillo y la brocha marca Pingüino.

El asesinato de Rucci inauguró una época nueva en la violencia política de la Argentina. Perón, como veremos más adelante, se dio cuenta de que el conflicto con la que había sido su "juventud maravillosa" había alcanzado un nivel del que sería difícil retornar incluso para él, un político muy avezado pero que estaba viejo y enfermo. La derecha peronista tuvo más oxígeno para su lógica dura, implacable y arcaica. Los montoneros se fueron hundiendo en un militarismo que ya los había ganado y que al año siguiente, en un gobierno hostil aunque peronista y democrático, los llevaría a la clandestinidad, el camino que le venían indicando los enemigos que habían sabido conseguirse, dentro y fuera del Movimiento.

El mundo siguió andando y los argentinos continuaron matándose, con dramática dedicación.

Lino participó en varias "operetas" clave de Montoneros: fue el primer responsable político del diario *Noticias*, un éxito periodístico y en ventas, y protagonizó el último tramo de la Operación Mellizas, el secuestro de los hermanos Born, que garantizó a la Orga nada menos que 64 millones de dólares, un récord a nivel mundial. Murió el 29 de mayo de 1977 a los treinta y seis años, en una casa ubicada en la calle El Ceibo 1021, en Haedo, provincia de Buenos Aires. En aquel momento, era el número uno de Montoneros en el país. También él se había ido al exterior por precaución junto al resto de la Conducción Nacional, pero en Roma pidió volver. Un "grupo de tareas" de la Marina capturó al dueño de la vivienda, quien, al parecer, "cantó" a Lino, que estaba escondido en su casa, a cambio de la vida de su esposa y sus dos hijos. Cuando llegaron a buscarlo, Lino combatió él solo durante varias horas contra los marinos, que hasta eran auxiliados por helicópteros, mientas quemaba documentos de la Orga. Al final, ya sin municiones, se tomó su pastilla de cianuro y, por las dudas, se voló junto a la casa. Su cadáver habría sido cremado en la caldera de la ESMA. La valentía de Lino dejó perplejos a los marinos. "Con cien como éstos, perdemos", dijo el teniente de Fragata Alfredo Astiz, "Rubio", "Ángel" o "Gustavo Niño", entre otros alias. Miguel Bonasso cuenta que uno de los montoneros cautivos en el campo de concentración montado en la ESMA, que se había pasado de bando con gran entusiasmo, se acercó al capitán de Corbeta Jorge Perrén, "El Puma", para felicitarlo por la captura. "Yo no festejo la muerte de un enemigo que supo demostrar tanto coraje", fue la respuesta. Lino dejó tres hijos.

El Monra protagonizó varias operaciones militares de Montoneros, algunas muy resonantes, para morir el 9 de diciembre de 1976, a los treinta y cinco años, cuando fue sorprendido en una casa en San Isidro por un grupo de tareas de la Marina encabezado por el teniente de Navío Antonio Pernía, "El Rata" o "Trueno". El jefe guerrillero dejó salir a su hijita, la única que tenía, y se siguió tiroteando hasta que cayó gravemente herido. Murió esa misma noche, luego de un corto diálogo en la ESMA con su mujer,

Lucy, que estaba secuestrada y que de inmediato formaría pareja con el teniente Pernía, el mismo que había apresado a su marido pero que también había salvado a la hija de ambos. Lucy y Pernía viajarían incluso a París para trabajar en el Centro Piloto montado allí por la dictadura para mejorar su imagen externa y espiar a los exiliados.

Pablo Cristiano cayó en abril de 1977 a los treinta y un años, cuando era el secretario político de Montoneros y estaba a cargo de la Orga en todo el país. Iba a ser reemplazado por Lino, pero no llegaron a verse ya que fue delatado por un subordinado y lo apresaron en Caballito, durante un operativo que pareció salido del cine, en el que hubo hasta un militar disfrazado de cura y otro, de carnicero. Salía de una panadería comiendo una medialuna cuando sospechó algo raro y quiso huir en su automóvil. Habría sido llevado a la guarnición militar de Campo de Mayo, donde habría muerto a causa de las torturas recibidas durante tres días seguidos. El periodista Juan Gasparini afirma que el mayor Juan Carlos "Maco" Coronel le contó que nunca en su vida había visto dar tanta picana a una persona.

—La sangre se le espesaba por la acumulación de electricidad en el cuerpo. Durante un intervalo en el que le permitieron tomar agua, la canilla golpeaba y rebotaba contra sus dientes.

Pablo Cristiano dejó tres hijos chiquitos.

Norberto Habegger, quien probablemente no sabía que estaban planeando el asesinato de Rucci, fue secuestrado en Río de Janeiro el 1º de agosto de 1978 por los militares brasileños en el marco de la Operación Cóndor, que incluía el intercambio de información y la colaboración entre las dictaduras de los países del Cono Sur. Él estaba a cargo de Montoneros en la Argentina y había viajado a Río para traspasar el mando a sus tres reemplazantes. Fue una trampa: sus compañeros habían sido capturados por los militares, con los que estaban colaborando. Entregado por los militares brasileños a sus colegas argentinos, al Ejército, permanece desaparecido. Tenía treinta y siete años y dejó un hijo.

Habegger había desempeñado tareas muy importantes. Por ejemplo, también él fue "responsable" del diario *Noticias*, donde trabajaban notables plumas montoneras como Rodolfo Walsh, Paco Urondo, Juan Gelman, Horacio Verbitsky y Miguel Bonasso. Era cortés y valiente: se cuenta que el 28 de agosto de 1974, cuando el diario fue clausurado por orden de Isabel Perón, el jefe de la Policía Federal, el comisario Alberto Villar, le clavó un dedo en el pecho.

—Yo tengo un ataúd para cada de uno de ustedes.

—Nosotros también tenemos uno para usted —contestó, muy tranquilo.

(Villar fue muerto junto a su esposa el 1º de noviembre de 1974, cuando un comando montonero voló el barco en el que navegaban por el Delta.)

En 1975, durante las elecciones provinciales en Misiones, Habegger fue el jefe de campaña del Partido Auténtico, la última iniciativa política de Montoneros antes del golpe militar. "Hoy conocí a un joven del radicalismo que me cayó muy bien. Se llama Raúl Alfonsín", comentó por aquellos días.

"Si estuviera vivo, hoy sería un dirigente político de primera línea", lamentó una fuente que lo conocía muy bien.

Luego de su rotura de tobillo, Fernando Saavedra, "Damián", siguió al frente de la Columna Oeste, aunque no muy conforme con la conversión de la Conducción Nacional al marxismo, tanto que, según se cuenta, organizó una vez una fogata enorme con los documentos que explicaban ese giro. Perdió su cargo y fue degradado a oficial primero a comienzos del año siguiente, cuando la mitad de su Columna se pasó a la JP Lealtad, la escisión más relevante de la Orga. Probablemente, ya estuviera en la mira por sus críticas. Luego fue trasladado al interior, primero a Jujuy, luego a Orán, y por último a Tucumán. Esos traslados ordenados por la cúpula montonera eran cuestionados por varios de los miembros de la Orga, que los veían como una virtual condena a muerte ya que implicaban enviar a los militantes a lugares que no conocían, en los que se convertían en fáciles blancos de la represión. Damián fue muerto el 20 de mayo de 1976 en un tiroteo. Dejó dos hijos.

Capítulo 11

LAS CAUSAS, SEGÚN EL PEPE

> *Yo no tengo ningún odio personal con Rucci. Ni siquiera lo conocí. Tengo un juicio político sobre su conducta y que plasmamos en esa época. Jugó un rol bueno y favorable para el retorno de Perón y después jugó un rol reaccionario en la masacre de Ezeiza.*
>
> Mario Firmenich en una entrevista
> con el historiador Felipe Pigna.

Hasta ahora, Montoneros nunca admitió en forma pública y oficial que hubiera tenido alguna participación en la muerte de José Rucci. Los jefes de aquella época que lograron sobrevivir, Mario Firmenich y Roberto Perdía, continúan negándolo, aunque sus últimas respuestas contienen rendijas por las cuales puede colarse alguna luz para iluminar las causas y motivaciones del atentado.

Lo más cerca que estuvo Montoneros de hacerse cargo de esta ejecución fue un recuadro titulado "Justicia popular" y publicado en la página 18 del número 5 de *Evita Montonera - Revista Oficial de Montoneros*, de junio y julio de 1975. La nota incluyó una lista de "traidores" que habían sido muertos por la Orga; José Ignacio Rucci aparece allí, como "ajusticiado por Montoneros por haber sido culpable de la Masacre de Ezeiza".

Al escribir este libro, Firmenich vivía en Barcelona y Perdía, en Buenos Aires. No formaban parte, claramente, de la reivindicación de la generación del setenta iniciada por el gobierno de Néstor Kirchner.

Según Perdía, "en 1983 era un quemo ser montonero, pasaron los años y eso pasó a ser imprescindible. Ahora, si tenés cincuenta años y no fuiste montonero sos un boludo. Es como una marea que ha ido cubriendo de gloria a toda una generación. Sólo quedamos fuera de esta marea los tres jefes montoneros vivos (incluye a Fernando Vaca Narvaja, N. del A.), para el escarnio, pagando la culpa de la derrota. Pero pasó ya con los caudillos federales: hubo que esperar setenta años para que los reivindicaran; primero, los reivindicó la derecha nacionalista hasta que fueron asumidos por el peronismo. Pasará lo mismo con nosotros".

En una entrevista con Firmenich, el historiador Felipe Pigna le preguntó: "Por qué mataron a Rucci?". Firmenich no asumió ni negó el asesinato; en realidad, no se refirió a la autoría del operativo, sino que prefirió enumerar las tres causas por las que, en su opinión, había muerto Rucci.

—Rucci fue uno de los responsables de la masacre de Ezeiza. Éste es el sentir popular, el sentir de la militancia de la tendencia revolucionaria. Nuestra gente coreaba alegremente su futuro inminente. Nuestra consigna era: "Rucci traidor, te va a pasar lo que le pasó a Vandor". Después de su muerte, en actos masivos se coreaba: "Rucci traidor, saludos a Vandor". Rucci se había convertido en un abanderado de decir "hay que matar a los zurdos". Rucci era una avanzadilla del terrorismo de Estado. El discurso de la derecha peronista era "hay que matar a los zurdos infiltrados". Nosotros no éramos ningunos zurdos infiltrados y aunque lo fuéramos, nadie tenía derecho a masacrarnos. Inclusive Rucci no estaba haciendo lo que Perón quería.

También estaba moviéndole un poco el piso al Pacto Social de Gelbard.

Tres causas para "ajusticiar" a Rucci, según Firmenich: "Fue uno de los responsables" de Ezeiza, era el "abanderado" de los ataques violentos de la derecha peronista contra Montoneros y boicoteaba el Pacto Social, la médula del plan de gobierno de Perón. Ezeiza parece tener más peso que las otras dos: fue mencionada en el primer lugar, y enseguida Firmenich volvió sobre ella al completar su respuesta:

—Yo no tengo ningún odio personal con Rucci. Ni siquiera lo conocí. Tengo un juicio político sobre su conducta y que plasmamos en esa época (alude al editorial de la revista *El Descamisado*, al que nos referiremos dentro de poco, N. del A.). Jugó un rol bueno y favorable para el retorno de Perón y después jugó un rol reaccionario en la masacre de Ezeiza.

La matanza de Ezeiza es la primera causa que, en general, los montoneros mencionan cuando se les pregunta en privado sobre las razones de la muerte de Rucci. Ezeiza tuvo mucho significado histórico e impactó fuertemente en la moral de los jefes y de la tropa de la Orga. No sólo por los tiros con los que fueron corridos por la derecha peronista sino también porque allí fue la primera vez que Perón dividió las aguas en su Movimiento, tomó partido por los enemigos de lo que había sido su "juventud maravillosa" y definió claramente que su doctrina seguía siendo "peronista": no tenía nada que ver con la "patria socialista" que vivaban los montoneros.

Aunque nunca se elaboró un listado oficial sobre los muertos en Ezeiza, los datos más confiables indican que hubo trece víctimas fatales y trescientos sesenta y cinco heridos aquel 20 de junio de 1973, en los alrededores del palco montado en el puente El Trébol, sobre la autopista Ricchieri, a tres kilómetros del aeropuerto internacional de

Ezeiza. En ese palco debió haber hablado Perón para saludar a la multitud que se había reunido para darle la bienvenida definitiva al país, luego de casi dieciocho años de exilio. No lo hizo porque los tiros lo obligaron a bajar a unos cuantos kilómetros, en la base militar de Morón. Fue una verdadera locura. El locutor oficial fue el cineasta y cantautor Leonardo Favio: "Se ruega a los peronistas no hacer uso de sus armas", se le escuchó en un momento. En la confusión, tampoco hubo cifras oficiales sobre cuánta gente se había movilizado en busca del reencuentro con el líder, fatalmente frustrado. El periodista Jorge Lewinger, que era el "responsable" de Montoneros en *El Descamisado*, recuerda que "en la revista exageramos y pusimos que hubo cuatro millones de personas, pero la Policía Federal, en base a las fotografías tomadas desde el aire, afirmó que fueron un millón ochocientos. Igual, fue la movilización más grande de la historia argentina".

El periodista Horacio Verbitsky hizo una investigación que se ha convertido en la historia oficial de la matanza partiendo de datos recogidos por el escritor y periodista Rodolfo Walsh y sus colaboradores del área de inteligencia de Montoneros. Walsh, un experto en tareas de espionaje, había logrado enterarse el día anterior de los planes de la derecha al interceptar las radios de los móviles del Automóvil Club Argentino (ACA), pero su aviso llegó tarde. Según Verbitsky, los montoneros fueron a Ezeiza prácticamente desarmados, sólo "con los palos de sus carteles, algunas cadenas, unos pocos revólveres y una sola ametralladora que no usaron", mientras que sus enemigos de la derecha "montaron un operativo de guerra con miles de armas largas y automáticas". Y, de acuerdo con su interpretación, resultaron sorprendidos en su movilización, que copiaba el esquema utilizado el 25 de mayo, cuando habían copado, también pacíficamente, el acto por la asunción del presidente Cámpora.

—Creían que la concentración de Ezeiza desequilibraría ante los ojos de Perón la pugna que los enfrentaba con la rama política tradicional y los sindicatos. Cuando el ex presidente observara la capacidad de movilización de la Juventud Peronista y las formaciones especiales, que habían forzado al régimen castrense a conceder elecciones, se pronunciaría en su favor y les haría un lugar a su lado en la conducción.

En general, todos los montoneros consultados aseguraron que la orden que partió desde la Conducción Nacional fue ir desarmados a Ezeiza, protegidos por los habituales cordones de seguridad donde, como de costumbre, habría algunos militantes con armas cortas, de defensa, ya que el objetivo era demostrar a Perón que eran ellos los que movilizaban a las mayorías populares.

Sin embargo, un oficial de Montoneros, que pidió que su nombre fuera mantenido en reserva, contó otra versión:

—Hay que ser sinceros: yo fui uno de los cien tipos que fuimos a Ezeiza con un escudo y un brazalete así de grande y con una pistola nueve milímetros como custodias de las columnas. Pero adentro de las camionetas teníamos armas de todos los colores. Las camionetas estaban ubicadas en diversos lugares. Fue un gran error político y tenía que terminar a los tiros: nadie podía controlar nada porque había más de un millón y medio de personas. Ahora nadie quiere decir que fuimos armados para que no quede demostrado el grueso error político.

Verbitsky logró identificar a los trece muertos de Ezeiza, de los cuales tres pertenecían a Montoneros y uno a la derecha. De los otros nueve, la gran mayoría, no pudo establecer la pertenencia política.

Los montoneros perdieron la pulseada en Ezeiza desde el vamos. La organización del acto y de la movilización popular quedó en manos de una comisión formada por cinco personas; ninguna era de Montoneros. Tenían apenas una buena relación con una de ellas, Juan Manuel Abal Medina, pero la estrella del joven secretario general del Movimiento ya estaba en baja. Rucci también formaba parte de esa comisión, junto con Lorenzo Miguel y Norma Kennedy, pero una lectura más o menos atenta del libro *Ezeiza* indica que el hombre fuerte allí fue el teniente coronel retirado Jorge Manuel Osinde, secretario de Deportes y Turismo de la Nación y protegido del ministro de Bienestar Social, José López Rega. Verbitsky lo afirma sin dejar lugar a dudas en la página 45: "Desde el primer momento, Osinde despejó las dudas acerca de quién mandaba". Así, Osinde determinó el lugar del acto, fuera de la Capital Federal, y reclutó a los mil civiles fuertemente armados que el día anterior, el 19 de junio, ocuparon posiciones cerca del palco para impedir que se acercaran los montoneros y sus agrupaciones de superficie, la Juventud Peronista (JP), la Juventud Universitaria Peronista (JUP) y la Juventud Trabajadora Peronista (JTP), entre otros grupos del ala izquierda del Movimiento. Sus hombres también coparon el palco, desde el cual el 20 de junio a las 14.30 horas abrieron fuego con armas largas y automáticas contra la numerosa Columna Sur de la Juventud Peronista (agrupaba a los militantes del sur del Gran Buenos Aires, La Plata y el sur de la provincia), que estaba pasando por detrás en busca de una posición más cercana al lugar desde donde hablaría el General, alterando el riguroso esquema oficial del acto, que preveía el lugar de cada sector. Ése fue el primer tiroteo, el que desencadenó la tragedia. Todo el aparato de seguridad, incluidos los móviles del ACA que se encargaban de su red de comunicaciones, respondía a Osinde, que tenía una larga trayectoria en la derecha peronista y buenos contactos en las fuerzas armadas ya que había sido delegado militar de Perón.

En todo caso, Rucci no pudo haber hecho mucho aquel día porque venía en el avión junto a Perón. La prueba más concreta de Verbitsky sobre la participación del secretario general de la CGT es que el "Negro Corea, jefe de la custodia de José Rucci, fue quien dirigió las torturas en el Hotel Internacional de Ezeiza" contra militantes juveniles apresados por las huestes derechistas. Este hecho es citado también por otros autores cuando se refieren a Ezeiza, sólo que Corea lo niega terminantemente. Se llama, en realidad, Jorge Sampedro, y tanto a él como a sus hermanos les pusieron "Corea" porque en los partidos de fútbol en Villa Lugano no dejaban pierna sana. "Son como los tanques de la guerra de Corea", decían de ellos. Jorge Corea fue boxeador, metalúrgico y custodia de Lorenzo Miguel hasta que Rucci lo descubrió en una trifulca contra los gráficos de Raimundo Ongaro. "Lorenzo, vos tenés un peladito que pega buenas piñas, ¿por qué no me lo prestás para mi custodia?", le pidió. El hombre sigue viviendo en Lugano, donde regentea la Unidad Básica "Quien quiera oír que oiga". Jura que es la más antigua de la Argentina y que en Ezeiza no tuvo ninguna participación.

—Yo no tuve nada que ver, ni siquiera llegué a Ezeiza. Rucci vino en el avión con el general Perón y yo tenía que acompañarlo desde el aeropuerto hasta el palco. Yo estaba en España, había viajado con Rucci, así que me tomé un avión y llegué unas horas antes. El avión me dejó en Morón, me tomé un colectivo hasta Alem y Córdoba y luego un taxi hasta aquí, hasta mi casa, porque se me hacía tarde. En casa, me puse zapatillas y salí a caminar rumbo al aeropuerto. No llegué ni cerca porque me tuve que volver cuando comenzó el quilombo. Yo no estuve en ese hotel.

Corea no era el jefe de la custodia de Rucci, que, como ya vimos, no estaba dotada de un gran profesionalismo. De acuerdo con las declaraciones de los guardaespaldas ante la Justicia luego del asesinato, quien más o menos organizaba las cosas entre ellos era el chofer, Tito Muñoz, que les transmitía las órdenes que recibía del jefe de la CGT.

Tampoco Andrés Castillo, uno de los líderes de la JTP en Capital, cree en la culpabilidad de Rucci en Ezeiza.

—No pudo haber sido él porque no participó. Era gente de López Rega, era Osinde, que había copado el palco. Los incidentes se producen cuando nuestra Columna Sur quiere meterse por un lugar no previsto. Nosotros no llevábamos armas largas, sí armas cortas, y había medidas de protección. Toda la conducción iba en un ómnibus (de la Facultad de Derecho de la Universidad de Buenos Aires, N. del A.), cosa que fue un gran error porque, si se hubieran enterado y hubieran querido, los habrían matado. Yo creo que todo fue una cosa más fortuita que organizada.

Abal Medina tiene una opinión parecida:

—En Ezeiza se produce un enfrentamiento entre un sector, que en ese momento toma posiciones dentro del Movimiento —éste es el sector liderado por Osinde, con la colaboración de gente de los servicios de inteligencia—, y los grupos vinculados a la Tendencia. Esto es responsabilidad directa de aquellos sectores, vinculados a los servicios de inteligencia, a López Rega y Osinde. Aquí no hubo enfrentamientos entre sindicalismo y juventud. Hubo episodios menores, sin armas de fuego y no en el sector del palco.

Julio Bárbaro, que era diputado y conservaba una buena relación con varios jefes montoneros, en especial los que venían de Descamisados, con los que había compartido la militancia en la Democracia Cristiana, es contundente en su interpretación sobre Ezeiza:

—Ezeiza es un invento que hacen los montos, una historiografía que crean para no suicidarse. El 18 de junio por la noche nos encontramos con Paco Urondo y su mujer. Yo era de Guardia de Hierro (una agrupación que formaba "cuadros", N. del A.) y le dijimos: "O tomamos el palco entre todos o vamos sin ninguna bandera revolucionaria para no empañar el reencuentro entre Perón y su pueblo". Nos pusimos de acuerdo en que ningún grupo iba a llevar banderas. Pero el 20 de junio por la mañana estaba yo con un muy destacado funcionario del gobierno de Cámpora y nos encontramos con Rodolfo Galimberti conduciendo una columna con carteles. Sin dudas, eso jugaba al enfrentamiento. "Vamos a tomar el palco", me dijo. "¿Tienen armas?", le pregunté. "No, no traemos", me respondió. Fue una actitud infantil, una auténtica montonera. Y eso que tenían a Cámpora, a otros funcionarios muy importantes...

Esteban "Bebe" Righi, el actual procurador general de la Nación, el jefe de todos los fiscales, era el joven ministro del Interior de Cámpora. Había sido nombrado a los treinta y cuatro años; también él piensa que la responsabilidad principal de Ezeiza fue del eje López Rega-Osinde:

—Lo acertado hubiera sido que la seguridad del acto estuviera en manos de las fuerzas de seguridad, que fue lo que se propuso desde el Ministerio del Interior, pero prevaleció la tesis de López Rega y Osinde, porque así lo decidió Perón. En la "Comisión" que se hizo cargo del acto había funcionarios (ej. Osinde). Quien organizó el acto y asumió la responsabilidad es responsable de lo que sucedió.

La segunda causa esbozada por Firmenich sobre el "ajusticiamiento" de Rucci es que se había convertido en el "abanderado" de los ataques violentos de la derecha peronista contra los montoneros. Es un argumento de mayor abstracción teórica y, como no dio ejemplos concretos ni ha querido acceder a una nueva entrevista para que se le pudiera repreguntar sobre eso, se hace imposible contrastarlo con la realidad. Es cierto que Rucci tenía muy buenas relaciones con grupos de derecha y de ultraderecha, como la Concentración Nacional Universitaria (CNU), pero eso también sucedía con otros dirigentes sindicales, como Lorenzo Miguel, por ejemplo.

La tercera causa es mucho más concreta: Rucci estaba boicoteando el Pacto Social, "no estaba haciendo lo que Perón quería", se había convertido o empezaba a transformarse en un traidor a Perón. El Pacto Social había sido firmado el 8 de junio de 1973, durante el gobierno de Cámpora, por Rucci, en representación de la CGT, y por Julio Broner, el nuevo titular de la Confederación General Económica (CGE), que nucleaba a las pequeñas y medianas empresas, de capital nacional. Uno de los gestores del acuerdo fue el ministro de Economía, José Ber Gelbard, ex presidente de la CGE hasta su nombramiento en el gobierno. El Pacto implicaba una vuelta al peronismo, a una estrategia basada en una alianza de clases para permitir el desarrollo de la industria a expensas de la renta agropecuaria e impulsar un reparto equitativo de la riqueza. En concreto, el Pacto establecía aumentos en salarios, en los precios de la canasta familiar y en las tarifas de los servicios públicos a partir de los cuales se acordaban un congelamiento de todos esos valores y la suspensión de las negociaciones colectivas durante tres años. Gustavo Caraballo había sido asesor de la CGE, desde donde fue llevado por Gelbard como su jefe de asesores. Allí tuvo que supervisar la preparación de las leyes necesarias para implementar el Pacto Social.

—Uno de los objetivos del Pacto Social fue aumentar la participación del Trabajo en el ingreso, queríamos llevarlo al cincuenta por ciento, la meta histórica del peronismo, en un equilibrio racional con el Capital. Esa mayor participación del Trabajo podía provocar inflación, y por eso propusimos aumentar el ahorro a través de una política de viviendas: quinientos mil para la CGT y quinientos mil para la Secretaría de Vivienda. Otro objetivo fue detener la inflación y por eso quedaron suspendidos los convenios colectivos durante tres años y se congelaron todos los precios.

El Pacto Social era la piedra angular del plan de Perón y por eso Rucci y Gelbard se habían convertido en los dos alfiles del General. De ellos dependía para demostrar que el peronismo, su doctrina, seguía teniendo vigencia como una herramienta idónea para gobernar el país. Gelbard le controlaba el frente empresarial y Rucci, el gremial. De la estrecha relación entre Perón y Gelbard es testigo Caraballo.

—Perón le tenía una confianza ciega, tanta que permitía que Gelbard lo criticara en broma. "General, ¡qué negocio que hizo usted con la expropiación de los ferrocarriles! Si los ingleses nos los iban a dar gratis", le decía. Perón lo conocía de la primera presidencia; en 1953 Gelbard formó parte del Consejo Económico y Social. Perón tenía el concepto de que los economistas de pizarrón no eran las personas más aptas para dirigir la economía. Guardaba una imagen brillante de Miguel Miranda, su ministro histórico, y admiraba la capacidad de Gelbard para nuclear en la CGE a las empresas nacionales. Gelbard era un gran político, y un burgués, aunque sospechado por sus pares; era un burgués maldito. Y fue muy leal a Perón: recuerdo que una vez, durante la presidencia de Lastiri, lo retó en una reunión de gobernadores a Jorge Cepernic, el gobernador de Santa Cruz, que había anunciado la expropiación de un campo inglés. "En este gobierno, no se hará ninguna expropiación", le dijo.

Ya se ha visto la estrecha relación entre Perón y Rucci. El periodista Osvaldo Papaleo, que fue secretario de Prensa en el gobierno de Isabel Perón, conoció de cerca a la plana mayor de los metalúrgicos.

—Rucci tenía menos poder real que Lorenzo. Rucci nunca cuestionó la conducción de Perón. Por ejemplo, firmó el Pacto Social, que implicaba un pequeño aumento salarial y un congelamiento de precios. ¡Había que firmar eso! Muchos pensaban que había llegado el momento en que los trabajadores podían tener la sartén por el mango y el mango también, y él tuvo responsabilidad. Era un momento histórico muy especial, muy favorable a los trabajadores, pero él se contentó con lo que decía el Pacto Social. Y firmó eso sin ningún deterioro de su imagen de luchador social.

Por otro lado, el Pacto Social dio a Rucci mucho poder porque todos los nombramientos en los puestos clave del Estado, incluidas las numerosas empresas públicas, pasaron a necesitar su firma y la de Gelbard.

Sin embargo, luego de la muerte de Rucci circularon rumores sobre su presunto enojo con la falta de cumplimiento del Pacto por parte de los empresarios y su molestia con la ausencia de control por parte de Gelbard y del gobierno. Incluso se habló de que en su mensaje por TV tenía previsto romper el Pacto Social. Ya vimos que ese mensaje tenía otro contenido, conciliatorio y referido sólo al triunfo electoral del domingo anterior. Por su lado, Caraballo asegura que aquellas versiones no eran ciertas.

—Es una gran mentira que Rucci quisiera torpedear el Pacto Social. Gelbard y Rucci se veían casi todos los días. Una vez, Gelbard se le quejó de que algunos sindicatos estaban desvirtuando el Pacto, con aumentos salariales encubiertos bajo la forma de bonificaciones, en especial en el interior. Rucci enseguida acordó con él y lo llamaron juntos al ministro de Trabajo, Ricardo Otero. Rucci le dijo a Otero: "Si es necesario, intervengo algún sindicato". Gelbard tenía un diálogo muy franco con él y también con Lorenzo y con Adelino Romero, que era el número dos de la CGT.

La alusión de Firmenich al Pacto Social como causa de la muerte de Rucci es una paradoja: el mes anterior, el 22 de agosto de 1973, en un acto en la cancha de Atlanta, Firmenich se había tirado contra el acuerdo firmado por Rucci y Broner:

—No es que nosotros estemos en contra de la existencia de un Pacto Social sino que creemos que éste no refleja los intereses de los trabajadores, y por lo tanto deberá ser modificado porque si no, no hay proceso de liberación posible.

Y unos meses después, el 11 de marzo de 1974, también en Atlanta, Firmenich fue aun más elocuente sobre el

Pacto Social: "Hay que romperlo y hacer otro" ya que, para asegurar la hegemonía de la clase obrera, debía dársele no sólo la mitad sino "por lo menos el 51 por ciento" de la riqueza.

Para los montoneros, Ezeiza no fueron sólo los tiros y los muertos y los heridos sino también el mensaje de Perón a la noche del día siguiente. El General habló desde su casa de Gaspar Campos por radio y TV y se mostró muy conciliador con todos los argentinos ("Llego casi desencarnado. Nada puede perturbar mi espíritu porque retorno sin rencores ni pasiones como no sea la que animó toda mi vida: servir lealmente a la Patria"), pero muy duro con "los que ingenuamente piensan que pueden copar nuestro Movimiento o tomar el poder que el pueblo ha reconquistado. Ninguna simulación o encubrimiento por ingeniosos que sean podrá engañar a un pueblo que ha sufrido lo que el nuestro y que está animado por una firme voluntad de vencer. Por eso deseo advertir a los que tratan de infiltrarse en los estamentos populares o estatales que por ese camino van mal. A los enemigos embozados y encubiertos o disimulados les aconsejo que cesen en sus intentos porque cuando los pueblos agotan su paciencia suelen hacer tronar el escarmiento".

Perón también creyó necesario recordar qué era su doctrina, el peronismo:

—Nosotros somos justicialistas, levantamos una bandera tan distante de uno como de otro de los imperialismos dominantes. No creo que haya un argentino que no sepa lo que ello significa. No hay nuevos rótulos que califiquen a nuestra doctrina y a nuestra ideología. Somos lo que las Veinte Verdades peronistas dicen. No es gritando "la vida por Perón" que se hace patria, sino manteniendo el credo por el cual luchamos. Los viejos peronistas lo sabemos. Tampoco lo ignoran nuestros muchachos que levantan banderas revolucionarias.

Perón había tomado partido contra Montoneros, contra los "infiltrados". Ezeiza comenzó con la movilización popular al aeropuerto y terminó con este discurso de Perón.

José Amorín, en su libro *Montoneros: la buena historia*, afirma que Carlos Hobert, más conocido como "Diego Pingulis", se manifestó en contra de la decisión de liquidar a Rucci. Hobert era el número cuatro de la Conducción Nacional y muchos montoneros lo consideraban como el verdadero jefe de la Orga, por encima incluso de Firmenich, Perdía y Quieto, tanta era la legitimidad que le atribuían.

Como ya vimos en el capítulo 8, Perdía niega que la Conducción Nacional haya tomado la decisión de atentar contra Rucci o que incluso se haya enterado o debatido sobre esa emboscada, aunque aclara que "no estaba fuera de nuestras líneas de acción político-militares, que incluían la lucha contra la burocracia sindical". Perdía enfatiza la autonomía que tenían los diferentes grupos internos de Montoneros para llevar adelante esas "líneas de acción político-militares".

—Le voy a contar una anécdota. Un día, estábamos reunidos en la Conducción Nacional Mario Firmenich, Roberto Quieto y yo, y viene Carlos Hobert, el responsable de Capital, y nos cuenta: "Me están diciendo que una unidad está planteando llevarse el cadáver de Aramburu para exigir la devolución del cadáver de Evita, ¿qué hacemos?". Era un grupo nuestro, debatimos y llegamos a la conclusión de que teníamos que parar eso, cuando alguien entra y dice: "Miren, se está reuniendo un grupo a las 18 por ese tema". Entonces me designan a mí para que vaya a convencerlos de que no se la tomen con el cadáver de Aramburu. Salgo, voy a la estación del tren y en el kiosco veo un titular así de grande de la quinta edición de *La Razón*: "Se llevaron el cajón de Aramburu". Ya era tarde. ¿Qué hicimos nosotros? Lo asumimos tácitamente porque una de nuestras líneas de acción era recuperar el cadáver de Evita.

Perdía compara el asesinato de Rucci con los de Augusto Vandor y José Alonso:

—Una actitud que me impresionó fue la repercusión popular: no hubo una condena ni mucho menos. Algo parecido con lo que pasó con Vandor o Alonso. Tampoco Montoneros las hizo pero no las desmentimos. A esos dos hechos los habíamos consultado con Perón. Le mandamos una carta a Perón, en la que le dijimos: Nosotros no lo hicimos pero no lo desmentimos para no contrariar a la masa popular. Algo parecido ocurrió con Rucci.

Capítulo 12

SEPTIEMBRE NEGRO O "FUIMOS NOSOTROS"

Había que apretarlo a Perón.

Horacio Mendizábal, "Hernán", miembro de la Conducción Nacional de Montoneros, un mes después del atentado, durante una reunión explicativa de las razones de la emboscada contra Rucci.

Luego de Ezeiza, de las muertes y de los heridos pero también del discurso donde Juan Perón atacó a "los que tratan de infiltrarse", Montoneros sacó carteles sin firma con las caras de Jorge Osinde, José Rucci y Norma Kennedy, entre otros, con la leyenda "Los asesinos de Ezeiza", como una respuesta al enojo de la militancia por el traspié inesperado. Rucci fue concentrando toda esa bronca a medida que aumentaba su protagonismo en varias jugadas políticas de Perón contra los montoneros y sus aliados. La más osada fue la escalada que terminó con la renuncia del presidente Héctor Cámpora y de los ministros considerados más afines a la Orga.

Tras la caída de Cámpora, Montoneros decidió pasar al ataque, en busca del terreno perdido, con una vasta operación: "Septiembre Negro". El nombre era el mismo del comando palestino que el año anterior había secuestrado y matado a once atletas de Israel en los Juegos Olímpicos de Munich. En el libro *La voluntad*, los periodistas Eduardo Anguita y Martín Caparrós cuentan que "El Gallego Willy" (Jesús María Luján) le dijo a Emiliano Costa, periodista y uno de los jefes en la Capital de la JTP:

—La Orga va a dar una respuesta ofensiva: se ha hecho la lista de todos los responsables de Ezeiza y se va a operar contra ellos. ¿Qué te parece?

—Bueno, una cosa así no se puede dejar sin respuesta. Está muy bien.

—Por ahora vamos a chequear los blancos, a ver si el mes que viene empezamos a hacerlos. Vos vas a integrarte a uno de los grupos operativos y se les van a asignar dos posibles objetivos.

—Bueno.

—Pero eso sí, la Conducción sólo va a hacer participar a los cuadros de más nivel. Esto es totalmente secreto, no se nos tiene que escapar nada, porque probablemente la Orga no los firme.

—¿Por qué?

—Y porque la Conducción evalúa que no es momento para entrar de lleno en la lucha militar. Esto sería una advertencia al vandorismo y al lopezreguismo: si quieren guerra, van a tener guerra; si paran la mano y no nos atacan, nosotros tampoco. Si los firmamos se va a armar mucho quilombo con el Viejo.

A los pocos días, el Gallego Willy le confirmó a Costa que su grupo se "va a ocupar" de Miguel Ángel Iñíguez, un general nacionalista, de derecha, que había participado en la Resistencia y que el 20 de junio había coordinado las comunicaciones del aparato de seguridad del teniente coronel Jorge Osinde. Costa recuerda bien aquellos momentos complicados.

—Había una lista de personas a hacer. Habría muchos atentados en septiembre como el de Rucci. Luego, lo de Iñiguez se bajó, no sé por qué. Tampoco fueron boleteados los otros que habían estado en la masacre y que habían sido asignados como objetivos a distintos grupos. Tal vez, se evaluó que el nivel de conmoción que produjo lo de Rucci ya era suficiente. La cercanía de Rucci con Perón era evidente, Perón lo había dicho en público y también en las reuniones que los de la Juventud tuvimos con él: "Ojo con Rucci que es el único hombre leal que tengo en el sindicalismo", nos decía.

Sobre las razones del atentado contra Rucci, Costa sostiene que "lo más importante fue Ezeiza y la reacción de Perón luego de Ezeiza, donde nos culpa a nosotros. Era su visión, la visión de un hombre de orden. La gente pedía respuestas. Y, en parte, fue también un mensaje a Perón: 'Sin nosotros, no podés gobernar'. Era una disputa esquizofrénica con Perón: nos veíamos como un proyecto revolucionario, un partido que iba a conducir a las masas pero compartiendo la conducción con Perón. En realidad, nosotros nos veíamos conduciendo y relegando a Perón a un papel decorativo".

Carlos Flaskamp provenía de las FAR y militaba en La Plata.

—Las bases estaban muy calientes por Ezeiza, había una presión para responder a la derecha. Nosotros sabíamos que se preparaban operaciones importantes y que no se iban a firmar. Los "responsables" de La Plata iban a Buenos Aires y luego nos traían la información de lo que se estaba discutiendo. Les preguntamos por qué no se iban a firmar y la respuesta fue: "Para que la contradicción con Perón no sea irreversible"; se pensaba que, si se sabía que habíamos sido nosotros pero nadie lo decía, Perón iba a tener espacio para negociar con nosotros. Se creía que Perón era muy maquiavélico, y que era capaz de tratar con el diablo.

Para Jorge Lewinger, periodista y ex militante de las FAR, "después de Ezeiza y del golpe contra Cámpora la respuesta a Perón fue militar: amasijarlo a Rucci. Hoy digo que fue un infantilismo, que estuvo en la raíz de nuestras grandes equivocaciones históricas; en aquel momento, me puse contento como muchos otros. Aunque algunos no estaban a favor, pensaban que había sido un error. Fue una equivocación, como cuando al año siguiente pasamos a la clandestinidad en lugar de pasar a la oposición. Es la impronta de Mario Firmenich, que terminó combinando una visión movimientista (un peronismo acrítico) con otra militarista".

—¿Por qué no lo firmaron?

—No lo firmamos porque no éramos boludos. Era un mensaje a Perón, pero no lo podíamos firmar para no darle la excusa de borrarnos del mapa. La intención fue que él supiera que fuimos nosotros, pero no hacerlo público.

En aquel momento, el principal órgano de expresión, aunque oficioso, de Montoneros era *El Descamisado*, una revista con destacados periodistas como Ricardo Grassi, Enrique "Jarito" Walker, Juan José "Yaya" Azcone, Pepe Eliaschev y Ricardo Roa (actual número dos de *Clarín*), que costaba dos pesos y tiraba unos sesenta-setenta mil ejemplares semanales, aunque con las tapas más impactantes sobrepasaba largamente los cien mil, como la del retorno definitivo de Perón, que vendió ciento cuarenta mil.

Desde Italia, donde vive ahora, Grassi recuerda que al atardecer de aquel martes 25 de septiembre se les apareció en la redacción de la calle Jujuy, en el barrio de Once, el propio Firmenich, seguido de cerca por un guardaespaldas, que, según otras fuentes, llevaba una vistosa ametralladora.

—Lo de Rucci era una cosa muy gorda, que había causado una gran conmoción en todo el país. La revista era un ambiente muy político, donde todo lo discutíamos y con mucha pasión. ¡Discutíamos hasta los epígrafes, así que imaginate cómo discutimos eso! Todos estábamos convencidos de que no podía ser sino una provocación del ERP. Sabíamos que Rucci era el hombre de Perón en los sindicatos, que era una pieza clave de Perón, que Perón podía contar con Rucci para todo. Por lo tanto, para nosotros era una provocación a Perón y correspondía que lo hubiese hecho el ERP. Pero llegó Firmenich y nos dijo: "Fuimos nosotros". Vino a explicarnos por qué habían tomado esa decisión en la Conducción Nacional, para que nos quedara claro cuál debía ser la línea de la revista. No era la primera vez que venía: después de Ezeiza, todas las semanas venían él o algún miembro de la Conducción. Nosotros le hicimos preguntas y hubo una discusión con él.

Claro que en aquella época predominaba el principio del "centralismo democrático": todo se debatía, pero una vez adoptada la decisión, se la cumplía disciplinadamente. Y esa decisión ya había sido tomada en la cúpula de Montoneros. De todos modos, el asesinato de Rucci convenció a varios miembros de la redacción de que el proyecto montonero estaba agotado y era hora de abandonarlo. La Orga fijó su posición pública en el editorial del número 20 de la revista, el 2 de octubre, cuya tapa decía en letras negras sobre fondo amarillo: "La muerte de Rucci, encrucijada peronista". Dardo Cabo figuraba como el director, pero el "responsable" era Lewinger, quien recibía las órdenes directamente de la Conducción Nacional.

—Yo escribía los editoriales según la línea que bajaba la Conducción Nacional. Al editorial de aquel número también lo escribí yo y lo firmó Dardo Cabo. La Conducción me dijo que elogiáramos el hecho, pero no tanto.

El editorial fue titulado "Ante la muerte de José Rucci" y está muy bien escrito:

- "La cosa, ahora, es cómo parar la mano. Pero buscar las causas profundas de esta violencia es la condición. Caminos falsos nos llevarán a soluciones falsas. Alonso, Vandor, ahora Rucci. Coria condenado junto con otra lista larga de sindicalistas y políticos. Consignas que aseguran la muerte para tal o cual dirigente. La palabra es 'traición'."

- "Un gran sector del Movimiento Peronista condena a un conjunto de dirigentes como traidores y les canta la muerte en cada acto. Estos dirigentes a su vez levantan la campaña contra los infiltrados, proponen la purga interna. Arman gente, se rodean de poderosas custodias personales y practican el matonaje como algo cotidiano."

- "Cómo es toda esa historia, cuándo comenzó la traición y cuándo comenzó la muerte. Los viejos peronistas recordamos a estos burócratas hoy ejecutados y condenados a muerte. Los conocimos luego de 1955, cuando ponían bombas con nosotros. Cuando los sindicatos logrados a sangre y lealtad, recuperados para Perón y el Movimiento, eran casas peronistas donde se repartían fierros y caños para la Resistencia y de donde salía la solidaridad para la militancia en combate o presa."

- "Pero de pronto las puertas (de los sindicatos, N. del A.) se cerraron, o fueron reemplazadas por sólidos portones con sistemas electrónicos. Ya no andaban con amigos sino con la 'pesada'. Su vida rodeada del secreto impenetrable. Una historia de traiciones, de negocios con el enemigo, levantamiento de paros, elecciones fraudulentas, apretadas a Perón."

- "Rucci era un buen muchacho. Lo cargaban en la UOM cuando andaba (mucho antes de ser siquiera interventor en San Nicolás) con saco y corbata. Hasta trabita usaba, y el Lobo (Vandor) lo cargaba. Pero no era mal tipo. Tenía su historia de resistencia, de cárcel. Las había pasado duras, como cualquiera de

nosotros. De pronto aparece en el campo de Anchorena prendido en una cacería del zorro. Apoyando a Anchorena para gobernador de la provincia de Buenos Aires. ¿Quién entiende esto?"
- "Algo debe tener de transformador eso de ser secretario general. Algo muy grande para cambiar así a la gente. Para que surjan como leales y los maten por traidores."
- "Por eso no hay que disfrazar la realidad. El asunto está adentro del Movimiento. La unidad sí, pero con bases verdaderas, no recurriendo al subterfugio de las purgas o a las cruzadas contra los trotskos. No hay forma de infiltrarse en el Movimiento. En el Peronismo se vive como peronista o se es rechazado."
- "Acá somos todos culpables, los que estaban con Rucci y los que estábamos contra él; no busquemos fantasmas al margen de quienes se juntaron para tirar los tiros en la avenida Avellaneda, pero ojo, acá las causas son lo que importa. Revisar qué provocó la violencia y qué es lo que hay que cambiar para que se borre entre nosotros."
- "Si la cosa es parar la mano para conseguir la unidad, habrá que garantizar los métodos que posibiliten que los dirigentes sean representativos. Habrá que desarmar a los cazatrotskos y fortalecer doctrinariamente al peronismo como la mejor forma de evitar las infiltraciones."

El Descamisado incluyó una nota sobre "La vida y la muerte de Rucci", que destacó "los enfrentamientos" entre Rucci y Lorenzo Miguel, la presunta oposición del secretario general de la CGT al Pacto Social y las acusaciones "contra su patota" por la matanza de Ezeiza. Y terminó con una frase contundente y provocadora: "El pueblo estuvo ausente en el sepelio".

La revista le dio también despliegue a otro asesinato, el de Enrique Grinberg, quien fue muerto veinticuatro horas después que Rucci por tres jóvenes en la puerta del edificio donde vivía, en el barrio de Belgrano. Grinberg trabajaba en la UBA y militaba en la Juventud Peronista.

Julio Bárbaro no tiene dudas sobre los autores del crimen de Rucci:

—Fueron los montoneros. A los tres días me lo encuentro a Horacio Mendizábal, que me dice: "Va a aprender el General que nuestras posiciones tienen que ser respetadas". Yo lo conocía bien a Mendizábal de la época en que todos militábamos juntos, en la juventud de la Democracia Cristiana. Incluso, él había sido uno de los monaguillos en mi casamiento. Luego, él fue uno de los fundadores de los descamisados, que luego se incorporaron a Montoneros, y los "desca" tenían eso del martirio, de dar la sangre por tus hermanos; algo bien católico que puede derivar en algo muy mesiánico, puede facilitar una conversión drástica a la violencia.

En aquel momento, Mendizábal era el número siete en la cúpula de Montoneros. Quienes lo conocieron lo recuerdan como un seductor, una persona muy simpática y optimista, pero muy esquemática en sus planteos políticos. Ya era un cuadro militar muy completo y con el tiempo se perfeccionaría aun más, al punto de entrenar con los palestinos de Al-Fatah en Oriente Medio y convertirse en el jefe del Ejército Montonero. Hubo una tapa bastante conocida de la revista *Evita Montonera*, la del número 23, que lo muestra con Mario Firmenich y Fernando Vaca Narvaja, todos muy contentos bajo el título "Estamos ganando", en alusión a la lucha contra la dictadura. Con esa revista bajo el brazo, Mendizábal enganchó a muchos exiliados para retornar al país en 1979 con la Contraofensiva, mientras el gobierno cubano facilitaba guarderías y escuelas para los hijos de los voluntarios. Murieron casi todos, incluidos él y su esposa.

El asesinato de Rucci fue un tremendo sacudón y provocó un desconcierto inicial dentro de la Orga: muchos pensaron que había sido obra del Ejército Revolucionario del Pueblo (ERP), trotskista, que no había renunciado a la lucha armada; una porción similar apuntó contra la CIA, la agencia central de inteligencia de los Estados Unidos, y hubo quienes se acordaron del ministro de Bienestar Social, José López Rega, cada vez más influyente en el entorno del General y a quien varios ya vinculaban con la CIA. Pero rápidamente el boca a boca se encargó de informar a todos los interesados que habían sido ellos mismos. Algunos se pusieron contentos con el argumento de que algo había que hacer para frenar la ofensiva de la derecha; otros, en general los que provenían del peronismo puro y duro, se molestaron. A ninguno le pasó desapercibido que había sido una jugada muy audaz.

A Juan Carlos Dante Gullo, uno de los rostros más visibles de la Juventud Peronista, el asesinato lo sorprendió haciendo antesala en el chalet de Gaspar Campos para que lo recibiera el General.

—Yo estaba esperando en un jardincito de invierno junto con Isabel. Era un diálogo muy formal y me habían dado un té cuando entra Juan Esquer, que era el jefe de la custodia de Perón, y dice: "¡Pasó algo muy grave!". Isabel y yo saltamos de nuestras sillas. Yo pensé: "¡Mierda, le pasó algo a Perón!". "Atentaron contra Rucci", siguió Esquer. Fue una conmoción. A la salida estaban los periodistas, y declaré lo que pensaba en ese momento: "Fue la CIA". Pero no lo hice de descolgado; la CIA tenía una presencia muy fuerte en la región, acababan de dar el golpe de Estado contra Salvador Allende en Chile.

Fue ése el primer culpable que también encontraron en la Juventud Universitaria Peronista, que era dirigida por Juan Pablo Ventura y Miguel Talento. "Al principio, pensamos que había sido una provocación de la CIA. La JUP incluso hace rápidamente un documento en el que decimos que 'es una provocación a la voluntad expresada en las urnas'. Vamos con el Petiso Ventura a la sede de la calle Chile a coordinar con las otras ramas de la Juventud Peronista, y ahí nos dicen que esperemos un poco para largar el comunicado. Evidentemente, tenían otra información. Por la noche, nos informan que habíamos sido nosotros", cuenta Talento, abogado, profesor universitario, ex legislador justicialista de la ciudad de Buenos Aires y actual cónsul en Miami.

Miguel Bonasso, en su libro *Diario de un clandestino*, asegura que fue el propio Firmenich quien le confirmó "oficialmente que Rucci fue ejecutado por la Organización. Lo explica en términos estratégicos: la lucha contra el vandorismo como aliado del imperialismo en el movimiento obrero y su responsabilidad personal en la masacre de Ezeiza". El encuentro ocurrió a los pocos días del asesinato. Bonasso asegura que él puso objeciones, y que Firmenich le contestó "con cierta condescendencia, sin molestarse", y le sugirió que Lorenzo Miguel había dado luz verde al operativo.

—El Pepe recién se impacienta cuando argumento que una organización revolucionaria no puede producir un ajusticiamiento sin asumirlo públicamente, porque si no, equipara sus acciones a las de un servicio de inteligencia. La frase, me parece, conspira contra mis posibilidades de ascenso.

Algunos ex jefes montoneros recuerdan que los cuestionamientos internos obligaron a la Conducción Nacional a bajar a explicarles por qué habían atentado contra Rucci. Lo cuenta un oficial montonero:

—Cuando nos enteramos de que habíamos sido nosotros se produjo un crack. Un mes después hubo una reunión ampliada de los oficiales mayores de Capital Federal y el Gran Buenos Aires con miembros de la Conducción Nacional en una casa. No sé dónde porque fui "tabicado" (con los ojos cubiertos o agachado, N. del A.), como era habitual por seguridad. En total, éramos entre veinte y veinticinco compañeros. Mendizábal fue el vocero principal de la Conducción Nacional, el que más habló. La decisión, según explicó, tenía un fundamento político muy consolidado: "Había que apretarlo a Perón", recuerdo que dijo; había que tirarle un cadáver sobre la mesa de negociaciones para que nos volviera a dar bolilla. La Conducción veía que Perón nos estaba dejando afuera de todas las decisiones. La explicación de Mendizábal y de otros miembros de la Conducción Nacional podría resumirse así: "¿Cómo se dirime la pelea dentro del peronismo? La derecha lo aprieta a Perón en Ezeiza; nosotros lo apretamos con la muerte de Rucci".

De acuerdo con esta fuente, las explicaciones provocaron un acalorado debate.

—Yo no estaba de acuerdo y pensaba que había sido una locura política. En cambio, mi gran amigo Dardo Cabo apoyaba las explicaciones, pero yo no lo veía muy convencido. En un momento, lo llevé aparte y le dije: "Dardo, dejate de joder. Fue una macana". Varios pensábamos eso y lo dijimos: "Esto termina mal, las bases no entienden este hecho". Estuvimos un día entero en la reunión. Había una mentalidad militarista en ascenso: agudizar las contradicciones con Perón.

Dardo Cabo, hijo de Armando Cabo, connotado dirigente de la UOM y ladero y amigo de Augusto Vandor, había sido el jefe del grupo de jóvenes nacionalistas que el 28 de septiembre de 1966 secuestró un avión de Aerolíneas Argentinas y lo obligó a aterrizar en las islas Malvinas, donde plantó una bandera argentina. Lo metieron en la cárcel, y a la salida se incorporó al grupo Descamisados y luego a Montoneros. En 1975 fue apresado junto a otros compañeros cuando se disponían a cobrar una parte del rescate por el secuestro de los hermanos Born. Estuvo en varias cárceles; la última fue la Unidad 9, en La Plata, donde fue asesinado en enero de 1977 durante un intento de fuga que luego se comprobó falso.

A Cabo le tocó apaciguar a los miembros de la Unidad Básica (UB) Capuano Martínez, en Páez y Argerich, que había sido uno de los lugares utilizados por uno de los grupos encargados de vigilar el domicilio de Rucci, ubicado a sólo cuatro cuadras y media. Allí militaba Horacio González, que ahora es sociólogo, ensayista y director de la Biblioteca Nacional. Dardo Cabo dirigía *El Descamisado* y era también uno de los jefes de la Orga en la Capital.

—Nos reunimos con Dardo Cabo, que me caía mejor. Primero le pedimos una reunión a Adriana Lesgart, que era la responsable inmediata nuestra, y ella nos llevó a Dardo Cabo. Fueron dos encuentros muy largos. No se hicieron en la UB sino en otro lado. Dardo Cabo me pareció un tipo fino. "Asumimos lo de Rucci", dijo, y se acabaron todas las suspicacias. Él dijo que estaba bien; que era una forma de intervenir en las decisiones de Perón; que Perón, como conductor, tenía que sintetizar todas las contradicciones que se daban en el Movimiento, que ése era su famoso juego pendular; que lo de Rucci le iba a costar más que otras cosas, pero que iba a terminar por aceptarlo. Nosotros no estábamos de acuerdo; éramos universitarios, teníamos otra comprensión de las cosas. Pensábamos: "Perón no es un frasco vacío al que se le puede meter cualquier cosa, considerarlo así era considerarlo como medio pelotudo".

En síntesis, la muerte de Rucci fue la manera que encontró Montoneros para persuadir a Perón de que le convenía volver a tenerlos en cuenta en la conducción del gobierno y del Movimiento. Ellos veían, correctamente, que el General los estaba desalojando de todos los puestos de poder, que había emprendido una cruzada contra ellos, y que para llevar a cabo esa tarea se estaba apoyando en los sindicatos. La Operación Traviata fue una respuesta militar a esa nueva situación, copiada de la interpretación que hacían de la masacre de Ezeiza: "Si la derecha lo apretó en Ezeiza y cedió, ahora lo apretamos nosotros y tendrá que ceder". Ellos consideraban a Perón un pragmático sin principios, que se iba adaptando a las relaciones de fuerzas siempre cambiantes, dinámicas, dentro de su Movimiento. Montoneros ya se había lanzado de cabeza a una disputa con Perón por la conducción del peronismo y del gobierno; se trataba de comerle una pieza, el alfil Rucci, para forzarlo a retomar esa lógica pendular, esta vez en beneficio de los jóvenes revolucionarios. Era parte de una lucha por el poder porque Montoneros era una organización que apuntaba a eso, al poder. Claro que, como veremos luego, Perón no leyó esa jugada como el apriete de un grupo interno que quería participar del botín, sino como una declaración de guerra de personas que podían, incluso, llegar a matarlo a él.

Es interesante la charla dada por la Conducción Nacional de Montoneros a sus cuadros a fines de septiembre o en octubre de 1973, luego del asesinato de Rucci y cuando ya se veía que la lógica del apriete rendía resultados negativos. Sobre el final, uno de los participantes le recordó a Firmenich que "hace aproximadamente un mes, un mes y medio, se había definido que una forma eficaz de seguir desarrollando nuestra política era discrepar en ciertos momentos con Perón. Ésa era la forma en que la burocracia (sindical) se movía, obteniendo siempre prebendas... El resultado de estos dos meses de ofensiva se visualizó que fue contraproducente con esa caracterización previa, es decir, no solamente no obtuvimos prebendas sino que se fortificó el campo enemigo, que hoy cuenta con un aval mucho más explícito de Perón que hace dos meses". La respuesta de Firmenich fue muy ilustrativa:

—Claro, el problema es el siguiente: en aquel momento hubo un error de caracterización de la situación, nosotros pensábamos que Perón se iba a mover en el medio de estos dos factores de poder que competían entre sí (Montoneros y la burocracia sindical, N. del A.), y que iba a procurar una solución de estabilidad en una negociación entre ambos congelando la situación. Pero lo que ocurre es que seguramente Perón se dio cuenta antes que nosotros de las diferencias ideológicas, entonces Perón no optó por eso. Yo no creo que haya sido por nuestra ofensiva que Perón no optó por eso, sino porque en rigor optó por defender, al menos por ahora, su proyecto ideológico. Existen varios elementos en esto, desde la contradicción de competencia de conducción de la que hablábamos hoy hasta el elemento de que Perón sabe que a la burocracia la maneja de una forma en que no nos maneja a nosotros. Y Perón ha optado por apoyarse, por ahora, en la burocracia.

—¿El desencadenamiento de esto no fue la muerte de Rucci? —preguntó entonces uno de los invitados. Todos parecían saber muy bien de todo lo que estaban hablando. Y la respuesta fue elusiva.

—Lo que ocurre es que pasa siempre lo mismo: toda vez que uno ataca a un enemigo, ese enemigo lo ataca más violentamente a uno. Esto es como el argumento que ha tenido siempre el PC (Partido Comunista, N. del A.), de que no había que provocar a la represión; claro, si vos no provocás a la represión te quedás reprimido. Éste es el problema. Si nosotros no avanzamos sobre la burocracia renegamos a producir ese desplazamiento de sectores que distorsionan al Movimiento de Liberación Nacional. Lo que pasa es que ese avance tiene límites que están determinados por el poder objetivo que tienen ellos y el que tenemos nosotros, y por la decisión de Perón. Entonces, nosotros podemos avanzar hasta que nos ponen el tope.

Capítulo 13

LENIN, FACUNDO, JESÚS Y EL CHE

La Organización se define metodológicamente marxista-leninista.

En "La Biblia", el documento que explicó el cambio ideológico de Montoneros luego de su fusión con las FAR y que apareció casi en simultáneo con el asesinato de Rucci.

Ramón Canalis era peronista desde que su padre lo hacía dormir en la cuna escuchando la marchita, allá en un barrio pobre de Tigre. Tal vez por eso el asesinato de José Rucci le cayó muy mal y pensó que ellos, que los montoneros, no podían haber sido.

—Seguro que fue la CIA —les comentó por la tarde a sus compañeros de la villa miseria en San Francisco Solano donde era el jefe de un pelotón de media docena de compañeros.

—¿No habremos sido nosotros? —preguntó "El Ronco", que acababa de llegar.

—No, Ronco, dejate de joder.

—Pero yo me bajé en la estación de Glew y vi en un bar a los rubios de las FAR brindando con cerveza, muy contentos.

—No, imposible. Sería como tocarle el culo a Perón.

Una semana después, la "responsable" de Canalis, Norma Arrostito, "Gaby", uno de los "bronces" de la Orga y la única mujer que participó del secuestro y "ajusticiamiento" del general Pedro Eugenio Aramburu, le trajo una mala noticia durante una reunión con otros oficiales de la zona sur del Gran Buenos Aires.

—Fuimos nosotros.

Canalis recuerda ahora, en un bar de la Avenida de Mayo, que "Gaby tenía una sensibilidad popular, una buena sintonía con el peronismo que le venía, creo, de su familia, y se le veía que no le gustaba la decisión, pero estaba jugada. Yo ahí pensé: 'Cagamos'".

Gaby había llegado con unos libracos mimeografiados de unas cien páginas.

—Éste es el último documento de la Conducción Nacional. La idea es que circule sólo entre los oficiales y que sirva para el debate y la discusión. Creemos que explica muy bien toda la situación que estamos atravesando.

El nombre oficial de ese documento era pomposo: "La Biblia", pero los muchachos lo bautizaron rápidamente con el más profano "El Mamotreto". "Era grueso así, muy difícil de abrochar, se salían las hojas. Y era también muy pesado y muy difícil de tragar", cuenta Canalis.

Fue un documento clave porque explicó la fusión entre Montoneros y las FAR y el giro ideológico de la nueva organización. "Decía, por ejemplo: 'La Organización se define metodológicamente marxista-leninista'", agrega.

Canalis volvió a la villa y les pasó el parte a sus compañeros:

—Muchachos, sobre lo de Rucci, fuimos nosotros. Me dicen que era un hijo de puta, que fue el culpable de Ezeiza y de la caída de Cámpora, que iba a terminar cagándolo al Viejo, que fue una decisión política. Y me dieron este documento, que ellos llaman "La Biblia". Me dijeron que es sólo para los jefes, que no es para discutirlo con ustedes, pero todo me parece una cagada y el que quiera leerlo, que lo lea. Yo se los dejo acá.

—¿Viste que te dije que habíamos sido nosotros? —lo gozó el Ronco.

—Sí, Ronco, pero yo me voy a la mierda. Yo me voy de la Orga.

Canalis se levantó de la silla, abrazó a cada uno de sus compañeros del pelotón, les deseó mucha suerte, se subió al Citroën y no volvió nunca más a San Francisco Solano.

"La Biblia" o "El Mamotreto" es muy difícil de encontrar, tanto que el principal recopilador de los documentos de la guerrilla peronista, Roberto Baschetti, no lo pudo incluir en su libro.

—Era un documento oficial que se reproducía por extensil. Yo lo leí en su momento, hablaba de la necesidad de crear un partido armado; eran los conceptos del Lenin de *¿Qué hacer?*: una vanguardia armada de los trabajadores, un partido de la revolución, la noción del partido bolchevique. Tenía un lenguaje más clasista para conceptualizar un momento de ruptura con Perón. Se notaba la influencia de las FAR, que venían del marxismo. Creo que eso contribuyó al divorcio con el sentir del pueblo peronista y a la militarización de Montoneros. Luego, este concepto se reveló insuficiente y en Roma en 1977, durante la dictadura, al crear una nueva organización, ya hablan de Movimiento Peronista Revolucionario; vuelven a la palabra movimiento, que es más peronista; un concepto más amplio que incluye más heterogeneidad, más diversidad.

Roberto Perdía explica cómo surgió "La Biblia":

—Ya utilizábamos el marxismo como instrumento de análisis, pero de una manera menos precisa. Fue un documento escrito básicamente por un compañero nuestro, de Santa Fe, para un congreso que al final no se realizó. Se buscó amoldar nuestro lenguaje más criollo, más montonero, a un lenguaje más preciso, con categorías más académicas.

Lenin escribió *¿Qué hacer?* entre fines de 1901 y principios de 1902, durante "el yugo de la autocracia" de los zares. Ese contexto determinó varias características del partido cuya misión histórica era "preparar, fijar y llevar a la práctica la insurrección armada de todo el pueblo":

- Debía ser una organización estable formada por revolucionarios profesionales, que dedicaran todo su tiempo a la causa. "¡Dennos una organización de revolucionarios y removeremos a Rusia en sus cimientos!"
- Tenía que operar en la clandestinidad y en el secreto.
- Estaba constituido por "un pequeño núcleo estrechamente unido", que tomaba decisiones según un método: el "centralismo democrático", por el cual los temas se discutían pero la voluntad de la mayoría debía ser aceptada y cumplida por todos sin chistar. "La minoría debe someterse a la mayoría."
- Su misión era conducir al proletariado a la conquista del gobierno, desde donde la clase obrera ejercería una dictadura para encabezar la reestructuración más profunda de la sociedad, que desembocaría en la abolición de la propiedad privada, la desaparición de las clases y la instalación del comunismo.

Al sociólogo Horacio González "La Biblia" le pareció "una sanata, que es una palabra muy de aquella época: un cuento, una macana dicha en forma alegre. Recuerdo también el predominio de un lenguaje maoísta no porque fueran maoístas sino porque era un lenguaje pedagógico y accesible, fácil de entender: contradicción principal, contradicciones secundarias, etcétera".

Para Mao Tse-Tung, el "Gran Timonel" de la Revolución China, "la ley de la contradicción en las cosas, esto es, la ley de la unidad de los opuestos, es la ley básica de la naturaleza y de la sociedad, y por consiguiente es también la ley básica del pensamiento". Es un principio universal, que en las ciencias sociales se da en la lucha de clases. Y en la guerra, "la ofensiva y la defensiva, el avance y la retirada, la victoria y la derrota, son todos fenómenos contradictorios".

—Existen muchas contradicciones en el proceso de desarrollo de una cosa compleja; entre éstas, una es necesariamente la contradicción principal; su existencia y su desarrollo determinan o influencian la existencia y el desarrollo de las demás. Por ejemplo, en la sociedad capitalista las dos fuerzas opuestas, el proletariado y la burguesía, constituyen la contradicción principal. Las otras contradicciones, como las que existen entre la clase feudal remanente y la burguesía, la democracia burguesa y el fascismo burgués, y el imperialismo y las colonias, están determinadas e influidas por esta contradicción principal.

Todo este discurso tenía muy poco que ver con el lenguaje original de Montoneros. Sus miembros provenían, en general, del nacionalismo católico y se identificaban lisa y llanamente con el peronismo: por ejemplo, el comunicado número 4, del 1º de junio de 1970, estuvo dirigido no a la clase obrera y a sus aliados "objetivos" sino "al pueblo de la Nación" para informar que "hoy a las 7.00 horas fue ejecutado Pedro Eugenio Aramburu", y agregó: "Que Dios Nuestro Señor se apiade de su alma. ¡Perón o muerte! ¡Viva la Patria!". O el comunicado anterior, el número 3, del 31 de mayo de 1970, que señaló que el tribunal revolucionario había decidido matar a Aramburu, terminó informando que darían "cristiana sepultura a los restos del acusado". O el posterior, el número 5, del 15 de junio de 1970, en el que se definieron como "una unión de hombres y mujeres profundamente argentinos y peronistas, dispuestos a pelear con las armas en la mano por la toma del Poder para Perón y para su Pueblo y la construcción de una Argentina Libre, Justa y Soberana", y afirmaron que "nuestra Doctrina es la doctrina Justicialista, de inspiración cristiana y nacional".

Lo curioso es que aquellos conceptos de Lenin, que apuntaban a la creación de una organización capaz de eludir el aparato represivo de los zares rusos para promover la revolución del proletariado en alianza con el campesinado, fueron incorporados por Montoneros en el segundo semestre de 1973, cuando la dictadura militar ya había terminado. Había vuelto la democracia a la Argentina y no era restringida o elitista: a diferencia de 1958 y de 1963, el peronismo había podido participar de las elecciones e incluso las había ganado, tanto que gobernaba el país y la mayoría de las provincias, y controlaba el Congreso.

Los montoneros integraban por méritos propios la plana mayor de la democracia recuperada: pertenecían al oficialismo, donde eran el sector más dinámico y movilizador, y a pesar de la renuncia del presidente Héctor Cámpora, continuaban siendo un respetable factor de poder: tenían aliados en el gobierno nacional y en el Ejército, controlaban una treintena de diputados, dominaban las universidades, y se llevaban muy bien con al menos seis gobernadores, los de Buenos Aires, Córdoba, Mendoza, Salta, San Luis y Santa Cruz, en cuyas gestiones ocupaban cargos importantes.

Pero los montoneros no tenían un gran apego por el régimen democrático, al que calificaban, despectivamente, de "sistema demoliberal". Para ellos, no era un fin en sí mismo sino apenas un medio para avanzar de una manera inevitablemente cruenta hacia el socialismo y la liberación nacional. Esto fue bien explicado por Firmenich en la "Charla de la Conducción Nacional ante las agrupaciones de los frentes", poco después de la ejecución de Rucci. La democracia, la Constitución, el estado de derecho, la división de poderes, la alternancia en el poder, los derechos humanos y los partidos políticos aparecen como elementos menores y arcaicos frente a la tarea que se habían impuesto: guiar a la clase obrera y a sus aliados a una etapa superior.

—Para conducir un proceso revolucionario, es decir, para asumir la ofensiva estratégica en un proceso revolucionario, se hace necesario una gran acumulación de poder y la centralización del mismo a los efectos de conducirlo en una ofensiva estratégica y derrotar a las fuerzas enemigas. En el sistema demoliberal esa acumulación y centralización del poder es una contradicción: pretender acumular y centralizar el poder es contradictorio con la Constitución Nacional, que establece entre otras cosas la división formal del poder: Poder Legislativo, Ejecutivo y Judicial, y el poder de las armas por otro lado. Los elementos o las fuerzas políticas —las superestructuras políticas y económicas que tienen que constituir la alianza para recorrer el proceso— tampoco son las adecuadas. Por ejemplo, los partidos políticos son un elemento del sistema demoliberal. Si hay que acumular y centralizar poder para conducir el proceso revolucionario, desaparecen los partidos políticos, por lo menos desaparecen en su expresión demoliberal.

Ésta era una de las razones por las que estaban de punta con Perón:

—Perón tiende a producir una acumulación de poder dentro del régimen constitucional, cosa que es imposible, y busca la negociación con los países del cerco para romper el cerco (se refiere a que, luego del golpe contra Allende, en Chile, la Argentina quedó rodeada por países afines a los Estados Unidos, salvo Perú, N. del A.), y la negociación con el imperialismo yanqui.

Nada de pensar en desarmar el aparato militar desarrollado durante la resistencia a la dictadura e integrarse al régimen democrático como el ala izquierda, progresista, del Movimiento. Por el contrario, el objetivo era avanzar en la creación de milicias armadas ya que "la única acumulación de poder válida es la del poder militar, en última instancia; es decir, es el poder decisivo para conquistar los poderes político y económico. Y la acumulación de poder militar es el poder militar del pueblo, el Ejército del Pueblo". Otra cosa que los enfrentaba con el General: "Nosotros somos partidarios de construir las milicias, Perón no".

Julio Bárbaro cuenta que ese desinterés por la democracia ya estaba presente en "los líderes presos que estaban confinados en Trelew y que esperaban ser liberados con la asunción del gobierno peronista, el 25 de mayo de 1973. Yo era diputado electo y estuve más de veinte días en Trelew; fui uno de los enviados por el bloque peronista para acompañarlos hasta su liberación. Ellos sostenían que la democracia no era el camino a la revolución, y te decían que, si creías en la democracia, eras un reformista, un boludo. Los presos nos consideraban como Papá Noel porque podíamos entrar a la cárcel sin ser revisados. Recuerdo que los peronistas nos pedían mazos de naipes, pero los del ERP, que eran trotskistas, nos querían sancionar por corrupción, porque decían que al llevarles los naipes le quitábamos tiempo al debate revolucionario".

Los montoneros colocaron el problema de la disputa con Perón en el anciano General: dijeron que hacía muy poco tiempo que habían descubierto al "verdadero" Perón y que lo que estaban viendo no les gustaba nada: ni la Tercera Posición entre los dos imperialismos de la época, los Estados Unidos y la Unión Soviética, o entre el capitalismo y el socialismo; ni la Comunidad Organizada y su alianza de clases; ni el justicialismo como doctrina económica y social basada en un Estado fuerte y en el pacto entre el capital y el trabajo; ni el sindicalismo como columna vertebral del Movimiento. Eso había sido siempre el peronismo de Perón, pero los montoneros rescataban sólo algunos de esos elementos, aunque apenas como etapas de transición al socialismo. Otros eran descartables desde el vamos. Fue curioso que Firmenich citara al periodista e intelectual liberal Mariano Grondona para explicar este cambio:

—Hace poco, Mariano Grondona firmó un artículo en *La Opinión* donde dice que los jóvenes peronistas recién se estaban haciendo peronistas ahora porque recién ahora estaban conociendo a Perón, cosa que es objetivamente cierta. Nosotros en general no conocimos el gobierno de Perón, salvo por su estudio histórico, y no conocimos en los dieciocho años (de exilio, N. del A.) a Perón porque no lo veíamos. Teníamos una serie de coincidencias, una coincidencia prácticamente total con Perón en la resistencia (a la dictadura, N. del A.). En ese lapso hemos hecho nuestro propio Perón, más allá de lo que es realmente. Hoy que está Perón aquí, Perón es Perón y no lo que nosotros queremos.

Ahí fue cuando, como ya hemos visto, Firmenich definió la contradicción principal con Perón: "Nosotros somos socialistas", que era la madre de todos los conflictos con el General.

Seguían teniendo coincidencias con Perón, pero ya eran políticas, tácticas, de corto plazo, como la formación del Frente de Liberación Nacional, la alianza con otros países de América Latina y del Tercer Mundo, la mejora en la distribución del ingreso, la planificación de la economía y la nacionalización de algunos sectores, como los bancos y el comercio exterior. "Sólo que no compartimos eso como meta final, sino como transición al Estado socialista."

En ese marco, el marxismo-leninismo funcionaba como una herramienta de análisis.

—Mao, cuando define qué piensa él del marxismo-leninismo, dice: "Para nosotros, es una guía para la acción", y punto; eso es todo lo que él dice. Al marxismo se lo puede analizar en diversos aspectos: como teoría revolucionaria, como ideología, como política en este país y como metodología de análisis. Nosotros, de todo eso, lo único que tomamos son sus herramientas, ciertos de sus supuestos como metodología de análisis. Es decir, creemos que existe la lucha de clases, creemos que existen las clases sociales, que la lucha de clases presenta contradicciones, que hay contradicciones que se resuelven de una forma y otras que se resuelven de otra.

Los hijos se habían rebelado y ya le disputaban al padre la conducción de las masas peronistas, algo que debió haber enojado mucho al General: varios años antes había escrito su famoso libro *Manual de conducción política*, una introducción y diez capítulos sobre un "arte" del que se consideraba un profesional experto.

Este nuevo discurso alejaba cada vez más a los montoneros de Perón pero los colocaba en sintonía con un clima de época en favor de la revolución, la liberación nacional y el socialismo, una imagen difusa pero potente que encandilaba a vastos sectores juveniles. "Nosotros sentíamos que la revolución estaba muy cerca y remábamos fuerte para que se acercara aun más", cuenta el sociólogo Ernesto Villanueva, que a los veintiocho años era secretario general a cargo del rectorado de la Universidad de Buenos Aires.

—La democracia no podía tener para nosotros un valor muy positivo por el comportamiento mismo de los partidos "democráticos" luego de 1955; era una palabra que refería a Aramburu, a la Revolución Libertadora, al Partido Socialista Democrático. Fernando Vaca Narvaja lo dijo y yo lo suscribo: "Éramos pendejos, no teníamos nada arriba", ninguna referencia partidaria o dirigencial. Además, desde que nació, lo de Montoneros fue extraordinario, no había experiencias de derrota. Teníamos el cariño de todo el mundo y despreciábamos las estructuras parlamentarias y de representación. Yo todavía recuerdo que pensaba mal de mi colega Alcira Argumedo porque ella quería ser candidata a diputada. Eso no era importante para nosotros. Había una incapacidad para actuar dentro de esas instituciones. La juventud, en general, estaba impregnada de una teoría revolucionaria que enfatizaba los hechos políticos y consideraba como muy poco importante al trasfondo cultural; algo muy leninista y muy poco gramsciano. Tampoco hubo una discusión muy fuerte porque todo era como un aluvión, y la conducción de Montoneros fue muchas veces sobrepasada por los jóvenes. Los militantes estaban generalmente más a la izquierda que la Conducción Nacional.

Sobre "La Biblia", Villanueva recuerda que "reflejaba el giro de la Conducción Nacional de Montoneros al marxismo. El grupo Pasado y Presente ejercía mucha influencia sobre la Conducción Nacional desde febrero de 1973; eran todos cordobeses: José Aricó, Héctor Schmucler, Oscar Del Barco, menos 'El Negro' Juan Carlos Portantiero. No me gustó ese documento cuando lo leí".

Es que Villanueva junto con Horacio González, Alcira Argumedo, Justino O'Farrell y Alejandro Peyrou, entre otros, animaban las llamadas Cátedras Nacionales, que procuraban desmitificar y cuestionar al marxismo y a la izquierda clásica en beneficio de un nacionalismo revolucionario y popular que vinculaba a Perón con otros líderes argentinos como San Martín, Rosas, los caudillos federales e Hipólito Yrigoyen. En cambio Pasado y Presente, que tomaba el nombre de la revista que editaba, era un grupo que provenía del marxismo y que aún no había profundizado sus estudios sobre los aportes innovadores del italiano Antonio Gramsci. En ese sentido, Portantiero ya era un intelectual prestigioso e influyente, pero recién escribiría su libro *Los usos de Gramsci* en 1981. Pasado y Presente se adaptó mejor a la fusión entre Montoneros y las FAR, a la que definió como "el acontecimiento más importante de esta época", y se convirtió en la referencia teórica de Montoneros, como explica Villanueva.

—Creo que lo más importante que hice en mi vida fueron las Cátedras Nacionales, en contra de Portantiero y de otros muchachos, pero ellos fueron los que terminaron como "asesores" de la Conducción Nacional. La visión teleológica del marxismo, su concepto de conciencia de clase, el concepto de vanguardia armada, son cosas que nosotros habíamos desmitificado y combatido. Yo me daba cuenta de que era influyente en la Universidad pero que dentro de Montoneros nadie creía mucho en mí.

Para Villanueva las FAR, que eran un grupo más pequeño pero más compacto y con mejor formación teórica, "imponen su discurso en la Conducción Nacional, la vuelcan hacia una postura más militarista, que luego se expresa en el pase a la clandestinidad y a la lucha armada. Se pasa de una visión movimientista a una visión más clasista, más marxista. Creo que esa influencia viene por Julio Roqué ("Lino", N. del A.), que integraba el grupo Pasado y Presente y que incluso escribió en esa revista. Además, hay que tener en cuenta la figura del fundador de las FAR, Carlos Olmedo, la persona más inteligente de esa época, con posgrado en Filosofía en La Sorbona, ayudante de cátedra de Adolfo Prieto. Prieto tenía la cátedra de Lingüística de Ferdinand de Saussure y dijo cosas maravillosas de Olmedo. Era realmente un tipo brillante, que se había formado acá y que venía de una humilde familia paraguaya".

Un chiste de la época reflejaba cómo se veía a la Conducción Nacional que resultó de la unión de Montoneros con las FAR, y que ya había procesado la integración de Descamisados:

—En una combinación de laboratorio mezclamos un poco de catolicismo (por los descamisados), kilos de montoneros y una gotita de las FAR, y ¿qué sale? Sale un gaucho que grita: "Vivan las FAR".

La broma mostraba el predominio discursivo e ideológico de las FAR, que ponían la calidad, el pensamiento y el discurso, mientras Montoneros contribuía con la cantidad, la sensibilidad popular y los músculos.

Tanto Firmenich como otros jefes de Montoneros y de Descamisados provenían, como ya dijimos, del nacionalismo católico y carecían de lecturas profundas sobre Marx y sus seguidores. Es probable que hayan sido deslumbrados por la lógica impecable y universal del marxismo. Fue de aquella época el rumor que aseguraba que Firmenich tomaba clases particulares de marxismo con Portantiero.

Sin embargo, algunos piensan que no fueron precisamente las FAR las que influyeron en este giro de Montoneros, en especial en la adopción del concepto leninista del partido como vanguardia armada del proletariado. Es el caso de Carlos Flaskamp, quien por aquellos tiempos militaba en La Plata y provenía de las FAR, o de la "R", como se decía.

—Unos cinco meses antes de que se concretara la unificación definitiva, hicieron trascender a la militancia que, para la Organización futura, proponían adoptar la forma de partido, dejando atrás el concepto de Organización Político-Militar (OPM). Las OPM eran un concepto foquista: no era necesario esperar a que maduraran todas las condiciones económicas para impulsar la revolución socialista, como enseñaba Marx, sino que se podía crear un foco guerrillero en el lugar más apropiado, cosa de encender la chispa que terminaría por incendiar toda la pradera, por irradiar la conciencia revolucionaria que terminaría arrasando con todo el sistema. Y las OPM eran los instrumentos para ese foco. Eran conceptos tomados del Che Guevara, que buscaba unificar el mando político y militar del grupo con un predominio de lo político. Como no tenía mucha tradición ni fortaleza teórica sino que había surgido al calor de la lucha, era un concepto abierto a diferentes cursos futuros de desarrollo. El pasaje al partido de vanguardia, en cambio, nos encerraba en la rigidez de los esquemas leninistas. Para los que veníamos de las FAR, eso fue una sorpresa porque ya nos habíamos liberado de ese dogma. Yo creo que ese giro se debió a la fascinación con el marxismo de grupos que provenían del catolicismo. El concepto de partido según el leninismo era algo que nos autorizaba a hacer muchas cosas en nombre de la clase obrera, cosa que no éramos, claramente.

Pero el giro hacia el marxismo-leninismo y el uso de categorías maoístas no alcanzan para explicar el asesinato de Rucci, un hecho crucial porque inaugura una serie de atentados individuales en democracia por parte de Montoneros contra enemigos ubicados dentro del peronismo, al que seguían perteneciendo, o fuera de él, como el radical Arturo Mor Roig, ex concejal, ex titular de la Cámara de Diputados y ex ministro de Interior del general Alejandro Lanusse, ejecutado con una escopeta Itaka el 15 de julio de 1974 mientras almorzaba en un restaurante en San Justo, cerca de la fábrica metalúrgica en la que trabajaba como asesor legal.

Además, Villanueva recuerda que el leninismo apuntaba a la insurrección popular y no se llevaba bien con la idea del atentado individual:

—El partido bolchevique llega al poder por su trabajo con las masas. Tenían grupos de autodefensa, pero recién después arman el Ejército.

González coincide con eso:

—En el partido bolchevique está claro que el momento militar debe subordinarse al momento político. Lenin era un hombre de partido y un político realista que nunca habría sido montonero. No tenía esa idea del atentado individual.

El asesinato político, el atentado individual o selectivo, la emboscada, la ejecución, el ajusticiamiento; son todas variantes de un concepto único que remite más bien a algo propio y local, a la historia argentina, que ha estado escrita con sangre, con mucha sangre, hasta hace muy poco, hasta 1983. A, por ejemplo, la violencia política de nuestras guerras civiles del siglo XIX, de los unitarios pero también de los federales.

Precisamente, la guerrilla peronista tomó su nombre de las "montoneras", de los grupos de gauchos y de provincianos que se alzaron de una manera más o menos espontánea para resistir el proyecto liberal y porteño de organización del país, encarnado por Bartolomé Mitre y Domingo Sarmiento. Una de sus armas características, la lanza tacuara, integró el escudo de Montoneros, junto con el fusil para reflejar la continuidad entre esas luchas. Con la notable salvedad del riojano Ángel Vicente Peñaloza, "El Chacho", un caballero que se destacó por respetar la vida de sus prisioneros, también los caudillos federales se apasionaron en derramar sangre de hermanos. Los historiadores "revisionistas" y "progresistas" suelen olvidar eso: recortan al peor Sarmiento, el que el 20 de septiembre de 1861 aconsejó a Mitre por carta que "no trate de economizar sangre de gauchos", pero ocultan al peor Juan Manuel de Rosas, el que prometió vengar el asesinato de su aliado Juan Facundo Quiroga asegurando que "la sangre argentina correrá en porciones". (Además, hay que tener en cuenta que, poco tiempo después de esas palabras severas, el 26 de octubre de 1837, Santos Pérez, el ejecutor de ese crimen, gritó: "¡Rosas es el asesino de Quiroga!", antes de que lo fusilaran en la Plaza de la Victoria por orden, precisamente, del Restaurador de las Leyes.) Lo mismo sucede con el Chacho Peñaloza: los "revisionistas" y "progresistas" cuentan en detalle sus luchas contra el "centralismo porteño" de Mitre y Sarmiento, pero olvidan que también se había levantado contra otro "centralismo porteño", el de Rosas. En nuestras feroces guerras civiles los prisioneros quedaban a merced del vencedor, que generalmente los pasaba a degüello porque era el método más económico y popular de sellar la victoria, aunque algunos autores distinguen que los unitarios preferían castrar a sus rivales, mientras que los federales se inclinaban por cortar las cabezas de sus adversarios. Testículos versus cabezas, una muestra de salvajismo nacional muy extendido.

"La cosa fierrera, militarista, nos agarró a todos. Tiene que ver con una visión de nuestra historia: Facundo Quiroga era un ídolo para nosotros, pero ahora estoy leyendo una biografía donde queda claro que él también mató a un montón de gente", admite ahora un ex oficial montonero, muy activo en aquellos tiempos.

Los anarquistas también aportaron lo suyo en esta mezcla explosiva de Montoneros, con su gusto por el atentado individual y la llamada "Propaganda por el hecho", que promovía la realización de actos notables y dramáticos, como el lanzamiento de una bomba contra un símbolo de la opresión estatal o el "ajusticiamiento" de un policía cuestionado, con el propósito declarado de encender el fervor revolucionario de los explotados. El anarquismo se oponía al Estado y, en general, a todo sistema jerárquico de organización social, tanto al capitalismo como al comunismo, y en la Argentina tuvo fuerza en las primeras tres décadas del siglo pasado por la influencia de inmigrantes italianos y españoles. Algunos anarquistas, como Severino Di Giovanni, se convirtieron en figuras muy populares y eran vistos como una suerte de Robin Hood con su "anarquismo expropiador". Los montoneros, como otros movimientos de liberación del continente —por ejemplo, el sandinismo nicaragüense—, tomaron de la bandera anarquista los colores rojo y negro, que simbolizan la sangre y la tierra.

Había en todo eso un desprecio por la vida, no sólo de la ajena sino también de la propia, o, por lo menos, una relativización de su valor frente a fines considerados más trascendentes, como la revolución, el socialismo, la liberación nacional y de los oprimidos y explotados, la redención de los pobres o la salvación de los sufrientes. Influencia, por un lado, del catolicismo en su versión progresista de la Teología de la Liberación, que invitaba a los buenos cristianos a un compromiso integral con los oprimidos, con los cautivos de un régimen de opresión y de dependencia. Una lucha difícil, dolorosa, regada de sangre y de muerte, como explicaba el teólogo brasileño Leonardo Boff.

—La liberación no se realiza sin una ruptura que engendra crisis y conflictos. Esto no se presenta sin sufrimiento, sin dolor, sin muertes y sin derrumbamiento de un mundo opresor para dejar que nazca otro más libre. La liberación, como se comprueba históricamente, nace de la sangre. Toda redención, como la de Cristo, se asienta en una alianza de sangre y de muerte.

Boff proponía como modelo a seguir al propio Jesús.

—El Hijo de Dios se vació a sí mismo tomando la condición de simple mortal. Se comprometió con los pobres de su tiempo; tomó siempre su defensa y no rechazó por causa de ellos las disputas y los conflictos. Mucho del conflicto que lo llevó a su muerte fatal se debe a la libertad que se tomó en función de los marginados. Su muerte fue digna porque murió por muchos por los que nadie muere.

Era una tarea que desembocaría inevitablemente en un "hombre nuevo", como iluminaba desde otro ángulo ideológico el Che Guevara, que a esa altura, luego de su muerte en Bolivia en 1967, ya había sido elevado a una suerte de Cristo laico. En su último texto antes de caer fusilado, el "Mensaje a los pueblos del mundo a través de la Tricontinental", del 16 de abril de 1967, considerado su testamento político, también el Che sostuvo que el compromiso del buen revolucionario era integral: "No se trata de desear éxitos al agredido, sino de correr su misma suerte; acompañarlo a la muerte o a la victoria". Era un Che fuerte, claro, celestial.

—Toda nuestra acción es un grito de guerra contra el imperialismo y un clamor por la unidad de los pueblos contra el gran enemigo del género humano: los Estados Unidos de Norteamérica. En cualquier lugar que nos sorprenda la muerte, bienvenida sea, siempre que ése, nuestro grito de guerra, haya llegado hasta un oído receptivo, y otra mano se tienda para empuñar nuestras armas, y otros hombres se apresten a entonar los cantos luctuosos con tableteos de ametralladoras y nuevos gritos de guerra y de victoria.

El mesianismo católico, por un lado, y la utopía guevarista, por el otro, convertían a la vida del buen cristiano o del buen revolucionario en algo relativo, que pasaba a depender de la revolución y del sector social al que había que redimir o liberar. La vida de los otros también dejaba de tener un valor absoluto y pasaba a formar parte del cálculo político; los adversarios valían tanto como las piezas de un ajedrez y podían ser manipulados y sacrificados.

Según Horacio González, "una característica de Montoneros que no me gustaba, y que explica por qué me fui luego, es que ellos tomaban como algo muy fácil la muerte de un adversario político, como el caso Rucci o el caso Mor Roig, de quien se enteran por casualidad que iba a comer a ese restaurante y lo matan. Eso no merecía una reflexión mayor sobre ética política. Se decía: 'Era algo que la Organización estaba precisando', como si fuera parte de una gramática que había adquirido la política, y en lugar de un acto o de una solicitada se arrojaba un cadáver, como si fuera el punto de una 'i' o el acento de una palabra".

Esa predisposición a matar y a morir por razones políticas, tan presente en la historia argentina, parece haberse cortado a partir de 1983, con el último retorno a la democracia, que viene incluyendo una saludable alternancia en el poder. Ernesto Villanueva, que pasó varios años en la cárcel durante la dictadura, es muy optimista:

—Los argentinos tenemos una convivencia política que pocos pueblos tienen y todos, hasta un linyera, piensan que tienen derechos. Es el saldo positivo de toda esa matanza, muchas veces dentro del propio peronismo. Ahora, el peronismo evolucionó hacia una convivencia permanente, que fue transmitida a la sociedad. En eso, estamos mejor que muchos otros países.

Capítulo 14

CUANDO LA JUVENTUD ERA MARAVILLOSA

O la juventud toma esto en sus manos y lo arregla, aunque sea a patadas pero lo arregla, o no lo va a arreglar nadie.
Juan Perón al diario *Mayoría* el 11 de enero de 1973.

Los montoneros fueron los principales protagonistas de la campaña "Luche y vuelve", que permitió el regreso de Juan Perón a la Argentina el lluvioso 17 de noviembre de 1972, luego de más de diecisiete años de exilio. Los seis meses siguientes marcaron el apogeo de la "juventud maravillosa", que el 25 de mayo de 1973 tomó el cielo por asalto y depositó en la Casa Rosada a Héctor J. Cámpora, un odontólogo de San Andrés de Giles que había sido muy leal a Evita como presidente de la Cámara de Diputados. Ése resultó el punto más alto del vertiginoso y barullento ascenso al poder de la Tendencia Revolucionaria, el conglomerado de izquierda hegemonizado por la Orga. A partir de ahí, comenzó la caída, que fue casi tan rápida y terminó siendo aun más ruidosa.

Pero aquel 25 de mayo de 1973 la historia todavía era otra. Los enormes carteles de Montoneros, las FAR y la Juventud Peronista copaban la Plaza de Mayo dejando a las pancartas de los sindicatos en un deslucido segundo plano. La Plaza era de los jóvenes: hasta se habían tenido que hacer cargo de la seguridad en reemplazo de la policía, que por la mañana había provocado una treintena de heridos al reprimir con balas y gases los cantos hostiles contra la banda de música de la Escuela de Mecánica de la Armada. No era un buen día para andar de uniforme y el desfile militar fue suspendido para alegría de la multitud.

—¡Se van, se van, y nunca volverán!

Aquella mañana, en su primer discurso como presidente, en el Congreso y frente a todos los senadores y diputados, Cámpora reivindicó el papel de la Juventud Peronista durante la dictadura que ya era pasado.

—Y en los momentos decisivos, una juventud maravillosa supo responder a la violencia con la violencia y oponerse, con la decisión y el coraje de las más vibrantes epopeyas nacionales, a la pasión ciega y enfermiza de una oligarquía delirante. ¡Cómo no ha de pertenecer también a esa juventud este triunfo si lo dio todo —familia, amigos, hacienda, hasta la vida— por el ideal de una Patria Justicialista! Si no hubiera sido por ella, tal vez la agonía del régimen se habría prolongado, y con él, la desintegración de nuestro acervo y el infortunio de los humildes. Por eso, la sangre que fue derramada, los agravios que se hicieron a la carne y al espíritu, el escarnio del que fueron objeto los justos no serán negociados.

La Plaza reventaba de gente a media tarde, cuando en el Salón Blanco de la Casa Rosada el flamante presidente Cámpora terminaba de tomar el juramento de rigor a los miembros de su gabinete y se aprestaba a salir al balcón de Perón.

—¡Qué lindo, qué lindo que va a ser, el Tío en el gobierno, Perón en el poder!

Y "El Tío" Cámpora comenzó a hablar.

—Compañeros y compañeras: debo decirles que hoy, 25 de mayo, el país inicia una nueva era, que tendrá la característica de que el pueblo será quien va a gobernar. El pueblo argentino, inspirándose en el líder de la nacionalidad, el general Juan Perón, me dio este mandato. Este mandato yo se lo transfiero al pueblo, tal cual lo hubiera hecho el general Perón. Tal cual lo ha querido el líder indiscutible de la inmensa mayoría de los argentinos, el general Juan Perón, iniciamos hoy el reencuentro de todos. Haremos la unidad nacional, conseguiremos la reconstrucción del país y tendremos en pocos años la Argentina liberada que todos queremos.

La consigna preferida de los jóvenes se hizo ensordecedora.

—¡Perón, Evita, la patria socialista!

De inmediato, los sindicatos replicaron.

—¡Perón, Evita, la patria peronista!

Pero el primer grito retumbó más fuerte, más auténtico, más a tono con el clima de la época. Es que las columnas de los grupos juveniles eran mucho más numerosas y alegres que las de sus rivales internos, la oscura "burocracia sindical". Dos de los invitados especiales, los más queridos por la multitud, los presidentes de Chile y de Cuba, Salvador Allende y Osvaldo Dorticós, sonreían felices al lado de Cámpora, quien volvió a evocar al líder ausente.

—Compañeros: yo sé, y por qué no lo he de decir desde este lugar histórico, que ustedes hubieran preferido ver hoy, en este balcón y con esta banda presidencial, al general Perón.

Y cerró su discurso con la apelación tradicional de Perón.

—Vayamos ahora de casa al trabajo y del trabajo a casa.

Perón estaba a varios miles de kilómetros de distancia, en su casa de la calle Navalmanzano del barrio Puerta de

Hierro, en las afueras de Madrid. No había logrado participar de las elecciones por una cláusula de la dictadura de Alejandro Lanusse, que el 7 de julio de 1972 había dispuesto que no podrían ser candidatos los ciudadanos que no vivieran en la Argentina antes del 25 de agosto de aquel año. Fue una jugada para dejar a Perón fuera de carrera, como finalmente sucedió. El viejo líder tuvo que designar a un vicario.

Cuando el dedo de Perón lo alumbró a mediados de diciembre de 1972, Cámpora no era aún el Tío, pero le faltaba poco. Fue ése el sobrenombre que le daría la Juventud, que al principio lo había mirado con recelo, como a otro político anticuado y gris del desprestigiado aparato partidario del peronismo. "Cámpora es el Tío porque es el hermano del Viejo", explicarían luego, satisfechos. A esa altura, los montoneros eran maravillosos y habían tenido una sucesión de aciertos políticos luego de su violenta irrupción en el escenario político, el 29 de mayo de 1970, cuando camuflados de militares, policías y curas secuestraron y asesinaron al general Pedro Eugenio Aramburu, uno de los símbolos del Ejército, que festejaba su día. Aramburu era una de las personas más odiadas por los peronistas: había terminado siendo el presidente del gobierno de la Revolución Libertadora que derrocó a Perón, y había ordenado el fusilamiento del general Juan José Valle y de otros militares peronistas que se le sublevaron. Perón los recibió con los brazos abiertos.

—La vía de la lucha armada es imprescindible. Cada vez que los muchachos dan un golpe, patean para nuestro lado la mesa de negociaciones y fortalecen la posición de los que buscan una salida electoral limpia y clara. Sin los guerrilleros del Vietcong, atacando sin descanso en la selva, la delegación vietnamita en París tendría que hacer las valijas y volverse a su casa.

Rápidamente, Perón incorporó a la nueva guerrilla peronista a su esquema de "lucha integral" contra la dictadura, junto a sus "organizaciones de superficie": el partido peronista, la rama femenina y los sindicatos. Para Perón, cada uno de esos grupos tenía una misión y operaba según sus características, en línea con la "conducción estratégica" del Movimiento, es decir, con él mismo, que persistía en su objetivo de volver a la Argentina y recuperar el poder. Montoneros surgía para hacerle varios favores. Por un lado, le servía para poner en caja a los sindicalistas, a los "colaboracionistas", siempre dispuestos a subordinarse a los militares, pero también a los "vandoristas", mucho más peligrosos porque habían tomado vuelo propio, tenían muchos recursos y aspiraban a quedarse con el peronismo transformándolo en un partido laborista, que ya no precisaría de él ni de sus directivas; con suerte, le dejarían liderar el panteón de las viejas glorias nacionales y populares. Por otro lado, le era útil para que los militares terminaran comprendiendo que él, un hombre de orden como ellos, era el único que podía disciplinar a esos jóvenes que se habían alzado en armas en su nombre y eran muy peligrosos porque hablaban de "socialismo nacional" y de "tomar el poder a través de una guerra revolucionaria total, nacional y prolongada". Allí estaban los ejemplos de la Revolución Cubana y de las exitosas luchas de liberación en Argelia y en otros países del Tercer Mundo.

El 9 de febrero de 1971, los montoneros le escribieron a Perón una extensa carta, que fue llevada a Madrid por Raimundo Ongaro, el líder de los gráficos y de la CGT de los Argentinos, que agrupaba a los adversarios de la "burocracia sindical". Allí, los montoneros se reivindicaron como "sus muchachos peronistas" y le explicaron que habían secuestrado y ejecutado a Aramburu no tanto por los "cargos históricos que pesaban sobre él: traición a la Patria y a su Pueblo", sino por "el rol de válvula de escape que este señor pretendía jugar como carta de recambio del sistema". Según los montoneros, Aramburu estaba destinado a ser el nuevo presidente del gobierno de la Revolución Argentina, en reemplazo del general Onganía, o bien el candidato de la dictadura en una eventual salida electoral. Y ellos se habían movido como en un ajedrez mortal.

—Por eso es que cuando ellos se preparan a fingir un cambio en el sistema porque a la dictadura torpe y descarada ya no la aguanta nadie, nosotros, como en el ajedrez, les comemos la pieza clave para arruinarles la maniobra y obligarlos a jugar improvisadamente.

Luego, le pidieron a Perón que les contara si era cierto, como aseguraban "algunas versiones según las cuales nosotros con este hecho estropeamos sus planes políticos inmediatos. De más está decir que no está en nuestros propósitos entorpecer la conducción de conjunto que usted realiza para la mejor marcha del Movimiento en su totalidad. Desgraciadamente, además, nosotros ignoramos sus planes tácticos inmediatos".

En la carta, los montoneros avanzaron bastante sobre los conceptos que los animaban al enfatizar qué pensaban del sindicalismo, el Ejército y las elecciones:

- Sobre los "burócratas traidores", le contaron que "fábrica a la que llegamos para tomar contacto con los compañeros, fábrica en la que se nos piden más cabezas de traidores. No pensamos cortar cabezas porque sí pero hoy el que piensa transfuguear lo piensa dos veces, y el pueblo confía más en nosotros que en ellos".
- En cuanto al Ejército, los "muchachos" le aseguraron que era imposible que los militares argentinos pudieran "generar un proceso de liberación nacional", como estaba sucediendo en otros países, por ejemplo en Perú, y como confiaban "algunos compañeros del Movimiento. Hoy el Ejército argentino, sus oficiales, está vendido y subordinado a los dólares

yanquis, y no es más que el sostén armado de la oligarquía aliada al imperialismo".
- Tampoco tenían confianza en una salida electoral "para tomar el poder", una posibilidad que estaba siendo alimentada por el triunfo de Allende en Chile. "Ya sabemos por la cuantiosa experiencia acumulada que no nos ofrece nada: es decir, mientras el enemigo siga manteniendo en sus manos los resortes fundamentales de la economía y el poder de las armas, a nosotros no nos significará ninguna garantía ganar una elección; porque no hay duda de que la ganamos, pero tampoco hay duda de que no van a tolerar un gobierno justicialista, porque justicialismo es Socialismo Nacional, y éste al capital no le agrada pues va en contra de sus intereses".

Descartados el sindicalismo, el Ejército y las elecciones, Montoneros concluía que "el único camino posible para que el pueblo tome el poder e instaure el socialismo nacional es la guerra revolucionaria total, nacional y prolongada, que tiene como eje fundamental y motor al peronismo. El método a seguir es la guerra de guerrillas urbana y rural".

Perón les contestó el 20 de febrero de 1971, con otra carta que también fue traída por Ongaro y en la que bendijo la ejecución de Aramburu.

—Estoy completamente de acuerdo y encomio todo lo actuado. Nada puede ser más falso que la afirmación de que con ello ustedes estropearon mis planes tácticos porque nada puede haber en la conducción peronista que pudiera ser interferido por una acción deseada por todos los peronistas.

Pero con un lenguaje ameno y seductor marcó a esos jóvenes, que en general provenían de familias antiperonistas de las clases media y alta, algunas diferencias cruciales en cuanto al sindicalismo, el Ejército y la vía electoral:

- No hizo ningún comentario a las filosas críticas contra los "burócratas".
- Compartió los palos a los jefes y oficiales del Ejército porque "yo tampoco creo que la institución pueda hacer nada en nuestro provecho, desde que está en manos de una camarilla que la domina". Pero matizó las cortantes afirmaciones de sus "muchachos" ofreciéndoles un panorama bastante más complejo: "Sin embargo, no por eso debemos descartar en forma absoluta una intervención de sectores que puedan sernos afectos que, inteligentemente utilizados, puedan llegar a ser decisivos. Aun en el caso de que descartemos esto, quedaría la posibilidad y el intento de descomponer su cohesión contando con algunos grupos de oficiales o jefes proclives a actuar en este sentido". Y agregó que "mi experiencia de viejo militar me permite decirles a ustedes sin temor a equivocarme que en el Ejército actual la mayoría de los suboficiales son nuestros. En la oficialidad, hay un 20 por ciento favorable y un 20 por ciento desfavorable; el resto es indiferente (60 por ciento) y se escuda como legalista pero su legalidad consiste en servir al que gana. Si nosotros no estamos en las de ganar, los tendremos en contra, pero tan pronto tengamos una posibilidad podremos contar con ellos que, aunque son como la bosta de paloma, sirven de relleno y hasta a veces pueden servir para más. Es dentro de este panorama que nosotros debemos considerar las posibilidades. Por otra parte, ¿qué podemos perder por mantener el empeño?".
- Con relación a las elecciones, primero les dijo que "sobre la opción electoral, yo tampoco creo. Hemos visto ya demasiado para creer en semejante patraña". Pero luego les recordó que formaban parte de

un conjunto de medios que estaban a su disposición para combatir contra la dictadura: "Sin embargo, no se puede despreciar la oportunidad de forzar también este factor a fin de hostigar permanentemente desde las organizaciones de superficie que, frente a la opinión pública, tienen también su importancia y concurren también a la lucha en actividades nada despreciables".

En ese marco, Perón avaló la postura de Montoneros sobre la "guerra revolucionaria" y la táctica de la "guerra de guerrillas".

—Pegar y desaparecer es la regla porque lo que se busca no es una decisión sino un desgaste progresivo de la fuerza enemiga.

Aunque les advirtió, sutilmente, tres aspectos importantes:

- "La Guerra de Guerrillas no es un fin en sí mismo sino solamente un medio, y hay que pensar también en preparar el dispositivo general que, aun no interviniendo en la lucha de guerrillas, debe ser factor de decisión en el momento y en el lugar que tal decisión deba producirse".
- El objetivo de la "Guerra de Guerrillas" se limitaba a contribuir a la derrota de la dictadura.
- "Los Montoneros, en su importantísima función guerrera, han de tener comandos muy responsables, y, en lo posible, operar lo más coordinadamente posible con las finalidades de conjunto y con las otras fuerzas que en el mismo o en distinto campo realizan otra forma de acción, también revolucionaria."

Aparecían en esas cartas al menos dos diferencias sustantivas entre Perón y sus "muchachos".

En primer lugar, Perón les asignaba un rol importante pero parcial y subordinado a su liderazgo, identificando a los montoneros como "formaciones especiales" en la lucha integral, por todos los medios, contra los militares que ocupaban el gobierno. Era un concepto tomado de Karl von Clausewitz: el teórico alemán de la guerra designaba así a los grupos de combate creados para cumplir una misión específica, en un lugar y un tiempo determinados. Por lo tanto, tenían dos características principales: estaban subordinadas a una conducción superior, es decir carecían de autonomía estratégica, y debían ser disueltas, desarmadas, una vez alcanzado el objetivo para el cual habían sido organizadas.

Como lo explica el teniente Julián Licastro, un experto en estrategia militar que frecuentó mucho a Perón:

—Las formaciones especiales son unidades a disposición del alto comando estratégico, por ejemplo la guerrilla. Perón, como Lenin, como los grandes conductores, se orientaba a proteger el centro, el grueso de su Movimiento, y para eso usaba los flancos a derecha e izquierda como alas, y también la vanguardia y la retaguardia. Llegado el momento, había que sacrificar las alas, o la retaguardia o la vanguardia para proteger al centro. El centro era la salida electoral, el acto en el que el grueso de la gente mejor podía expresarse. La derecha era la amenaza de golpe de Estado de los oficiales leales; la izquierda, la juventud, los montoneros. Eran distintas vías de acceso al poder, distintos elementos para luchar contra la dictadura. Perón conducía como un militar con dos alas, la izquierda para ir avanzando, y la derecha para consolidar los avances. Como el loro, que para subir primero coloca una patita y luego la otra.

En segundo lugar, Perón no decía en qué consistía el "dispositivo general" que iba a definir el enfrentamiento global con la dictadura. Podía ser, por ejemplo, una salida electoral, relativizada por Montoneros junto con la democracia "liberal", a la que calificaba de "formal", a tono con las críticas de la izquierda.

De acuerdo con Roberto Perdía, uno de los tres comandantes montoneros que lograron sobrevivir, son dos "diferencias sustanciales entre lo que pensábamos nosotros y lo que planteaba Perón". Sobre la segunda controversia, "no se planteó ninguna contradicción seria porque nosotros terminamos adoptando la estrategia electoral para la resolución de esa coyuntura. No ocurrió lo mismo con el otro tema contradictorio. Perón reivindicaba a la guerrilla como instrumento, mientras que nosotros —en esa carta— la colocábamos como una base para la construcción del poder popular. Esta diferencia no es anecdótica y tiene mucho que ver con los enfrentamientos que se desatarían algunos años más tarde. De hecho, Perón nos asignaba el rol de 'formaciones especiales', una parte de su fuerza general que desempeñaba un rol específico en su estrategia de conjunto. Nosotros aceptábamos esa situación provisoriamente, pero —evidentemente— nos imaginábamos en un lugar distinto. Sentíamos que, progresivamente, podríamos asumir mayores responsabilidades".

En aquel momento, tanto Perón como los montoneros dejaron esas diferencias de lado. Reaparecerían luego, de una manera dramática, pero en aquel momento quedaron disimuladas por la urgencia común de terminar con la dictadura militar. La relación, que convenía a ambas partes, siguió prosperando y al año siguiente la Orga envió a Madrid a dos de sus "oficiales" para entrevistarse con el Viejo: Carlos Hobert y Alberto Molinas, los jefes de las Regionales Buenos Aires y Cuyo. De los dos, el más relevante era Hobert, conocido por sus nombres de guerra "Leandro" y "El Diego Pingulis". Apenas se vieron, se cayeron muy bien con Perón, según testimonia una anécdota que todavía circula:

—Yo soy El Diego Pingulis —se presentó Hobert.

—Y yo soy El Pocho —retrucó el General, con humor.

Muchos cuadros montoneros veían a Hobert como su verdadero jefe, tal como recuerda Ernesto Villanueva:

—Hobert fue una figura muy importante, aunque todavía sigue siendo poco conocido para el gran público. Era de mi barrio, de Perú y Venezuela, un estudiante de Sociología dos años mayor que yo. Venía de la Juventud de Estudiantes Católicos. Firmenich subió rápido, pero Hobert era considerado el verdadero líder por muchos porque él estaba en la Capital en la época heroica mientras la Conducción Nacional se había mudado a Córdoba por razones estratégicas. Hobert era un buen político, tenía una gran perspectiva sobre la acción de masas y sobre el rol del accionar armado. Era un porteño típico, con ese humor duro, irónico, punzante. No hablaba mucho ni era muy simpático, pero a su manera era carismático.

De acuerdo con José Amorín, Hobert fue el único miembro de la Conducción Nacional que se opuso abiertamente a la ejecución de Rucci, tanto que durante un tiempo logró retrasar la Operación Traviata.

—Sé que Hobert, el miembro más relevante de la Conducción para los cuadros de la Orga, se enteró de la muerte de Rucci por los medios de difusión.

Hobert fue uno de los pocos jefes de Montoneros, si no el único, que nunca tuvo que pasar a la clandestinidad sino que mantuvo su trabajo en blanco, como redactor publicitario, hasta que cayó, el 22 de diciembre de 1976, en una casita del Gran Buenos Aires, junto a su esposa, "La Renga" o "Ruth", durante un tiroteo con una patrulla militar. Fue durante la cena cuando escucharon que por un megáfono les aconsejaban rendirse porque ya estaban rodeados. Hobert y su esposa cubrieron a su pequeña hija con colchones y se apostaron en la ventana del único cuarto. "Menos mal que la casa no tiene ni entrada trasera", dijo él, con su ironía habitual. No pudieron resistir mucho: Hobert cayó de espaldas, atravesado por varios balazos, todavía vivo.

Miró a Ruth y ella comprendió: se arrastró hasta donde él había caído, le susurró algo al oído y le pegó un tiro en la cabeza ya que no estaban dispuestos a entregarse vivos. Luego, ella tiró casi todas las armas por la ventana y dijo que se rendía pero pidió garantías para la beba. El coronel que comandaba la patrulla le ordenó que saliera y ella lo hizo, arropando a la nena en un toallón blanco que estaba manchado por la sangre de su esposo. El coronel se le fue acercando con mucho cuidado, pero cuando escuchó el llanto de la pequeña, apartó el megáfono, guardó el arma, extrajo a la beba del toallón ensangrentado y se la entregó a un enfermero. Cuando Ruth vio que su hija estaba segura, dejó caer el toallón y vació la carga de una pistola cuarenta y cinco que se había guardado, matando al desprevenido militar. La patrulla la liquidó de inmediato. Hobert era tan poco conocido que la dictadura tardó en darse cuenta de que había terminado con uno de los jefes más relevantes de la estructura de Montoneros.

Volvamos al encuentro con Perón en febrero de 1972. Hobert quedó muy impresionado porque el Viejo estaba convencido de que la dictadura de Lanusse tenía los días contados. Según Perdía, Perón elogió la lucha de los montoneros, pero "trató de persuadir a los compañeros de que la salida electoral era inexorable. Que habría elecciones y que el peronismo iba a ganar. No descartó que durante ese año, 1972, se produjera su retorno y se realizaran las elecciones". Incluso, en la despedida, Isabel les ratificó que su esposo retornaría pronto a la Argentina y que ella se los haría saber de una manera particular: cuando tuvieran una fecha definitiva, saldría en la tapa de la revista partidaria *Las Bases* luciendo el pañuelo que Hobert y Molinas le habían llevado de regalo. Así ocurrió en el número 23 del 19 de octubre de 1972, un mes antes del regreso.

A esa altura, los montoneros seguían pensando que la salida electoral prometida por Lanusse era un engaño y que la dictadura no iba a permitir el regreso de Perón. Hobert inclinó la balanza hacia el otro lado con una jugada muy audaz: al frente de un pelotón, tomó un pueblo en la provincia de Santa Fe, con lo cual logró visibilidad nacional para difundir un comunicado de cinco puntos en el que respaldaba el proceso electoral sin proscripciones y levantaba la candidatura presidencial de Perón. Este planteo chocaba con la consigna que predominaba en el ala izquierda del peronismo: "¡Ni votos, ni botas; fusiles y pelotas!". Pero con el atractivo irresistible de las elaboraciones políticas novedosas que logran captar y resumir algo que ya está en el aire, la opción electoral fue logrando el consenso de los sectores mayoritarios de Montoneros, aunque no pudo impedir algunas rupturas, como la llamada "Columna Sabino Navarro", con base en Córdoba. Fuera de la Orga, fue duramente criticada por las Fuerzas Armadas Peronistas, las FAP o la "P", que tenían más peso militar que Montoneros pero que carecían de lucidez política.

Con la jugada de Hobert, Montoneros se convirtió en la primera guerrilla del continente en integrarse a una salida electoral para habilitar el regreso de su líder y terminar con la dictadura. Fue un gran acierto político, tal vez el principal de la historia de la Orga. A partir de allí, el "Perón o muerte", que había sido el grito de los años de la resistencia, dejó paso al "Luche y vuelve", que interpretaba con garra y frescura el histórico "Perón vuelve", que seguía siendo el máximo sueño de los sectores populares. Ese cambio le permitió a Montoneros un crecimiento espectacular, algo que necesitaba ya que, como aparato militar, había sufrido duros golpes y redondeaba apenas unos veinte cuadros en libertad; los otros estaban en la cárcel o habían sido muertos.

En pocos meses, la decisión de participar de las elecciones exigiendo el retorno de Perón convirtió a Montoneros en un imán irresistible para la juventud de los sectores medios y altos, que se habían radicalizado conforme al clima de la época, al tiempo que le daba una fuerte inserción en la masa peronista. Las otras organizaciones armadas que se identificaban con el peronismo dejaron de lado las pequeñas rivalidades y fueron integrándose al torbellino montonero. Primero fueron los descamisados, en su mayoría de origen democristiano, liderados por Norberto Habegger, Horacio Mendizábal y Oscar De Gregorio; casi en simultáneo se agregó un sector de las FAP, los más "peronistas" o "movimientistas", los "oscuros", con Carlos Caride y José Luis Nell, y luego vendrían las FAR, un grupo bien estructurado, de origen marxista, muy influenciado en sus comienzos por el Che Guevara, que, a partir de un cuestionario formulado por escrito por el poeta y periodista Francisco "Paco" Urondo a su líder, Carlos Olmedo, fue realizando un giro progresivo hacia el peronismo. Todas estas "orgas" se habían formado entre 1967 y 1970, aproximadamente. Algunos cuadros se integraron a Montoneros por convicción y otros por oportunismo: entendían que los montos les garantizaban sustento popular para la revolución que anhelaban, que sería socialista.

En esa escalada, Montoneros fue legitimado por frecuentes mensajes de Perón. Por ejemplo, en una carta del 23 de febrero de 1972 dirigida "A los Compañeros de la Juventud", el general les dedicó un calificativo que quedaría en la historia: "Juventud maravillosa".

—Tenemos una juventud maravillosa. Yo tengo una fe absoluta en nuestros muchachos, que han aprendido a morir por sus ideales, y, cuando una juventud ha aprendido y ha alcanzado esto, ya sabe todo lo que una juventud esclarecida debe saber.

De todos modos, luego les recordó que constituían las "formaciones especiales" del Movimiento, que eran sólo una parte de una lucha que él estaba conduciendo con diversos elementos y por distintas vías.

Eran los tiempos en que Perón aprovechaba cualquier ocasión para hablar de "socialismo nacional", la "guerra integral" y el "trasvasamiento generacional", un concepto que entusiasmaba a la cúpula montonera, que lo interpretaba como la venia del Viejo a su voluntad de heredarlo en la conducción del Movimiento.

Toda la frenética expansión de Montoneros ocurrió en poco más de un año, entre mediados de 1972 y fines de 1973. La mayoría de los cuadros de las diferentes "orgas" no se conocían, por lo cual para las citas en los lugares públicos los de las FAR, la "F", llevaban una revista *Fantasía*; los de Descamisados, la "D", una *D'Artagnan*, y los de Montoneros, la "M", una *Misterix*. Ésas eran las credenciales de cada grupo. Perdía calcula que, hacia noviembre/diciembre de 1973, tenían "unos dos mil trescientos oficiales; unos doce mil miembros sumados los aspirantes, y unas ciento veinte mil personas agregando a la gente más o menos organizada que adhería a nuestra propuesta".

Pero no resultaron fáciles esas fusiones: muchos cuadros de Descamisados y de las FAR mantenían su desconfianza por el carácter aluvional, tumultuoso, inorgánico, de los montoneros, que, según ellos, facilitaba la infiltración por parte de los servicios de seguridad. Los "montos" y los "descas", por su lado, recelaban de la arrogancia que atribuían a "los rubios de las FAR" y les molestaba el lenguaje marxista de los "faroles". Los acuerdos en las cúpulas no impedían que las diferencias se mantuvieran en las bases. Como recuerda un "oficial" de aquella época:

—Había una interna muy dura entre los de las FAR, los "faroles", que eran universitarios, intelectuales, marxistas, muy formados pero bastante rígidos; los "montos", que tenían poco nivel teórico y eran más espontáneos y sensibles al humor popular, aunque varios de sus jefes terminaron siendo los más rígidos y militaristas porque quedaron deslumbrados por el marxismo-leninismo; los "descas", cristianos, muy peronizados por su trabajo en los barrios aunque con algunos liderazgos muy impregnados del mesianismo católico; y los "oscuros" de las FAP, los más peronistas de los "fápicos". Era una mezcla explosiva.

Más allá de esas peleas, los montoneros pasaron a ser los jóvenes que trajeron a Perón, que regresó el 17 de noviembre de 1972. El General se instaló en el chalet de tres plantas que le habían comprado en Gaspar Campos 1065. Estuvo casi un mes allí antes de regresar a Madrid, previo paso por Asunción y por Lima. En ese lapso, siguió dándoles aire a los jóvenes revolucionarios de su Movimiento. Algunos montoneros fueron incluso incorporados a la custodia de Perón, quien un día invitó al chalet a Hobert y a otros dos "oficiales superiores".

—Bueno, ahora habrá que dejar los fierros —le comentó uno de sus invitados.

—No, al revés: ahora es cuando más los necesitamos. Cuando en una batalla el enemigo está en retroceso hay que aumentar la capacidad de fuego.

Eso fue antes de que apareciera José López Rega.

—Está refrescando, General —le dijo su secretario privado, que no quería perderse ningún detalle de la charla.

—Está bien, Lopecito. Tráigame un cárdigan —le contestó casi con desprecio.

Los montoneros siguieron avanzando y se convirtieron en los protagonistas estelares de la campaña presidencial de la fórmula Héctor Cámpora-Vicente Solano Lima para las elecciones del 11 de marzo de 1973, relegando al aparato sindical y a los frágiles políticos peronistas. Esto se debió a otro acierto político de la Orga: con sus secuestros y asaltos a bancos y empresas, Montoneros contaba con sus propios recursos económicos; tenía dinero suficiente como para bancar tanto a sus militantes como a "buena parte de la campaña" de Cámpora, según cuenta Perdía en la página 129 de su libro.

En aquella época, Perón quería licuar el poder del sindicalismo. Su candidato presidencial, Cámpora, no era del agrado de Rucci ni de Lorenzo Miguel, que proponían a Antonio Cafiero; tanto fue así que el líder de la CGT estuvo a punto de romper a los tiros el congreso del Partido Justicialista en el que el nombre del odontólogo de Giles fue ratificado, que se celebró en el Hotel Crillón, cerca de la Plaza San Martín. Otro duro golpe para los sindicalistas fue la designación de Oscar Bidegain para la gobernación de Buenos Aires. Rucci se había jugado a su amigo Manuel de Anchorena, un nacionalista cuya estancia frecuentaba. El tercer golpe consecutivo fue el nombramiento de José Ber Gelbard como futuro ministro de Economía, otro extraño al nido sindical, que postulaba a Cafiero o a Alfredo Gómez Morales. En resumen, los sindicalistas no habían podido picotear nada en los tres lugares principales del aparato estatal: la presidencia de la República, el Ministerio de Economía y la gobernación de Buenos Aires.

Es que Perón había decidido encarar la campaña apoyado en el ala izquierda de su Movimiento, y así lo dejó en claro en un reportaje con el diario peronista *Mayoría* el 11 de enero de 1973:

—O la juventud toma esto en sus manos y lo arregla, aunque sea a patadas pero lo arregla, o no lo va a arreglar nadie. Los viejos no van a arreglar esto; los viejos no están en la evolución. Es un mundo que cambia y los muchachos tienen razón. Y si tienen razón hay que dársela y hay que darles el gobierno. La prueba está en que el secretario general del partido político es Abal (Medina, veintisiete años); el Consejo Superior está integrado también con ellos y allí los que tallan son los jóvenes.

Perón fue implacable con los dirigentes sindicales, menos con Rucci, su alfil en la CGT. Luego de señalar que los había visto "defeccionar muchas veces a lo largo de estos años", afirmó: "El gobierno se equivoca dándoles plata a los dirigentes de las 62 Organizaciones. Todo el gobierno está engolosinado con Coria (Rogelio, jefe de los albañiles y símbolo de los gremialistas "colaboracionistas", N. del A.), pero ¡qué les va a dar Coria a ellos! ¡Si más aceite da un ladrillo que Coria! Lo realmente importante del movimiento sindical lo manejamos por la CGT".

Perón también criticó con dureza a Lanusse y a los militares: "Me acuerdo cuando Lanusse dijo que ellos no tenían las armas de adorno. Yo dije: las armas no, lo que tienen de adorno es la cabeza"; y luego los llamó, sucesivamente, "flagelo", "banda de gángsters" y "ejército de ocupación al servicio del imperialismo". Pero enfatizó que eran las elecciones la única salida segura para el peronismo.

—Nosotros no podemos desear otra cosa que elecciones porque ahí ganamos nosotros. Se lo he dicho a los muchachos y los muchachos se han parado porque estaban para más. Yo les dije: muchachos, no; esperemos. Ganemos las elecciones porque ahí somos fuertes nosotros. No llevemos esto a una cosa violenta porque ahí estamos dudosos.

Y levantó la consigna de la Juventud Peronista que animó toda aquella campaña victoriosa:

—Si Cámpora va al gobierno Perón va al poder, como dicen los muchachos. Es lógico, si lo he puesto a Cámpora es porque sé que es un hombre de una lealtad insobornable. ¿Cámpora está en el gobierno? Y bueno, yo estoy en el poder.

Pero —como se vería al poco tiempo— el sentido que Perón y sus muchachos les daban a esas palabras era muy diferente, tanto que pronto irían a una guerra para dirimir quién tenía el poder, que es siempre la razón de ser de los políticos.

José Ignacio Rucci se casó en 1957 con Nélida Blanca Vaglio, "Coca", una operaria metalúrgica como él, a quien había conocido en la UOM.

Rucci con el metalúrgico Luis Guerrero; sus hijos Claudia y Aníbal y su esposa. Atrás, Jorge Triaca, de anteojos, y el textil Casildo Herreras, de bigotito.

Rucci con Juan Perón en Puerta de Hierro, España. Se cayeron muy bien desde la primera vez que se vieron, el 16 de abril de 1971.

Perón y Rucci, junto con, de izquierda a derecha, Otto Calace, de Sanidad; Guerrero; Triaca y Herminio Iglesias, con un caniche del General.

Rucci, en 1971, volviendo de Madrid, con Lorenzo Miguel, de anteojos; Jorge Daniel Paladino, delegado personal de Perón, y el empresario Carlos Spadone.

En 1972, a la vuelta de otro viaje a Madrid, en aquellos tiempos la Meca del peronismo. El retorno del General a la Argentina está cada vez más cerca.

"China es fundamental para la Argentina; atiéndalo como si fuera yo." Por orden de Perón, recibe al embajador maoísta Chen Wei Zhi en mayo de 1973.

Rucci con sus "muchachos", sus guardaespaldas, en su departamento en la CGT, tomando mate antes de salir de la central obrera.

Fanático de los "fierros". Aquí, con un Chevrolet, en el garaje de la CGT, que tenía una salida disimulada hacia la avenida Huergo.

Rucci y el paraguas oportuno, el 17 de noviembre de 1972, en el primer retorno de Perón. De izquierda a derecha, Isabel; Jorge Osinde; Héctor Cámpora y Juan Manuel Abal Medina. Atrás, semioculto, José López Rega.

El lugar del crimen, la avenida Avellaneda al 2900, el martes 25 de septiembre de 1973, una hora después del atentado contra Rucci.

El tiro fatal fue disparado desde el agujero que los atacantes hicieron en el cartel de venta de la casa vecina.

Un militar y un civil armado, semioculto, custodian el Torino colorado de la CGT al que Rucci no alcanzó a subirse.

Perón e Isabelita llegan al entierro de Rucci, en la Chacarita, escoltados por el subcomisario Rodolfo Almirón, hombre de confianza de López Rega y uno de los jefes de la Triple A. Fue extraditado de España el 19 de marzo de 2008.

En la tarde del miércoles 26 de septiembre, el féretro de Rucci es llevado de la Catedral al Congreso por la Avenida de Mayo.

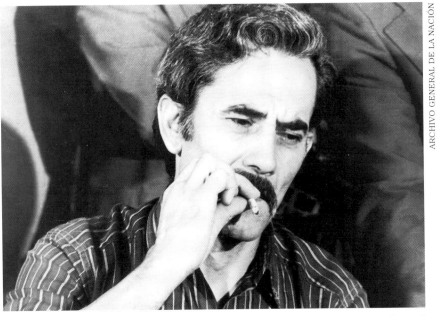

Rucci, con su cigarrillo. Había nacido en Alcorta, Santa Fe; le gustaban el tango y el boxeo, y era hincha de San Lorenzo. Lo mataron a los 49 años.

Capítulo 15

ENTRE LA SANGRE Y EL TIEMPO

El poder político brota de la boca de un fusil. Si hemos llegado hasta aquí ha sido en gran medida porque tuvimos fusiles y los usamos; si abandonáramos las armas retrocederíamos en las posiciones políticas.

Mario Firmenich, luego de una charla con Perón en Gaspar Campos el 8 de septiembre de 1973, en democracia y bajo un gobierno peronista, a quince días del tercer triunfo electoral de Perón y a diecisiete días del asesinato de Rucci.

Juan Perón y la cúpula montonera se llevaron muy bien hasta que se vieron las caras. Fue en la primera semana de abril de 1973, luego del triunfo electoral y antes de la asunción de Héctor Cámpora. Todavía eran sus "muchachos" cuando le pidieron la reunión para "plantearle nuestras opiniones acerca de las políticas desde las cuales abordar las responsabilidades del próximo gobierno". Comenzaron a dejar de serlo luego de los cinco encuentros que mantuvo con ellos, dos en Roma y tres en Madrid: fue allí cuando el General se dio cuenta de que la guerrilla que él había ayudado a crear con sus mensajes inflamados no estaba dispuesta a desarmarse en la democracia recuperada ni a obedecer mansamente su jefatura.

A partir de esos encuentros, los montoneros no dejaron errores sin cometer, se impregnaron de una ideología que los fue alejando de los sectores populares, mataron a José Ignacio Rucci, y el 1º de mayo de 1974 se pelearon en público con Perón, a quien habían elegido disputarle en vida la conducción de la masa peronista. Ya no hubo tiempo para el reencuentro: Perón murió dos meses después nombrando como su único heredero al pueblo ("Dicho de otro modo: 'Nadie puede ocupar mi lugar'", interpretan Silvia Sigal y Eliseo Verón en *Perón o muerte*, página 244), y Montoneros se suicidó el 6 de septiembre de aquel año, cuando renunció a la política y pasó a la clandestinidad, de la cual ya no podría volver sino como una parodia cruel de lo que había sido la guerrilla más poderosa del continente.

Son anécdotas que todavía circulan entre los sobrevivientes de aquellos años de tantas pasiones mal encaminadas y que reflejan que no hubo buena química en Roma, en el Hotel Excelsior, donde la Via Veneto de la Dolce Vita hace una curva, calle de por medio con la embajada de los Estados Unidos.

—General, yo soy Mario Firmenich, oficial superior de Montoneros.

—Yo soy Roberto Perdía, oficial superior de Montoneros.

—Y yo, Roberto Quieto, también oficial superior de Montoneros.

—Bueno, encantado, yo soy Juan Domingo Perón, general del Ejército argentino.

Como Perón ya se había encontrado con los empresarios y políticos italianos y los funcionarios del Vaticano que lo habían llevado a Roma (la única pero significativa decepción fue que Paulo VI se negó a recibirlo porque aún tenía cuentas pendientes con la Iglesia), luego de la segunda reunión los invitó a continuar la charla en Puerta de Hierro, en las afueras de Madrid. Perón tampoco se sintió cómodo cuando, en el último encuentro en España, Firmenich se levantó para entregarle un presente.

—General, aquí tiene, ésta es la pistola con la que matamos a Aramburu.

—No, no, guárdenla ustedes, que está en buenas manos —se atajó Perón.

Una tercera anécdota lo ubica a Firmenich asegurándole a Perón que "con siete mil fusiles hacemos la Revolución en Argentina". "No se preocupen que yo les consigo quince mil", fue la irónica respuesta del Viejo, que seguía apostando a la política.

La última anécdota muestra a los jefes montoneros preocupados porque, según ellos, el Ejército iba a entregar el poder pero sólo para preparar un nuevo golpe de Estado ya que seguía intacta su "concepción gorila".

—General, tenemos que impedir que se repita lo del 55 y, en nuestra opinión, la forma de impedir esto es organizar las milicias populares —dijo uno de ellos.

—Por supuesto, por supuesto. Voy a hacer una ley para que cada obrero tenga un fusil en su casa y ustedes, que son los que ya tienen experiencia en esto, serán los encargados de organizarla.

Otra ironía de Perón hacia sus muchachos.

Firmenich, Perdía y Quieto aún no se habían acomodado en sus asientos en la primera reunión en el Hotel Excelsior, cuando Perón dio una orden a su secretario privado, José López Rega:

—Lopecito, vea si llegaron los otros invitados... Es que hoy tenemos gente muy importante por acá —agregó mirando a los jóvenes que acababan de sentarse, y les guiñó un ojo.

Perdía vio que estaban en una habitación acondicionada para recibir visitas, con un regio escritorio, varias sillas señoriales y un par de sillones que lucían muy confortables. Había dos puertas, una a cada lado. Una de ellas comunicaba con la suite del General y de su esposa, Isabel, y la otra, con la suite de López Rega.

A los pocos minutos volvió López Rega con el presidente electo, Cámpora, su esposa, María Georgina Acevedo, "Nené", y uno de sus hijos, Héctor Pedro.

—General, le vengo a ofrecer la victoria —le dijo Cámpora, solemne como siempre.

A Cámpora se lo veía muy contento. No era para menos: en los comicios del 11 de marzo su fórmula con Vicente Solano Lima, un conservador popular, había logrado 5.908.414 votos, el 49,56 por ciento, relegando a un lejano segundo puesto a la Unión Cívica Radical, que obtuvo 2.537.605 votos, el 21,29 por ciento. Por muy poco no había llegado al 50 por ciento más uno necesario para eludir la segunda vuelta, pero el radicalismo ya se había bajado del balotaje y la dictadura había reconocido la derrota.

Luego de los saludos y de las presentaciones, Isabel se retiró con la esposa y el hijo de Cámpora, y los que se quedaron se pusieron a conversar. Cámpora parecía sorprendido por la presencia de los tres jefes montoneros y consideró conveniente hacerles algunos comentarios sobre sus primeros pasos en el gobierno. "Muchachos, vamos a ir avanzando de a poco, en alianza con los otros sectores que pertenecen al Frente Justicialista de Liberación Nacional", les dijo.

Cámpora no estuvo en los otros encuentros entre Perón y los tres jefes montoneros. En la primera reunión en Madrid, los jóvenes le entregaron al Viejo una carpeta que habían bautizado "El Organigrama", que contenía varias hojas llenas de ternas de candidatos para ocupar los cien principales puestos del aparato estatal a nivel nacional. Eran trescientos nombres entre los que se suponía que Perón debía elegir para cubrir los ministerios, las secretarías, las subsecretarías, las direcciones nacionales, la Corte Suprema de Justicia, la Municipalidad de Buenos Aires (que no era autónoma), las empresas estatales y otras dependencias. También le dieron una lista de personas que "no podían ser parte del gobierno popular". Entre los vetados figuraban el sindicalista Juan José Taccone, los técnicos desarrollistas del ex presidente Arturo Frondizi y los economistas Antonio Cafiero y Alfredo Gómez Morales, que estaban vinculados al sindicalismo peronista tradicional, a Rucci y Lorenzo Miguel, dos "burócratas" odiados por Montoneros aunque con distinta intensidad.

"El Organigrama" montonero había sido elaborado por Alejandro Peyrou, que coordinaba el grupo de técnicos o profesionales de la Orga. Contó con el aporte de otros dos "centros" con los que los montoneros tenían vinculaciones, el del ex decano de la Facultad de Ciencias Exactas de la UBA, Rolando García, ligado a las FAR, y los Comandos Tecnológicos, de Julián Licastro. Peyrou, actual auditor de la Cancillería, cuenta que nunca supo que la Conducción Nacional de Montoneros le había puesto ese nombre pomposo.

—Me ordenaron a través de mi responsable, Adriana Lesgart, que elaborara una lista de candidatos. Varios nombres me llegaron directamente de la Conducción Nacional. Me dijeron también que "contactara" a los economistas del radicalismo. Con todos los aportes, hice un listado de nombres posibles y lo elevé. Luego, el listado me fue devuelto con algunas correcciones a mano, realizadas, se presume, por Mario Firmenich, que vetó algunos nombres. Recuerdo que una de esas correcciones decía: "No promoverlos más", en alusión a Licastro y a Carlos Grosso, que también formaba parte de los Comandos Tecnológicos. Tengo muy presentes algunos nombres de los candidatos. Al Bebe Righi, por ejemplo, lo acercaron los Cámpora. También estaba Hugo Anzorregui (ex titular de la SIDE con Carlos Menem), ligado a los montos pero no sé cómo. Siempre me intrigó la presencia de Francisco Delich (ex rector de la UBA con Raúl Alfonsín y actual diputado) como candidato a ministro de Educación. Ese nombre vino de Córdoba.

Perón puso cara de piedra cuando recibió "El Organigrama" montonero, pero no debió haberse sentido muy contento con esos jóvenes audaces que osaban atarle las manos a un conductor como él. "Creo que la falla estuvo en que los nombres fueron propuestos como ternas cerradas para que Perón optara. Lógicamente, Perón interpretó eso como una imposición. Leí luego en una revista qué pensó de eso: 'Que estos muchachos se vayan a plantar zanahorias', dijo", relata Peyrou.

Peyrou agrega un detalle inquietante.

—Con el tiempo, me enteré de que la Conducción Nacional le había dado también esa lista a Cámpora, que Cámpora incorporó a varios de esos nombres, y que luego, por su lado, le presentó al Viejo su lista de personas a designar, con lo cual quedó mal, como si fuera "punto" de los montoneros.

Perdía, por su lado, recuerda cómo eran las ternas de candidatos.

—El primer nombre era el candidato propio, el más importante para nosotros; luego venía el aliado, y el tercer nombre era el candidato más lejano, un aliado pero ya no tanto. No le planteamos a Perón que tomara ningún compromiso con nosotros; sólo era una lista de nombres sugeridos. Éramos bastante abiertos: sugeríamos a los radicales para Economía, concretamente a Roque Carranza, a pesar de las denuncias de que habría participado como comando civil en atentados contra el gobierno peronista en la década del cincuenta. Fue una actitud diferente de la que luego tendría el presidente Alfonsín con nosotros. No nos animamos a proponer a José Gelbard, que era, reconozco ahora, una mejor opción. Perseguíamos un objetivo: establecer una alianza con los radicales para evitar un golpe militar. También proponíamos descabezar a la cúpula militar y designar como comandante del Ejército a un coronel, Carlos Dalla Tea o Juan Jaime Cesio. Era un esquema reformista, apuntábamos a modificar el Estado. No era la patria socialista ni nada por el estilo.

Otros candidatos del organigrama montonero eran Juan Manuel Abal Medina para el área política, Miguel Bonasso para la Secretaría de Prensa y Difusión, el radical Conrado Storani para el área energética, Rodolfo Ortega Peña para el Ministerio de Trabajo, Rolando García para el Ministerio de Obras Públicas, el padre Carlos Mugica para la Subsecretaría de Promoción y Asistencia a la Comunidad, y los historiadores Rodolfo Puiggrós y Juan José Hernández Arregui para el área educativa.

Por si fuera poco, los jefes montoneros también le dijeron a Perón que contaban como fuerza propia a los gobernadores electos de las dos provincias más poderosas, Buenos Aires y Córdoba, en alusión a Oscar Bidegain y Ricardo Obregón Cano, dos peronistas históricos.

El mal humor del General por el organigrama trascendió rápidamente en Buenos Aires. "Mayo de 1973. Un viento negro llega de Madrid. Dicen ahora que le entregamos a Perón una propuesta de gabinete y una lista con trescientos nombres para cubrir cargos clave en todo el país. Y que el Viejo lo tomó muy mal. Quienes lo conocen a fondo sostienen que pudo recibir esa propuesta como un insolente pase de factura de la Juventud Maravillosa", cuenta Bonasso en la página 116 de su *Diario de un clandestino*.

Para los tres jefes montoneros el viaje a Roma y a Madrid fue también la oportunidad de conocer a un personaje aparentemente gris pero que se haría cada vez más influyente en el entorno del líder, en simultáneo con el deterioro de la salud del anciano General: su secretario privado López Rega.

Perdía sostiene que López Rega les pareció un bufón del General, "pero como nos diría Jorge Taiana, el ex ministro de Educación de Cámpora, padre del canciller de Néstor y Cristina Kirchner: una cosa era López Rega con Perón controlando la situación y otra muy distinta con Perón dependiendo de él".

—Recuerdo que en la última reunión Perón estaba sentado en su escritorio, que estaba levantado, apoyado en una plataforma de madera, y que nosotros estábamos sentados enfrente formando un arco: Quieto, Firmenich y yo. Conversábamos y en un momento aparece López Rega. Y el General le dice: "Siéntese, Lopecito, venga y cuénteles a los muchachos lo que conversábamos anoche". López se sienta detrás nuestro en un taburete de plástico así que nos dimos vuelta para mirarlo mientras comenzaba a hablar: "Bueno, todos los días los diarios *La Nación* y *La Prensa* publican los nombres de los miembros de la oligarquía que se van muriendo; la sangre de estos oligarcas inunda las cloacas de Buenos Aires y esos ríos de sangre que circulan por los intestinos de la ciudad se van convirtiendo en el último vestigio de la oligarquía criolla, que tanto ha humillado a nuestro pueblo y al justicialismo. Pero esa sangre que corre por las cloacas de Buenos Aires es también un elemento que va limpiando a la Patria". En un momento, me doy vuelta para ver qué hacía Perón y lo veo descostillándose de la risa. Él estaba inclinado para atrás y se agarraba la barriga.

López Rega era un ex cabo de la Policía Federal que se relacionó no se sabe bien cómo con Isabel cuando ella viajó a Buenos Aires en 1965 para apoyar al candidato de Perón en las elecciones de gobernador de Mendoza, Ernesto Corvalán Nanclares. Isabelita cayó en las redes del astrólogo, se lo llevó a Madrid y prácticamente se lo impuso a Perón como secretario privado.

A esa altura, "Lopecito" ya tenía sus planes políticos y se los confió a los tres jefes montoneros. Luego de la última reunión en Madrid, el secretario privado del General los invitó a tomar unas copas en el bar del Hotel Monte Real, a tres cuadras de la residencia "17 de Octubre". Allí les contó la anécdota del guitarrista malo de Gardel.

—Carlos Gardel tenía dos guitarristas, uno bueno y otro malo. El más habilidoso murió también en el accidente de Medellín. El otro se salvó porque se había quedado en Buenos Aires para reducir los costos de la gira. A partir de la muerte de Gardel, el guitarrista malo se ganó la vida con el título de "El guitarrista de Gardel": reemplazó su poca habilidad con la fuerza de ese título. Así va a suceder también conmigo: Perón va a retornar a la Argentina y va a volver al gobierno, con Isabel como vicepresidenta; Perón se va a morir e Isabel lo va a suceder, pero ella no entiende mucho de esto. Yo, en cambio, voy a ser como el guitarrista malo de Gardel: con la fuerza del título de "secretario privado de Perón", voy a ejercer el poder a través de Isabel.

Perdía confiesa que en aquel momento no le dieron ninguna importancia al relato.

—Pensamos que eran los sueños de un delirante. Con el tiempo, comprendimos cómo nos habíamos equivocado.

Isabel tampoco les pareció gran cosa, en su rol de solícita esposa (de "caba enfermera", decía) que sólo osaba interrumpir al General para recordarle cómo seguía su agenda o a qué hora tenía que tomar sus remedios.

Perón tenía un modo de hablar muy elíptico; no decía las cosas directamente ni, mucho menos, daba órdenes. Prefería relatar cuentos y anécdotas para que sus interlocutores sacaran conclusiones, que eran ratificadas o corregidas por él con una frase ingeniosa o una sentencia pícara, y una amplia sonrisa o uno de sus guiños.

En la última entrevista con Perón, el Viejo les dijo que quería contarles un chiste antes de que se volvieran a Buenos Aires. Y les relató el cuento del padre judío que, cuando su hijo cumple los doce años, quiere hacerle un regalo muy especial como marca la tradición de esa religión, que indica que es allí cuando se entra a la mayoría de edad.

—El padre lo llama: "Jacobo, Jacobo. Tu regalo está arriba del ropero. Andá a buscar la escalera y agarralo". El chico, con toda la ilusión, busca la escalera y se trepa a la carrera, pero cuando llega arriba no ve nada. "Papá, aquí no hay nada", se queja, sorprendido. Entonces el padre lo mira, toma la escalera y se la quita de un tirón; el chico se da un golpazo y, cuando está en el piso, dolorido, el padre le dice: "Hijo mío, mi regalo es que aprendas a no confiar ni en tu padre".

Era un alerta del tipo: "Miren que el soporte de ustedes soy yo; si hacen algo que no me gusta, puedo sacarles la escalera y se van a romper la cabeza".

En esos encuentros, el tema que más preocupó a Perón fue el papel que cumpliría la guerrilla peronista en la naciente democracia. En su opinión, la violencia de abajo había sido legitimada por la violencia de arriba y, por lo tanto, debía cesar una vez terminada la dictadura.

—El problema de la guerrilla no escapa a la ley natural que establece que, desaparecidas las causas, deben desaparecer también sus efectos. Yo he sostenido siempre que la violencia engendra la violencia y que la violencia de abajo en la Argentina, la violencia popular, ha sido consecuencia de la violencia de arriba, de la violencia de la dictadura militar. Por eso creo que si el Frente Justicialista se hace cargo del gobierno se suprimirá la violencia militar, con lo cual no podemos dudar de que desaparecerá también la violencia de la guerrilla.

Según Perón, los montoneros debían desarmarse y convertirse en una fuerza política que fuera ocupando espacios cada vez más importantes en el aparato estatal para aprender a gobernar con el objetivo de reemplazar, en el futuro, a los dirigentes más veteranos, concretando el concepto que había inventado unos años atrás: el trasvasamiento generacional.

Perdía recuerda que "Perón no ocultaba su preocupación acerca de la necesaria reconversión de nuestra fuerza. Él quería que utilizáramos los próximos cuatro años para aprender a gobernar, para asegurar un eficaz traspaso a nuestra generación de la conducción del país y del Movimiento. Nos dijo en Madrid: 'Cuando yo vuelva al país reorganizamos la Fundación de Ayuda Social Eva Perón, le traspasamos fondos y así ustedes establecen un sistema de relaciones legales para reconvertirse como organización militar'. No es verdad que nosotros no quisiéramos eso; pasó que cuando Perón volvió, no hizo nada de eso".

Perón ilustró todo eso con otro recurso frecuente en él: los relatos históricos. Así les habló del emperador de Prusia, Federico II, el Grande, quien, una vez que se afianzó en el trono y conquistó los territorios que necesitaba para gobernar, en 1763, desarmó a buena parte de su Ejército porque sus objetivos políticos habían cambiado. Ésa es, les explicó, una cuestión central porque "las armas sirven para pelear pero no se puede gobernar sentado en las bayonetas".

No sirvió de mucho: los montoneros no se desarmaron y, por el contrario, buscaron aumentar sus arsenales y mejorar el adiestramiento militar de sus cuadros. Más importante aún: aceleraron su fusión con las FAR para incrementar drásticamente su poder de fuego. Estaban convencidos de que la revolución estaba muy cerca y de que el pasaje al socialismo necesitaría de un inevitable "momento militar", de un choque armado definitivo con las fuerzas armadas, que, según ellos, seguían defendiendo al imperialismo yanqui y a su aliado local, la oligarquía.

Firmenich lo expresó con claridad el sábado 8 de septiembre de 1973, quince días antes de las elecciones que consagrarían por tercera vez a Perón y diecisiete días antes del asesinato de Rucci. Fue a la salida de la residencia de Gaspar Campos, luego de un encuentro del General con diversos grupos juveniles del Movimiento, cuando un periodista de la revista montonera *El Descamisado* le preguntó si abandonarían las armas ahora que Perón estaba a punto de volver al gobierno.

—De ninguna manera: el poder político brota de la boca de un fusil. Si hemos llegado hasta aquí ha sido en gran medida porque tuvimos fusiles y los usamos; si abandonáramos las armas retrocederíamos en las posiciones políticas. En la guerra, hay momentos de enfrentamiento, como los que hemos pasado, y momentos de tregua, en los que cada fuerza se prepara para el próximo enfrentamiento. En tanto no haya sido destruido el poder del imperialismo y la oligarquía debemos prepararnos para soportar o afrontar el próximo enfrentamiento. Un elemento fundamental para garantizar este triunfo es la organización popular masiva a fin de cumplir el concepto del general Perón de "Nación en armas", dispuesta para cualquier respuesta ante cualquier agresión imperialista.

Según Perdía, los montoneros no se desarmaron por "culpa de Evita".

—Con el triunfo del 11 de marzo de 1973, la Argentina era un Estado en disputa. Hay tres componentes básicos de un Estado: el poder militar, el poder de masas y el poder económico. Nosotros veníamos de la lucha guerrillera, habíamos nacido con una idea de guerra popular y prolongada. Evita en 1951 habla de armar a los trabajadores, de las milicias obreras, en ocasión de un intento de golpe de Estado.

Perón siguió dos caminos para meter en caja a sus muchachos díscolos. Por un lado, detonó la mayoría de las posiciones de poder que habían adquirido. Por el otro, intentó convencerlos de que debían desarmarse y adoptar una liturgia adecuada a la democracia y a la lucha política. Les envió emisarios, les dedicó discursos y conferencias, recibió en privado a algunos de sus jefes y "jetones", y hasta animó algunas reuniones en las que ellos fueron sus invitados especiales, como aquel encuentro en Gaspar Campos. No estuvieron solos en esas charlas, sino que fueron rodeados por Perón de muchos otros dirigentes juveniles, varios de los cuales lideraban auténticos "sellos de goma", estructuras vacías. Había unos cincuenta jóvenes aquel sábado 8 de septiembre en la casa del General, quien los invitó a presentarse uno por uno y a realizar una corta exposición. Firmenich fue uno de los que más hablaron, sobre la situación política del país y de la región, las alianzas, la conducción del Movimiento y la liberación nacional.

—¿De qué liberación nos está hablando? El país está tan destruido que primero debemos reconstruirlo. A la generación de ustedes les va a tocar liberarlo, pero no se puede liberar un conjunto de ruinas —lo interrumpió Perón, amable pero cortante.

Era evidente que a Perón ese joven no le despertaba mucha simpatía; tanto era así que trataba de darles aire a otros dirigentes juveniles, por ejemplo a uno de los "históricos", Envar El Kadri, "Cacho", que había pasado muchos años en prisión durante la dictadura.

—¿Cómo le va? A usted sí que lo trataron mal.

—Como a todos, General. Fue una especie de beca que nos dieron para que completáramos nuestra formación de peronistas... Yo represento a las Fuerzas Armadas Peronistas, pero quiero aclarar que las FAP se han dividido y que yo estoy acá por las FAP-17 de Octubre...

—Ah, sí, son cuestiones de nombres, de sellos, de grupos. Eso es puro grupo. Hay aquí muchos grupos, ¿es todo grupo? —contestó Perón, guiñándole un ojo.

Luego, Perón reiteró que la Juventud Peronista debía organizarse y elegir sus autoridades desde las bases. Lo cierto es que, descontento con el grupo largamente mayoritario, el que respondía a Montoneros, ya no impulsaba la creación de la Juventud como cuarta rama del Movimiento.

El encuentro terminó con una ecléctica charla de Perón de unos veinte minutos.

—Los otros días me encontré con unos muchachos que me dijeron: "Hay que hacer esto, hay que hacer lo otro". Y entonces yo les dije: "Si ustedes quieren hacer igual que lo que hace Salvador Allende en Chile, miren cómo le va a Allende en Chile". Hay que andar con calma. No se puede jugar con eso porque la reacción interna, y apoyada desde afuera, es sumamente poderosa. Los ingredientes de la revolución son siempre dos: sangre y tiempo. Si se emplea mucha sangre, se ahorra tiempo; si se emplea mucho tiempo, se ahorra sangre. Nosotros preferimos usar el tiempo, no gastar sangre inútilmente. Porque, ¿qué hubiéramos obtenido con una guerra civil? ¿Algo más de lo que hemos obtenido? Hubiéramos destruido al país.

En su opinión, el error "muy grande de mucha gente, entre ellos de mi amigo Salvador Allende, es pretender cambiar los sistemas. El sistema es un conjunto de arbitrios que forman un cuerpo: eso es el sistema, y a nadie se le ocurra cambiarlo. Lo que hay que cambiar, paulatinamente, son las estructuras que conforman el sistema. El sistema va a resultar cambiado cuando las estructuras que lo conforman y desenvuelven lo hayan modificado. ¿Cómo se modifica esto? Dentro de esta actitud nuestra hay un solo camino, que es la legislación".

También les dijo que respetaba la voluntad de cambio, las intenciones y los valores de los jóvenes, pero les recordó que aún les faltaba experiencia en la política y en el gobierno, y que ese saber se lo tenían que transmitir los más viejos, con él a la cabeza.

—¡Dios me libre si a nosotros se nos ocurre hacerlos actuar a ustedes arrancándolos verdes! ¡Dios me libre! Es ponerlos en el fracaso a todos. Yo muchas veces recibo algunas cosas que me mandan, escritos y críticas, sobre una cosa y otra, de los muchachos, con la más buena intención del mundo, ¡pero dicen que el camino que conduce al infierno está empedrado de buenas intenciones!

Perón estuvo sutil al alertar a los montoneros que su Movimiento sólo admitía "una unidad absoluta de propósitos. Cada uno puede tener su idea, pero teniendo un objetivo común; se puede caminar por un camino o por otro, pero siempre tras el mismo objetivo".

Elogió el papel de las "formaciones especiales", de la guerrilla partidaria, durante la dictadura militar, pero también alabó a la juventud de los sindicatos, "que hizo el 17 de Octubre (de 1945, N. del A.) porque la otra juventud estaba contra nosotros: salía todos los días a tirar piedras contra nosotros. Yo he cuerpeado más piedras ahí que en toda mi vida. Sí, era 'la juventud', la juventud de la clase media y universitaria, que en el principio no estuvo con nosotros".

Perón seguía siendo un crítico agudo del socialismo real, que él parangonaba al capitalismo liberal, el soporte del otro imperialismo dominante, los Estados Unidos, y no pensaba para nada en encabezar una revolución. En diciembre de 1973, cuando ya había vuelto a la Casa Rosada, Gustavo Caraballo, que era el secretario técnico de la Presidencia, lo encontró leyendo un extenso artículo de *La Opinión* con el título "Se equivocan los 'muchachos': Perón no es socialista sino justicialista".

—Doctor Caraballo, ¿leyó este artículo?
—Sí, presidente.
—¿Y qué le parece?
—Bueno, me parece interesante.
—Está muy bien, distribúyanlo en todas las unidades básicas. Yo ya hice la revolución: fue en el cuarenta y cinco, con los sindicatos, los convenios colectivos, el salario mínimo, la justicia laboral... ¡No se puede hacer una revo-

lución todos los días! La revolución que hice ni la dictadura la pudo borrar. Ahora, hay que mantener el sistema e ir mejorándolo paulatinamente.

Luego de la reunión con Perón, Firmenich fue a la sede de la Juventud Peronista, en la calle Chile al 1400, donde había varios compañeros de guardia porque el local ya había sido ametrallado dos veces. Horacio González era uno de los que estaban allí a las dos de la madrugada del domingo 9 de septiembre de 1973, cuando llegó "El Pepe".

—Después me tocó hablar a mí y le conté una buena sanata a Perón.

González recuerda que esa frase no le cayó bien.

—Éramos como veinte personas y Firmenich estaba contento, excitado, luego de la reunión con Perón. La frase me sorprendió no muy agradablemente, como una falta de respeto por Perón. Yo me sentía englobado por Perón, tenía un compromiso con Montoneros pero para mí la política se hacía con movilizaciones masivas, con debates, con trabajo social. Tenía veintisiete años y consideraba a Perón un gran político; yo era más peronista que el promedio de los muchachos aunque no hiciera de eso una observancia eclesiástica. Pensaba que en un país complejo como la Argentina no se podía aplicar el catecismo de las organizaciones armadas que toman el poder y luego establecen tribunales de justicia revolucionaria. Me parecía bien la prédica de Perón de amplios acuerdos.

Firmenich necesitaba desahogarse y les recitó las tesis del documento que estaban elaborando en la Conducción Nacional para explicar la fusión con las FAR, "La Biblia".

—Claro, nosotros tenemos que autocriticarnos porque hemos hecho nuestro propio Perón, más allá de lo que es realmente. Hoy que Perón está acá nos damos cuenta de que Perón es Perón, y no lo que nosotros queremos. Por ejemplo, lo que Perón define como socialismo nacional no es el socialismo sino el justicialismo.

Para González, ésas eran revelaciones inesperadas: hasta aquel momento, ningún jefe montonero había expresado tan claramente que la Orga tenía diferencias tan centrales y dramáticas con Perón.

—Por todo esto, posiblemente Perón nos ve a nosotros como infiltrados ideológicos, pero no lo somos. Somos el hijo legítimo del Movimiento, somos la consecuencia de la política de Perón. En todo caso, podríamos ser el hijo ilegítimo de Perón, el hijo que no quiso, pero el hijo al fin.

Capítulo 16

CÁMPORA, LA OPORTUNIDAD PERDIDA

> *Se acabó la joda.*
>
> José Rucci el martes 10 de julio de 1973 en la Sala de Periodistas de la Casa Rosada al anticipar en tres días la renuncia del presidente Héctor J. Cámpora.

Las diferencias entre Juan Perón y los montoneros comenzaron a concretarse apenas días después de las entrevistas en Roma y Madrid con Mario Firmenich, Roberto Perdía y Roberto Quieto. Y se fueron ampliando durante los cuarenta y nueve días que duró la presidencia de Héctor J. Cámpora, cuya caída fue leída por los jóvenes revolucionarios como un golpe de Estado contra ellos. La renuncia de Cámpora permitió el tercer triunfo electoral de Perón, que llegó con una novedad importante: esta vez los sindicatos, con José Rucci a la cabeza, fueron los protagonistas de la campaña, tomando el lugar que había ocupado la Juventud Peronista en los comicios de hacía apenas seis meses.

El primer cortocircuito se produjo el 23 de abril de 1973, cuando trascendió que, en un discurso en el sindicato del calzado, Rodolfo Galimberti se había manifestado en favor de la creación de "las milicias de la Juventud Peronista para la liberación nacional".

Galimberti, "El Loco", era uno de los rostros más conocidos, uno de los "jetones", de la Juventud Peronista, la principal agrupación de superficie de Montoneros. Hasta hacía unos meses, había sido uno de los dirigentes preferidos de Perón gracias a una cuidada mezcla de inteligencia, desparpajo y cinismo que divertía al anciano General. Junto con Rucci, era uno de los únicos que se animaban a cargarlo. Podía decirle, con una mueca de fingido desagrado: "General, ¡qué antiguo que es usted!", cuando lo veía con zapatos bicolores. Perón llegó a nombrarlo su delegado ante la Juventud; por eso se molestó mucho cuando luego el Loco" fue a verlo a Madrid para contarle que se había hecho montonero. "Yo lo envío como mi delegado ante ellos y él vuelve como el delegado de ellos ante mí", le comentó a otro de sus asiduos visitantes.

Las declaraciones de Galimberti a favor de las milicias juveniles armaron un revuelo en el frente militar, donde había varios jefes que se resistían a traspasar el gobierno a Cámpora y al peronismo. Uno de los que le salieron al cruce fue el director del Colegio Militar, el general de brigada Jorge Rafael Videla. El 26 de abril a la noche, Cámpora viajó a Madrid junto al secretario general del Movimiento, Juan Manuel Abal Medina, para repasar los nombramientos más importantes y resolver la crisis con los militares. Galimberti había volado unas horas antes, con otro dirigente juvenil, Jorge Obeid, dispuesto a defender su cabeza. Algunos conspicuos dirigentes de la derecha peronista, como el teniente coronel retirado Jorge Osinde, Norma Kennedy y Alberto Campos, olfatearon sangre enemiga y fueron a presionar al General. Era el Movimiento en acción. El 27 de abril, luego de su primera reunión con Perón, Cámpora salió a desmentir la creación de milicias populares. Al día siguiente hubo una cumbre con todas las partes interesadas, donde, con la venia de Perón, Osinde, Kennedy y Campos se dedicaron a vapulear a Galimberti por sus declaraciones y, de paso, a cuestionar a Abal Medina por la derrota en la segunda vuelta del 15 de abril de su candidato a senador por la Capital, el nacionalista Marcelo Sánchez Sorondo, quien había sido vencido por el radical Fernando de la Rúa. Esa victoria marcó el inicio de la extensa carrera política de De la Rúa, a quien de tan joven que era le decían "Chupete". Por la tarde, salió López Rega a anunciar a los periodistas el resultado de la disputa:

—El General pidió y ha aceptado la renuncia de Rodolfo Galimberti como delegado nacional de la Juventud Peronista.

Abal Medina se salvó, pero su influencia quedó muy reducida.

La caída de Galimberti enojó a los montoneros. Aún hoy Firmenich sigue hablando de la "típica encerrona" que le hicieron en Madrid.

Cámpora mantuvo otros encuentros con Perón y retornó el 30 de abril a Buenos Aires. La relación entre el Viejo y el Tío seguía a las mil maravillas. "Con el doctor Cámpora nos entendemos con sólo mirarnos", lo elogió Perón cuando lo despidió en Puerta de Hierro, frente a los periodistas. Eran los tiempos en que Perón decía que "ahora el que corta el salame es el doctor Cámpora".

Por su lado, el presidente electo lo llamaba "mi jefe y amigo, el general Perón". La lealtad era el atributo que lo había distinguido siempre, primero con Evita y ahora con Perón, y por eso había sido designado al frente de la fórmula justicialista, en reemplazo del General proscripto. Un chiste cruel describía esa situación:

—Perón se está afeitando y desde el baño le pregunta a Cámpora, que lo esperaba afuera con una toalla: "¿Qué hora es, doctor Cámpora?". "La que usted quiera, General", es la respuesta.

Cámpora llegó a Buenos Aires el 1º de mayo de 1973 con una sabrosa novedad:

—Perón regresará pronto al país.

Todavía Perón lucía muy cómodo en el traje que se había diseñado: regresaría a la Argentina para recuperar el cariño popular y su grado militar, pero dejaría que Cámpora ocupara la presidencia mientras él se convertía en el verdadero poder detrás del trono.

—Yo me considero un argentino más que un justicialista. Me reservo una tarea de coordinador, de manager, como dicen ahora, para hacer un bloque de fuerzas e ideas al servicio del país.

Cámpora asumió el 25 de mayo de 1973 y los montoneros resultaron muy beneficiados en el nuevo esquema del poder político:

- Gozaban de una buena llegada al flamante presidente, a través de su hijo y secretario privado, Héctor Pedro, "Hijitus" para amigos y enemigos; el ministro del Interior, Esteban "Bebe" Righi, compañero de Héctor Pedro en el Liceo Militar y en la Facultad de Derecho de la UBA y su socio en un estudio jurídico, y el secretario general de la Presidencia, Mario Cámpora, el influyente sobrino presidencial. Los tres formaban el círculo de hierro del nuevo mandatario.
- Podían contar con el canciller, Juan Carlos Puig, y con su equipo.
- Tenían una excelente relación con el titular de Educación, el médico Jorge Taiana: su hijo, Jorge, pertenecía a la Orga, y varios militantes ocupaban puestos importantes en el ministerio.
- Eran aliados de al menos seis gobernadores, entre ellos los de Buenos Aires, Córdoba, Mendoza y Santa Cruz.
- Les respondían entre veinte y treinta diputados.

- El vicepresidente primero del Senado y segundo hombre en la sucesión presidencial era Alejandro Díaz Bialet, tío de Magdalena Díaz Bialet, que era la esposa de Mario Cámpora. Su hermano, Agustín Díaz Bialet, integraría la Corte Suprema de Justicia.
- Pasaron a controlar las principales universidades del país, incluida la UBA.
- Se llevaban muy bien con el nuevo jefe del Ejército, el general Jorge Carcagno, y con algunos miembros de su Estado Mayor, en especial con los coroneles Cesio y Dalla Tea.
- Mantenían una buena relación con el secretario general del Movimiento, Juan Manuel Abal Medina, el hermano de Fernando, el primer jefe de Montoneros. Juan Manuel seguía siendo un nacionalista de derecha, pero guardaba un vínculo de respeto y confianza con la Orga.

Tenían un enemigo potencialmente muy peligroso en el gabinete: López Rega, al frente de Bienestar Social, el más peronista de los ministerios, pero podían compensar con el otro hombre fuerte del elenco, el titular de Economía, José Ber Gelbard, quien por su formación de izquierda y por sus contactos internacionales, en especial con la Unión Soviética, los miraba con buenos ojos. Además, Gelbard contaba con un par de relaciones comunes con los montos, como el ascendente banquero David Graiver, un misterioso personaje que era uno de sus asesores y que también había sido funcionario de la dictadura en Bienestar Social. El Ministerio de Trabajo había quedado para Ricardo Otero, un hombre de Lorenzo Miguel, para gran disgusto de Rucci, y esa división en la "burocracia sindical" también podía ser aprovechada por los montoneros con un poco de astucia.

Pero los montoneros se sentían urgidos por la revolución socialista y no valoraron demasiado esos espacios políticos, según evalúa Santiago Díaz Ortiz, quien había encabezado la lista de diputados en la Capital y que, aunque no pertenecía a la Orga, tenía muy buenas relaciones con ellos.

—Perón le dio mucho aire a la Juventud desde Madrid y, como era la rama más dinámica del Movimiento, tuvo un gran protagonismo durante la campaña de Cámpora. Pero por una mala administración de sus fuerzas la Juventud perdió rápidamente su oportunidad. Cometió errores políticos como no desarmarse al pasar el país a la democracia o seguir con un discurso radicalizado. Creo que la Juventud no apreció bien las relaciones de fuerzas dentro del Movimiento: creyó que tenía más fuerza que la que realmente tenía. Y eso que Perón les había dicho en Madrid que el trasvasamiento generacional del que él hablaba no significaba que podían tirar un viejo por la ventana todos los días.

En ese marco, no aprovecharon la posibilidad de enhebrar acuerdos políticos con Cámpora y su círculo áulico, a los que consideraban, peyorativamente, unos "reformistas".

De acuerdo con Roberto Perdía, "El Pelado Carlos", los verdaderos problemas con Perón comenzaron aquel 25 de mayo por la noche cuando, luego del discurso de Cámpora a la Plaza de Mayo colmada, la Juventud Peronista convocó desde el balcón de la Casa Rosada a marchar hacia la cárcel de Villa Devoto para exigir la libertad de los guerrilleros presos. Así lo hicieron muchos con dos consignas excluyentes:

—¡El Tío presidente, libertad a los combatientes!

—¡Primera ley vigente, libertad a los combatientes!

A las 20 ya había más de treinta mil personas rodeando los muros de la cárcel, que alojaba a unos ciento ochenta presos de Montoneros, las FAR, las FAP y el ERP. Casi todos ya habían sido juzgados y condenados por los tribunales especiales organizados durante la dictadura, por delitos encuadrados en las leyes que reprimían a la guerrilla, a la "subversión". La manifestación sorprendió a Cámpora recibiendo a las delegaciones extranjeras para una cena de gala. Sus colaboradores ya habían acordado con todos los bloques legislativos, incluidos los más derechistas, un paquete de tres leyes que incluía una amnistía amplia y generosa para todos aquellos que podían ser considerados presos políticos, la derogación de las leyes que reprimían a la guerrilla y la eliminación de los tribunales especiales. Habían logrado también un consenso sobre los tiempos: la aprobación de esas leyes sería muy rápida para que el nuevo gobierno no comenzara con semejante olla a presión. Se necesitaba al menos un día, pero las enfervorizadas columnas juveniles que amenazaban con tomar la cárcel de Devoto no estaban dispuestas a esperar más, como estaba comprobando *in situ* Abal Medina, todavía secretario general del Movimiento, que llamaba por teléfono al flamante ministro del Interior, Righi.

—Bebe, esto es incontrolable. Hay que largar a la gente ya.

—Pero Juan, mañana sale la ley en el Congreso.

—No habrá mañana si no salen hoy. Además, es lo que prometimos en la campaña.

A las 22 ya eran cincuenta mil los que golpeaban las puertas del penal. Cámpora quería que la liberación fuera por una ley de amnistía que expresara el formidable consenso político alcanzado, pero ante el apriete de los montoneros y de las otras organizaciones guerrilleras tuvo que ordenar que le prepararan a toda velocidad un decreto de indulto. Pudo firmarlo a las 23, y minutos después comenzaron a salir los primeros veinte presos. A la madrugada, cuando la mayoría de los manifestantes ya se había retirado, la policía chocó violentamente con grupos que querían tomar la cárcel. El sábado 26 de mayo el Congreso, rodeado por otra fervorosa movilización, sancionó por unanimidad la Ley de Amnistía.

Muchos periodistas montaron guardia en Puerta de Hierro porque querían saber qué pensaba Perón de todo esto, pero el General no se dejó ver. "A Perón no le gustó lo de Devoto, pero nosotros no podíamos esperar porque teníamos un compromiso: ni un día de gobierno popular con presos políticos", cuenta Perdía.

"Las posibilidades eran indultar o reprimir, lo que nos dejó sin alternativa. Es evidente que lo que ocurrió esa noche perjudicó al gobierno, y debe ser cargado en la cuenta de quienes forzaron la situación", comenta Righi.

La liberación de los guerrilleros presos se había hecho de una manera que no podía sino enojar a Perón ya que contradecía puntualmente las directivas expresadas a Cámpora en una carta enviada el 22 de mayo, tres días antes de la asunción:

—Creo que, hasta tomar realmente el poder, debemos tratar por todos los medios de actuar con una prudencia, si se puede, exagerada, para dar la sensación de una real consideración de las instituciones, aunque los hombres de las mismas nos merezcan por el momento la mayor desconfianza y el mayor rechazo. Hay que desplumar a la gallina sin que grite.

Perón seguía mostrándose medido en sus ambiciones y con ánimo de ayudar a la consolidación del gobierno de Cámpora:

—Sobre mi viaje a la Argentina, en la primera quincena de junio, lo dejo a su resolución. Usted me dirá cómo y cuándo lo debo hacer. Yo soy partidario de no hacer mucho escombro y de tratar de hacerlo sin perturbaciones inútiles que, para un gobierno que se inicia, puedan ser perjudiciales. Después, ustedes allí me toman por su cuenta y hacen lo que quieren.

La "primavera camporista" nunca pudo sacarse de encima la imagen caótica de aquella noche del 25 de mayo, cuando las movilizaciones juveniles apretaron al flamante gobierno y decidieron la forma en que serían liberados los presos políticos, no sólo en Villa Devoto sino también en otros penales del país. Esas muchedumbres fueron vistas como auténticas "montoneras": masas barullentas, tumultuosas, peligrosas y violentas, por buena parte de los medios de comunicación y de la opinión pública. Lo cierto es que, si bien cayó el número de asesinatos, todos los grupos guerrilleros aumentaron los secuestros de empresarios y otras formas delictivas para recaudar fondos; los montoneros otorgaron una tregua aunque advirtieron que seguirían armados, vigilando la marcha del gobierno popular, y el ERP rechazó el pedido de cese del fuego formulado por el nuevo presidente debido a que "sus medidas no van contra el sistema". Por si fuera poco, apareció una nueva forma de apriete: las ocupaciones. Prácticamente, todos los sectores del Movimiento se dedicaron a tomar hospitales, escuelas, ministerios, cementerios, emisoras de radio y demás organismos estatales. Las ocupaciones también incluyeron empresas privadas, desde el Alvear Palace Hotel hasta la fábrica de pinturas Alba. Los objetivos eran variados: iban desde aumentos salariales y la adopción de nuevos ritmos de producción hasta el cambio de autoridades o la sanción de un jefe negrero. Todo eso contribuyó a una sensación generalizada de un vacío de poder.

"Las primeras semanas de Cámpora fueron horribles, con ocupaciones, secuestros, asesinatos. El bloque de diputados del peronismo era un gran conflicto permanente", recuerda Díaz Ortiz.

En aquel momento, Gustavo Caraballo era el jefe de asesores de Gelbard, en Economía.

—A Gelbard no le gustaba el desorden del gobierno de Cámpora. Le habían ocupado el Indec y el Ministerio de Obras y Servicios Públicos, donde casi tiraron por la ventana al ministro Horacio Zubiri, y le enviaba cables todos los días a Perón quejándose: "Así no se puede gobernar", decía. Y Perón, que le tenía una confianza ciega, coincidía. Por todo ese despelote, Perón decide volver al país.

El 14 de junio había ciento ochenta ocupaciones, treinta y seis en la Capital Federal y ciento cuarenta y cuatro en el interior, según las cifras oficiales. Aquel día, Cámpora embarcó rumbo a Madrid de visita oficial a España y para traer al General a su "regreso definitivo a la Patria". Allí pudo comprobar que la relación entre ambos se había resquebrajado notablemente y debió asistir a duras reprimendas por su debilidad en el gobierno, que incluyeron desaires protocolares como la notoria ausencia de Perón a los actos oficiales en honor del presidente, que fueron encabezados por el generalísimo Francisco Franco. Perón volvía a la Argentina con renovados objetivos. "Yo voy a tomar el poder", dijo el General antes de subirse al avión, según informó el 20 de junio de 1973 el enviado especial de *Clarín*, Julio Algañaraz.

Por aquellos días, Rodolfo Pandolfi trabajaba en *La Opinión*. Antes del viaje, justo cuando estaba preparando una sesuda nota en la que pretendía anticipar con cuál mensaje llegaría el líder, uno de los colaboradores más estrechos de Perón lo llamó por teléfono desde Madrid.

—¿Qué dice el periodista estrella? ¿A que no adivina cómo será el discurso del General en Ezeiza?

—Ambiguo, para contentar a todos.

—Cero. Perón va a tomar el poder, todo el poder.

—¿Cómo es eso?

—Ya no va a admitir a los que él considera infiltrados. Le voy a decir una frase clave de su discurso: "Cuando los pueblos agotan su paciencia suelen hacer tronar el escarmiento".

Pandolfi todavía luce sorprendido por la precisión de su fuente.

—A partir de Ezeiza, Perón comienza a hablar de infiltrados. Dirá, por ejemplo: "Esos que cantan 'Perón, Evita, la patria socialista', si quieren el socialismo hay seis partidos socialistas, ¿por qué no van a esos partidos? Son infiltrados".

Apenas regresó al país, Perón se mostró muy decepcionado con Cámpora, quien, en su opinión, ya no le aseguraba ni siquiera la gobernabilidad del país. Es casi seguro que ya había decidido desplazarlo de la presidencia aquel 25 de junio, cuando Caraballo lo vio por primera vez en la casa de Gaspar Campos.

—Me lo presentó Gelbard. Perón me pidió que le brindara un asesoramiento personal en los principales temas del gobierno de Cámpora, sobre los que él quería opinar. A mí eso no me gustó mucho porque debía ser una tarea secreta, Cámpora no tenía que enterarse; era como auditar al gobierno, así que intenté declinar la responsabilidad. "Pero mi General, yo soy más un técnico que un político." "Mejor, porque quiero opiniones objetivas y además Gelbard lo avala", me interrumpió.

En un momento de la charla, Perón se volvió hacia Gelbard con fastidio.

—Gelbard, ¿qué pasa que mi mucama fue al almacén a comprar pollo y no había?

—General, hay paro de camiones, que cortan la ruta por la que vienen los pollos desde Entre Ríos.

—¿Cómo puede ser? Si quieren protestar, que vayan a la CGT, pero no se puede cortar una ruta. Ponga un soldado por camión y eso se resuelve enseguida. La gente no debe carecer de provisiones.

—No se preocupe, General, que mañana va a estar todo resuelto.

—¡Este Cámpora! ¿Cómo puede ser? No controla la situación.

A Cámpora le quedaba poco hilo en el carretel y en pocos días se desarrolló una intensa presión desde distintos sectores para que el "poder real", encarnado en el Perón que ya había vuelto del exilio y despachaba en Gaspar Campos, se acoplara con el "poder formal", desempeñado por un Cámpora cada vez más débil, al que sólo parecían quedarle los símbolos de la presidencia.

Según su biógrafo Miguel Bonasso, Cámpora y su vice, Solano Lima, decidieron renunciar el 4 de julio durante una tensa reunión de gabinete en Gaspar Campos, presionados por López Rega. Bonasso describe a Cámpora como un hombre de principios, muy leal, que tuvo la grandeza de alejarse en forma "inmediata e irrevocable" del cargo que había ganado legítimamente en las elecciones del 11 de marzo, con el único objetivo de habilitar el retorno a la presidencia de Perón porque sabía que ése era el deseo de todos los que lo habían votado. Es un punto de vista compartido por Righi.

Pero Julián Licastro tiene una opinión distinta:

—Es evidente que Cámpora se aferró al gobierno: él venía amagando con renunciar desde antes de tomar el gobierno, pero ¡no renunciaba nunca! Creo que el personaje claro y clave de la renuncia de Cámpora es Solano Lima, que es el que define la situación al anunciar públicamente que tanto Cámpora como él habían decidido dar un paso al costado.

La fecha de la renuncia del presidente y el vice estaba prevista para el sábado 14 de julio, pero tuvo que ser anticipada un día, para el viernes 13, porque tanto Perón como Rucci y Victorio Calabró, el vicegobernador de Buenos Aires y tesorero de la UOM, anticiparon el cronograma, tal vez porque no estaban seguros de que Cámpora cumpliría su palabra o bien porque, como asegura Bonasso, buscaban humillarlo y sacarlo de la Casa Rosada lo más magullado posible.

Primero fue Perón, quien el martes 10 de julio citó al general Carcagno y le anticipó: "Voy a hacerme cargo del gobierno y quiero que el Ejército lo sepa antes que nadie". Al despedir a Carcagno, Perón deslizó ante los periodistas una frase que anunciaba el desenlace:

—Para lograr que capitales extranjeros se radiquen en el país hay que inspirar confianza.

Aquel día, Rucci visitó a Cámpora en la Casa Rosada y luego se corrió a la Sala de Periodistas, donde dijo que la CGT tenía "una línea nacional, popular y cristiana" y actuaba en función de "algo que conforma a todos los argentinos, al margen de cualquier actitud sectorial y clasista". Ratificó "la más absoluta y decidida lealtad hacia el general Perón" y remató con una de sus frases típicas, rotundas:

—Se acabó la joda.

El miércoles 11 de julio, Calabró lanzó unas declaraciones mortíferas:

—Estando el general Perón en el país nadie puede ser presidente de los argentinos más que él. Creo que tanto Cámpora como cualquier otro argentino puede agradecer la suerte de haber llegado a ocupar el lugar que merecidamente debe ocupar Perón y debe estar muy satisfecho con haber estado desde el 25 de mayo hasta ahora y brindarle al general Perón lo que le corresponde.

El jueves 12 de julio fue un día vertiginoso, poblado de reuniones y trascendidos. El encuentro más importante ocurrió al mediodía en la CGT, durante un almuerzo ofrecido por Rucci a los legisladores de extracción sindical, en el que también participaron los titulares del Senado, Alejandro Díaz Bialet, y de Diputados, Raúl Lastiri. Su discurso puso a Cámpora contra la pared.

—La central obrera luchó durante dieciocho años por un objetivo que, indudablemente, tiene el nombre de Juan Perón. Cuando planteamos o cuando señalamos el eslogan "Perón al poder" naturalmente ello encierra un contenido que debe convertirse en realidad, al que nosotros, desde la

CGT, vamos a aportar todos los esfuerzos, todo el peso de su organización para que esto se convierta en realidad.

Luego del almuerzo, Rucci reunió al consejo directivo de la CGT, que se declaró en sesión permanente. Los rumores indicaban que los sindicalistas habían dado la orden de movilizar a los trabajadores hacia la residencia de Gaspar Campos para "llevar a Perón al gobierno", en una réplica del 17 de octubre de 1945. Las usinas también aseguraron que se venía un paro para forzar la renuncia de Cámpora, que, por su lado, era el eje de múltiples reuniones con sus colaboradores en la Casa Rosada. A las 17, Cámpora se trasladó a Gaspar Campos, hacia donde también convergieron Rucci, Gelbard, Righi, Taiana y Lastiri, entre otros. Una módica cantidad de ómnibus con manifestantes de la UOM comenzó a dar vueltas por la residencia de Perón cantando: "¡Perón, Evita, la patria peronista!". Perón se sintió obligado a salir a una pequeña terraza desde donde los saludó con los brazos abiertos: "¡Gracias, muchachos!". A las 19.15, Rucci envió a los periodistas un papelito con sólo tres palabras: "No hay paro". Una hora y media después, Cámpora abandonó la casa con expresión abatida y sin hacer declaraciones. Nadie habló hasta que a las 22.30 Solano Lima dejó su despacho en el Senado y enfrentó, de buen humor, las preguntas de los periodistas acreditados en el Congreso.

—¿Vienen a preguntarme lo que ya sabe todo el mundo? Mañana a las ocho en la Casa Rosada el doctor Cámpora y yo firmaremos juntos nuestras renuncias, que son indeclinables. El general Perón será candidato a presidente. El diputado Lastiri será el presidente interino. El objetivo es permitir que el pueblo argentino vote a sus candidatos. El general Perón era una figura vetada; ahora lo podrán votar libremente.

Recién en la madrugada del viernes 13 de octubre, a la 1.30, Cámpora confirmó la primicia de Solano Lima, al salir de la Casa Rosada.

—Hoy presentaré mi renuncia a la presidencia de la Nación.

Rucci escuchó el discurso de despedida de Cámpora sentado en la primera fila del Salón Blanco, cruzado de brazos y piernas. Estaba contento cuando se encontró con algunos periodistas.

—Cámpora estuvo muy bien: interpretó el deseo del pueblo. Todo fue muy espontáneo, sin presiones de ningún tipo.

De inmediato, en el Congreso, Raúl Lastiri, cincuenta y siete años, yerno de López Rega, se convirtió en el nuevo presidente. Fue el turno de las barras sindicales, que desde las gradas aturdieron a todos los legisladores con el grito preferido: "¡Perón, Evita, la patria peronista!". Lastiri, que enfatizó que su único objetivo era conducir el proceso electoral, ratificó a todos los ministros de Cámpora menos a Righi y a Puig, que fueron reemplazados por dos peronistas de derecha, Benito Llambí, en Interior, y Alberto Vignes, en la Cancillería.

En realidad, la Ley de Acefalía indicaba que Cámpora debía ser reemplazado por el presidente provisional del Senado, Díaz Bialet, pero como era otro hombre del riñón del renunciante, el jueves 12 por la noche fue enviado de viaje a Madrid con la misión de preparar la posición que llevaría la Argentina a la IV Conferencia de los Países No Alineados, que comenzaría en Argel recién un mes y medio después, el 29 de agosto.

La relación entre Perón y Cámpora terminó mal, tanto que el ex presidente ni siquiera fue invitado a la asunción del General, quien luego lo sacó de escena con una jugada típica: lo envió lejos, a México, como embajador.

Según el doctor Pedro Ramón Cossio, cardiólogo de Perón, en junio de 1973 el General le dijo que "no estaba satisfecho con el presidente Cámpora por haberse rodeado de gente que no era de su agrado, y mencionó concretamente al ministro del Interior, el doctor Esteban Righi".

—Una tarde vi junto con el general Perón el noticiero que anunciaba la visita del presidente Cámpora a Gaspar Campos, y su posterior llegada y entrada. Al rato salió y anunció a los medios que había estado con el General... ¡Pero al cuarto del primer piso donde estábamos no había entrado nunca!

Coincide con él otro de los médicos de Perón, el doctor Carlos Seara, quien revela un comentario que su paciente le hizo a mediados de enero de 1974:

—Mire, doctor, yo la verdad es que no vine a la Argentina para ser presidente; yo quería venir a vivir tranquilo, ser una figura de consulta para cuestiones macropolíticas. Pero ya ve, yo siempre le hice mucho caso a lo que decía Evita y, cuando se dieron todas las circunstancias políticas que usted conoce, le volví a hacer caso una vez más, porque siempre Evita me decía que mi más leal colaborador, si yo tenía que confiar alguna vez en alguien, era el doctor Cámpora. Pero ocurrió lo impensado: Cámpora se dejó copar por la izquierda.

Capítulo 17

LA GOTA QUE DERRAMÓ EL VASO

El asesinato de Rucci fue la gota que derramó el vaso.

Perón a dirigentes políticos y sindicales del justicialismo el 29 de septiembre de 1973, según un cable confidencial enviado tres días después por la embajada de los Estados Unidos a Washington.

El asesinato de José Ignacio Rucci fue un punto crucial, determinante, en el peronismo y en la Argentina de los setenta. Si la matanza de Ezeiza convenció a muchos jóvenes de que sus sueños de una revolución socialista no pasaban ya por el liderazgo de Juan Perón y marcó el reflujo de la derecha peronista, parte de la cual convergiría luego en la Triple A, la muerte de Rucci tuvo un efecto más vasto al impactar en todo el arco político: en Perón, el gobierno, los montoneros, el sindicalismo, la derecha partidaria, la oposición radical y los militares.

A esta altura, queda claro que la emboscada contra Rucci fue un golpe de Montoneros contra la conducción que Perón ejercía naturalmente sobre la masa justicialista, un intento de sus "muchachos" para forzarlo a que compartiera con ellos el reparto del poder, tanto en el gobierno como en el Movimiento. Consistió en "tirarle un fiambre a la mesa de negociaciones"; fue un "apriete" para que el General retomara su "política pendular" y dejara de apoyarse únicamente en la "burocracia sindical".

Fue un hecho político trascendente; hubo un antes y un después de la "boleta" de Rucci en varios de los flujos políticos más importantes de aquella época, en especial en el dinámico triángulo de relaciones entre Perón, los montoneros y la dirigencia sindical. Se trató de un asesinato motivado por razones políticas que tuvo varias consecuencias:

- Marcó el triunfo de los sectores que, dentro de Montoneros, tensionaban hacia la militarización. Como punto culminante, el 6 de septiembre de 1974 los montoneros volvieron a la clandestinidad, retomaron la lucha armada y renunciaron a la política de masas: por ejemplo, no tuvieron ninguna participación en la crucial movilización del 27 de junio de 1975, cuando los sindicatos coparon la Plaza de Mayo y le arrancaron a Isabelita la renuncia del hombre fuerte de su gobierno, José López Rega. Fue un error, ya que la clandestinidad era el terreno que menos les convenía y donde luego del golpe de Estado del 24 de marzo de 1976 serían deglutidos con relativa facilidad.
- Decidió la división de Montoneros y el surgimiento de la Juventud Peronista "Lealtad", cuyo nombre indica su razón de ser: a diferencia de la casa matriz, acataban la conducción de Perón.
- Ilustró de un modo dramático la falta de eficacia de la relación encarada por Perón con la mayoría de sus jóvenes revolucionarios. La bondad de una conducción no depende de las intenciones ni de la belleza de los discursos; se mide empíricamente, por sus resultados, como bien explicaba el propio Perón: "La

conducción es un arte de ejecución simple: acierta el que gana y desacierta el que pierde".
- Endureció el discurso y la práctica de Perón contra los "infiltrados", los montoneros. Para Juan Manuel Abal Medina, secretario general del Movimiento, "fue la provocación más grande contra el General. Él nunca dudó de que habían sido los montoneros y lo vivió así. Fue una etapa donde decía cosas muy fuertes contra Montoneros. Muchos intentamos recomponer. Yo tenía diálogo permanente con el General y me reunía con gente de la Organización. Había gente sensata, pero el liderazgo de la Orga estaba en manos de un grupo que pensaba que en la Argentina estábamos cerca de la revolución".
- En el delicado equilibrio dentro del Movimiento, inclinó la balanza de Perón hacia el sindicalismo y la derecha, contra el ala izquierda hegemonizada por Montoneros. "Perón allí decide que va a terminar con este sector", cuenta Abal Medina.
- Privó a Perón de uno de sus alfiles en el ajedrez político de la época; de su delegado en la CGT, y de su hombre de confianza dentro del sindicalismo, que era uno de los factores de poder. "Nunca tuve buena relación con Rucci, pero me consta que fue un hombre leal a Perón. Además de un crimen espantoso, fue un desafío inadmisible al poder de Perón", evalúa Esteban Righi.
- Impidió la renovación de la dirigencia sindical y la privó de un líder audaz, carismático y con una inmejorable llegada a Perón. Luego de Rucci la secretaría general de la CGT fue ocupada por sindicalistas de mucho menos brillo y peso político, como el textil Adelino Romero, que al año siguiente murió sospechosamente, cuando se recuperaba de una enfermedad en un hospital; Segundo Bienvenido Palma, de

la construcción, y el textil Casildo Herreras. Sin Rucci, los hilos del poder gremial volvieron a las 62 Organizaciones y a Lorenzo Miguel, que ya no pudo ser removido de allí, como pretendía Perón, que desconfiaba de la autonomía del vandorismo.

- Contribuyó a agotar la restauración del modelo justicialista, basado en la Tercera Posición en el plano internacional, un capitalismo orientado por el Estado, el desarrollo de la industria nacional, la alianza de clases y el reparto equitativo de la riqueza (50 por ciento para el capital y 50 por ciento para el trabajo).
- Favoreció la aparición de los grupos de exterminio de la Triple A, orientados por López Rega, y el surgimiento de una espiral de violencia incontenible, que, a los ojos de muchos argentinos, legitimó el golpe militar de 1976. Como explicaba Antonio Gramsci, todos los Estados necesitan de una combinación variable de coerción y consenso, "dictadura más hegemonía".
- La oposición leyó el asesinato como una muestra más de que el peronismo no podía procesar sus diferencias en paz, sin los aprietes violentos y según las reglas de la democracia. Eso debilitó cualquier posibilidad de alianza del oficialismo con la principal fuerza opositora, el radicalismo, o al menos con el sector más proclive, el de Ricardo Balbín. Fue un déficit muy grande en la agonía del gobierno de Isabel Perón, cuando tal vez una alianza institucional entre el peronismo y el radicalismo habría permitido llegar a las elecciones, que habían sido adelantadas a noviembre de 1976 para impedir el golpe militar.

Fue Balbín, un político experimentado, quien mejor caracterizó la brecha que separaba a Perón de los montoneros en el verano de 1974, cuando Carlos Campolongo, en aquel momento un dinámico cronista del Canal 9, le hizo una entrevista.

—¿Cómo ve la relación entre Perón y los jóvenes de la Tendencia Revolucionaria?

—Lo mismo me preguntó hace poco un joven peronista que fue a verme a mi casa en La Plata. Tocó el timbre y se sorprendió porque lo atendí yo. Yo le contesté: "La pregunta que deberían hacerse los muchachos es si ellos lucharon para que Perón volviera al país y tomara el poder, o si lucharon para que Perón volviera al país y fueran ellos los que tomaran el poder".

Ése era el tema principal del conflicto: el poder, la conducción, la "manija", o, como decía Perón, "quién corta el salame".

Roberto Perdía recuerda que "nuestra consigna fue: 'Conducción, conducción; Montoneros y Perón'. Eso a Perón no le gustaba nada. Él siempre había hecho hincapié en su rol de conductor. Alguna vez, había dicho: 'Yo no sé de política, yo sé de conducción'".

No eran sólo los montoneros los que dentro del Movimiento se probaban el traje de Perón: todos sabían que, a los setenta y ocho años, tenía problemas de salud que se estaban agravando.

El problema con los montoneros fue que querían heredarlo para impulsar un proyecto político (la revolución socialista, la abolición de la democracia liberal, la expropiación o estatización de las principales empresas, el reemplazo de las Fuerzas Armadas por las milicias populares) al que Perón se oponía fuertemente. Además, esa voluntad se volvió tan ostensible que derivó en un encuentro reservado y audaz con la cúpula del Ejército que rápidamente llegó a los oídos de Perón.

Ocurrió que el 21 de noviembre de 1973 por la noche Perón, que había asumido la presidencia hacía cuarenta días, sufrió una violenta taquicardia, que terminó indicando un daño severo de la función mecánica del corazón como consecuencia de los infartos que ya había padecido. "Esta vez no estaba lista la guadaña, aunque la vi cerca", le comentó Perón a uno de sus médicos de cabecera, Pedro Cossio, apenas se recuperó.

A los pocos días, Jorge Taiana, el otro médico de cabecera de Perón y ministro de Educación, se reunió con Perdía fuera de su ministerio.

—Yo era el encargado de la relación con Taiana. Nos llevábamos bien con él; era distinto a los otros políticos peronistas; era un científico, un intelectual, y, además, su hijo militaba con nosotros. Taiana padre me dijo: "Les quiero avisar que el General se muere en seis meses; con esta situación política, con el desgaste que implica el gobierno, se nos va en muy poco tiempo. En Madrid habría vivido más, pero acá no".

Perdía avisó a sus compañeros de la Conducción Nacional de Montoneros, quienes deliberaron y tomaron una serie de medidas, entre ellas gestionar una reunión con el jefe del Ejército, el general Jorge Carcagno, y con su Estado Mayor para "ver qué pasa en el post Perón, ver con quién van a jugar ellos".

Carcagno comandaba la Brigada de Infantería Aerotransportada IV con asiento en Córdoba cuando el 29 de mayo de 1969 se produjo el "Cordobazo", la insurrección de obreros y estudiantes que fue duramente reprimida por los militares a su cargo. Pero en 1973 era otra persona: había llegado a la cúspide de su fuerza porque el 25 de mayo de aquel año Perón y Cámpora decidieron pasar a retiro al resto de los generales, que eran más antiguos que él, y sus ideas habían cambiado tanto que en septiembre, en Caracas, durante la X Conferencia de Jefes de Ejércitos Americanos, denunció que los militares de la región actuaban como "guardias pretorianas de un orden injusto", afirmó que "la subversión desaparecerá cuando se actúe decididamente sobre las causas que la generan, tanto políticas como económicas y sociales", y propuso dejar de lado la Doctrina de la Seguridad Nacional y reformar el Tratado Interamericano de Defensa Recíproca. Quería establecer una alianza con Montoneros porque también él preveía que Perón moriría antes de terminar su mandato y pensaba que ese acuerdo era la única forma de evitar que el país se precipitara en un caos. Por eso fue uno de los impulsores del Operativo Dorrego, un trabajo conjunto entre soldados y miembros de la Juventud Peronista que durante casi todo el mes de octubre repararon desagües, caminos, canales, escuelas y hospitales que habían sido averiados por las inundaciones en varias localidades de la provincia de Buenos Aires. Carcagno y la Conducción Nacional de Montoneros tenían en carpeta otros proyectos en común, como la participación de guerrilleros en las maniobras anuales del Ejército, que se realizarían en Entre Ríos.

La cumbre sobre la salud de Perón se realizó en la primera semana de diciembre, en el departamento de un empresario que despertaba la confianza de ambas partes, en la avenida Santa Fe, cerca de la Plaza San Martín. Carcagno fue con su jefe de Estado Mayor, el general Luis Betti; el jefe de Inteligencia, coronel Carlos Dalla Tea, y el jefe de Política, coronel Juan Jaime Cesio. No estuvo el jefe de Comunicaciones, general Leopoldo Fortunato Galtieri, y los montoneros nunca supieron las razones de esa ausencia. Por la Orga concurrieron Firmenich y Perdía. Cada uno de los invitados fue dejando su arma a la entrada, bajo la custodia del dueño de casa.

—El Ejército ya entendió que nunca más repetirá el rol que tuvo en el "Cordobazo", de reprimir a los sectores populares —dijo Carcagno como para irradiar confianza.

—Nosotros también entendimos que cuando el pueblo se une no hay poder militar que valga —replicó Firmenich.

—Ahora, nos interesa saber cuál es la idea en el Ejército para el post Perón. ¿Qué pasaría con el Ejército en esa circunstancia? Claro que queremos aclarar que, si hay un golpe de Estado, vamos a defender a las instituciones y a Perón —intervino Perdía.

—Hemos discutido ese tema con el Estado Mayor: nosotros vamos a estar con ustedes, con la Tendencia, y no con el aparato sindical. Pero les quiero aclarar una cosa, muchachos: yo no manejo el Ejército, manejo los botones del Ejército; a veces, aprieto un botón y está el cable cortado; mi orden no llega a destino. Hay algunos mandos que todavía necesitan tiempo para asumir las nuevas orientaciones.

Perón se enteró rápidamente de la reunión y decidió forzar el retiro de Carcagno, a quien tenía en la mira por el Operativo Dorrego y por sus declaraciones y discursos. Para eso, hizo que la Comisión de Acuerdos del Senado rechazara el 18 de diciembre de 1973 el ascenso a general del coronel Cesio, la mano de derecha de Carcagno. Fue una forma de debilitar al jefe del Ejército, que comprendió el mensaje y presentó su renuncia. El operador de esa maniobra fue Gustavo Caraballo, secretario técnico de la Presidencia.

—Más que la reunión con Montoneros lo que le molestó a Perón era que se hiciera mientras estaba restableciéndose y que tuviera el objetivo de contemplar la viabilidad de una etapa cívico-militar en caso de su muerte. A quien está aún vivo no le gusta que negocien su cadáver.

Según Perdía, "ya no había confianza con Perón, por eso no fuimos a avisarle a él. Fue un cuestionamiento a su autoridad, a su conducción. El vínculo con Perón ya estaba roto".

El General estaba muy enfermo y los montoneros sabían que moriría pronto: ¿por qué aceleraron el choque con él? Perdía lamenta que no hayan podido "evitar o salir de la confrontación con Perón, o bajar los decibeles. Es que éramos muy imberbes, como él nos dijo el 1º de mayo de 1974 en la Plaza. El promedio de edad de la conducción era de veinticinco años; el de oficial para arriba, veintiún años, y el de las agrupaciones, diecinueve años. Éramos muy jóvenes y había un componente de avasallamiento contra las otras generaciones que desde la Conducción no logramos evitar".

La relación con Perón había colapsado unos meses antes, cuando el General tuvo la certeza de que habían sido los montoneros los autores del asesinato de Rucci. Esta emboscada marcó el triunfo de los sectores de la cúpula de la guerrilla peronista que apostaban a una respuesta militar contra la decisión política de Perón de borrarlos de las posiciones de poder que habían conseguido en las elecciones del 11 de marzo y en el gobierno de Cámpora. Fueron los "fierreros" los que vencieron a los "políticos" o los "movimientistas", como explica José Amorín, fundador de uno de los grupos que desembocaron en Montoneros:

—La muerte de Rucci fue un error político fundamental. Allí se dirime de una vez por todas la interna en Montoneros entre los militaristas y los movimientistas, a favor de los primeros. Tiene un sentido exactamente inverso a la muerte de Aramburu, que había marcado el debut de los montoneros y les dio una fuerte popularidad y aceptación entre los sectores populares, entre los peronistas.

Coincide en esa evaluación Julio Bárbaro:

—Los montoneros entran a la política con la muerte de Aramburu y salen de la política con la muerte de Rucci. Este último hecho indica el triunfo de su ala militar. El pragmatismo de los militaristas fue reduciendo el lugar de la política y llevando las cosas hacia una previsible tragedia.

En aquella época, Firmenich se mostraba convencido de que el golpe militar, al que describía como el contraataque del brazo armado del imperialismo, era inevitable. Por eso defendía la creación de las "milicias populares", aunque admitía que no estaban en condiciones de impedir el "golpe imperialista":

—Hay que hacer un cálculo estratégico: un irregular, un guerrillero, equivale, cálculo mínimo, a diez soldados regulares; el país tiene alrededor de doscientos mil soldados regulares, entre pitos y flautas, en las distintas fuerzas. Nosotros para equilibrar eso precisamos un mínimo de veinte mil hombres armados. Estamos lejos. Con menos y una parte de las Fuerzas Armadas volcadas a nuestro favor a lo mejor se lograría. Pero precisamos seguro un mínimo de diez mil y de ahí para arriba. Lo más probable es que, llegado el momento de fractura, debamos otra vez replegarnos a la defensiva estratégica.

Lo más interesante es que ya en septiembre u octubre de 1973, cuando dio su charla a los "cuadros" de la Orga en la Ciudad Universitaria de la UBA, Firmenich preveía excelentes posibilidades para esa etapa de resistencia a la dictadura inevitable: "Tenemos una buena fuerza defensiva como para acorralar a corto plazo al enemigo".

Ésa fue la visión que en 1979 acompañó el lanzamiento de la "Contraofensiva Estratégica", que terminó en un verdadero desastre, con la muerte de los centenares de guerrilleros enviados al país. "La estrategia nuestra no era salvar gente. Si hubiésemos tenido esa estrategia, directamente no empezábamos. La estrategia era transformar la estructura de poder en la Argentina, no salvar gente", se ataja ahora Firmenich.

La respuesta de Perón a la muerte de Rucci fue contundente. "Fue la gota que derramó el vaso", dijo el General muy enojado cuatro días después de la emboscada, el 29 de septiembre de 1973, durante un encuentro con dirigentes políticos y sindicales. Y los convocó a "una lucha contra los terroristas y a expulsar a todos los elementos marxistas del

Movimiento peronista y del gobierno", según un cable confidencial enviado el 2 de octubre de 1973 por el embajador estadounidense, John Lodge, a su gobierno, citando "fuentes peronistas". "Uno de los resultados de esta orden de Perón fue el pedido de renuncia al interventor de la UBA, Rodolfo Puiggrós", comentó Lodge, quien también informó sobre la cumbre del día anterior, el 1º de octubre, en la que participaron Perón; el presidente provisional, Lastiri; el gabinete; los líderes del Movimiento, y los gobernadores oficialistas.

—A los gobernadores se les ordenó que purguen sus gabinetes de todos los elementos marxistas. Según *La Opinión* de esta mañana, los gobernadores fueron también informados de las estrictas órdenes remitidas a todos los delegados provinciales del Movimiento peronista, instruyéndolos a que comiencen una campaña concertada contra los elementos subversivos. Aquellos que no cooperen en la lucha o que en cualquier modo toleren actos subversivos serán inmediatamente expulsados del Movimiento. Los elementos marxistas serán excluidos de ahora en delante de todos los eventos partidarios y se les negará acceso a todos los canales partidarios para la diseminación de información.

Lodge evaluó que "esta última cachetada a la izquierda" de su Movimiento indicaba que Perón tenía sólidos indicios de que la guerrilla peronista había asesinado a Rucci: "Uno debería asumir que, si él estuviera convencido de la responsabilidad del Ejército Revolucionario del Pueblo, su reacción habría sido restringir el llamado a la exterminación del ERP".

Esas instrucciones a los delegados partidarios en las provincias habían sido elaboradas por el Consejo Superior Peronista, de dieciséis miembros, el máximo organismo del Movimiento, que estaba encabezado por Perón y por su esposa, Isabel. Tenía el rótulo de "Documento Reservado" y buscaba enfrentar de una manera coordinada la "guerra desencadenada contra nuestra organización y contra nuestros dirigentes" por parte de "los grupos marxistas terroristas y subversivos", que se manifestaba en campañas de desprestigio contra sus dirigentes, la "infiltración", las amenazas, las agresiones y los asesinatos. Esa "guerra" debía tener como respuesta no sólo la defensa sino también el ataque "al enemigo en todos los frentes y con la mayor decisión". Para eso daba una serie de directivas e indicaba que "se utilizarán todos los medios de lucha que se consideren eficientes, en cada lugar y oportunidad. La necesidad de los medios que se propongan será apreciada por los dirigentes de cada distrito".

Otro cable confidencial de Lodge relató a su gobierno el 11 de octubre de 1973 cómo andaba la purga del General:

—Los resultados de la orden de Perón están siendo vistos también en la reorganización de los gabinetes de varias provincias. El gobernador Bidegain, de Buenos Aires, enfrenta fuertes denuncias sobre elementos "marxistas" y reclamos para que sean despedidos. Cambios de gabinetes han sido informados en Mendoza, San Luis, La Rioja y Salta. También hubo presiones contra la izquierda en Córdoba y Tucumán.

Lodge evaluó que Perón no pretendía destruir toda el ala izquierda de su Movimiento:

—Ellos son un gran componente del Movimiento y, más importante aún, él los necesita para balancear al ala derecha. Más bien, él parece apuntar a deshacerse de un número limitado de los izquierdistas más extremos y correr la izquierda más hacia el centro, ubicándola dentro de la estructura "justicialista". Por lo tanto, la ideología marxista, como tal, será rechazada. Como escribió un editorialista local la semana pasada: "Del otro lado de la cordillera de los Andes (en el Chile de Pinochet, N. del A.) ellos están tratando de liquidar a la izquierda; de este lado, se trata simplemente de colocarla en su lugar adecuado".

A esta altura, Montoneros y FAR ya habían terminado su trabajoso proceso de fusión, cuyo bautismo de fuego había sido el atentado contra Rucci. Pero el debut público, en sociedad, fue postergado para el 12 de octubre de 1973, en estudiada coincidencia con la asunción por parte de Perón de su tercera presidencia. Aquel día, todo estuvo muy tranquilo en la Plaza de Mayo, aunque Perón tuvo que hablar detrás de un vidrio blindado por temor a un eventual atentado. Los montoneros repartieron miles de volantes con el "Acta de unidad de FAR y Montoneros", en la que denunciaban la "creciente ofensiva del imperialismo yanqui tendiente a sofocar nuestro proceso de liberación", aliado con "fuerzas económicas, políticas y militares de nuestro país", la oligarquía, que mantenían una "estrecha alianza con ciertos sectores dirigentes de nuestro Movimiento". Y explicaban que la fusión se orientaba a "contribuir al proceso de reorganización y democratización del Movimiento al que nos ha convocado el general Perón para lograr la participación orgánica de la clase trabajadora en su conducción", que era la única garantía para concretar la liberación nacional y la justicia social, dos etapas que debían conducir al socialismo y a la unidad latinoamericana.

Cinco días después, el 17 de octubre, los nuevos montoneros hicieron un acto en Córdoba, donde juntaron más de diez mil personas que escucharon a Firmenich y a Quieto. Acorde con la fecha, El Pepe habló mucho de la lealtad, pero la definió no ya como una lealtad a Perón sino a "los intereses políticos, sociales y económicos de la clase trabajadora", de la cual, como hemos visto, la Orga había pasado a considerarse su vanguardia armada. También criticó el Documento Reservado del Consejo Superior Peronista, que "plantea un fantasma que agrede al peronismo", y que "pretende eliminar el desarrollo del Movimiento", y advirtió que "en la medida en que la agresión continúe, deberemos echar mano al derecho de defensa propia. Ellos golpean en cualquier lugar, pero nosotros vamos a golpear donde menos lo esperen y donde más les duela".

La violencia política, que no era poca, creció luego del asesinato de Rucci, al ritmo de la crispación de los discursos y de las actitudes políticas. Ya el 5 de octubre de 1973, el embajador Lodge informaba a su gobierno que "el nivel de la violencia aumenta perceptiblemente", y clasificaba esos hechos en tres: "atentados contra la policía"; "ataques a locales de sectores juveniles y sindicales del peronismo", que eran atribuidos a las "facciones guerreras del peronismo, con las FAP, las FAR y Montoneros de un lado, y los sindicatos del otro", y "tiroteos de la policía con supuestos criminales, especialmente secuestradores. Ha habido un inusual número de detenidos muertos 'mientras resisten arrestos'. Se rumorea que, de nuevo, está siendo aplicada la ley de fuga". Y el 24 de octubre de 1973 Lodge brindaba más ejemplos de ataques que reflejaban las "profundas divisiones en el Movimiento peronista, entre la derecha y la izquierda".

A finales del mes siguiente, el 21 de noviembre de 1973, hizo su debut la Triple A, la Alianza Anticomunista Argentina, con una bomba colocada en el auto del senador radical Hipólito Solari Yrigoyen, que le destrozó las piernas y no lo mató de milagro. Con el tiempo, se sabría que esta organización respondía a José López Rega, quien nucleaba a diversos exponentes de la derecha peronista. Firmenich no cree que Perón haya creado la Triple A, pero considera que dejó que "López Rega hiciera las Tres A". De todos modos, este grupo de exterminio se convertiría en un actor relevante sólo después de la muerte de Perón, el 1º de julio de 1974, durante el gobierno de su esposa Isabel, y hasta que López Rega perdió su cargo.

Con la muerte de Rucci, Montoneros privilegió el fusil a la política. A partir de entonces inició un proceso de militarización que lo fue reduciendo a un aparato cada vez más cerrado, clandestino, jerarquizado e inmune al disenso y al debate interno. Llevada a un extremo, esa tendencia derivaría con el tiempo en la distribución de grados similares a los del Ejército; el fusilamiento de los montoneros "traidores", reales o potenciales; el tratamiento de "Usted" a los superiores; la creación de un uniforme que, según Rodolfo Galimberti, se parecía al de los Bomberos Voluntarios de La Boca, y la elaboración de un Código que penaba hasta las infidelidades de pareja (con degradación y arresto). Todo eso tenía su lógica por lo que explicaba Firmenich: había que prepararse para el golpe militar inevitable, la resistencia gloriosa y la contraofensiva victoriosa.

Un ex oficial de Montoneros cuenta que "me llevó años de terapia el abandono de la Orga. Era una pertenencia muy grande: no podíamos usar nuestro nombre y apellido, vivíamos en la clandestinidad, cedíamos los salarios y los bienes; era peor que una secta religiosa. Vos recibías una mensualidad y un nombre, convivías con otros militantes, no podías ver a tu familia ni a los viejos amigos salvo que los llevaras vendados a los lugares de encuentro, estaba prohibido hacer nuevas amistades. Eso favorecía la disciplina, la autoridad, el control interno, la eficacia militar, el militarismo".

Este oficial luego formó parte de la JP Lealtad, la mayor escisión de Montoneros, que se precipitó con el asesinato de Rucci y se concretó en marzo de 1974: los "leales" reverenciaban la conducción de Perón, reivindicaban la pertenencia al Movimiento y se negaban a regalarle a la derecha el espacio interno que habían conseguido.

También integró la JP Lealtad Fernando Galmarini:

—La muerte de Rucci generó mucho quilombo dentro de la Orga. Yo, incluso, tuve una agarrada con Horacio Mendizábal, que había sido uno de mis jefes en Descamisados. Horacio era un tipo bárbaro, muy simpático, pero era muy rígido: venía del catolicismo y traía esas ideas de morir por los demás, dar la sangre por los hermanos. Él me dijo que tenía que elegir entre la lucha popular y prolongada o la traición. Ya veníamos mal y lo mandé a la puta madre.

Alejandro Peyrou, quien había preparado "El Organigrama" que los jefes montoneros le llevaron a Perón en abril de 1973, también se fue con la JP Lealtad:

—Había en Montoneros un gen militarista muy peligroso: se privilegiaba a los jóvenes que obedecían y mandaban sin reflexionar mucho, sin hacerse demasiadas preguntas. No tenían esas dudas o críticas que eran tratadas como "debilidades ideológicas" por la Conducción de la Orga. Por ejemplo, Rodolfo Walsh era bastante mayor que casi todos nosotros y ya era un escritor, un intelectual muy conocido y prestigioso, pero nunca pasó de oficial segundo, que fue el grado con el que murió, en 1977. En un momento, su "responsable", su jefe, era una chica universitaria de veintiséis años. Yo militaba en La Plata y, además, era el subsecretario de Asuntos Agrarios de la provincia de Buenos Aires. La información política no circulaba mucho, pero yo viajaba seguido a la Capital, donde tenía muchos amigos. Mi situación en la Orga se fue deteriorando y a principios de enero de 1974, dos semanas antes del ataque del ERP al cuartel de Azul, renuncié a mi cargo en Buenos Aires.

Peyrou dijo que, al mes siguiente, en febrero de 1974, el "responsable" de la Orga en La Plata y otra persona, cuyos nombres prefiere no recordar, lo convocaron a una cita.

—Tenés diferencias políticas e ideológicas con la Organización —le reprochó su "responsable".

—Sí, discutámoslas.

—No, la Organización decidió separarte. Pero, por supuesto, podés apelar.

—Y bueno, apelo.

—Denegada la apelación.

"Hace poco, el otro compañero que participó de la reunión me dijo que le debía la vida porque, además, querían fusilarme y él se opuso. No sé si será verdad. Yo doy gracias a Dios por la renuncia al cargo y por esa decisión de separarme de la Orga porque luego, en la dictadura, hubo una masacre en La Plata y casi a ninguno de los que nos habíamos separado o nos habían separado nos tocaron", agregó Peyrou.

Junto con la JP Lealtad también se fueron otros grupos de Montoneros, como el de José Amorín. Según Peyrou, los disidentes equivalían a, por lo menos, el 30 por ciento de los cuadros de la Orga. Por ejemplo, se fue la mayoría de la Columna Oeste de la Regional Buenos Aires, que era la más numerosa; la mitad de la Columna Capital; un porcentaje importante de la Columna Sur; casi todo el Movimiento Villero, y la mitad de la militancia en la UBA.

Entre los nombres más conocidos de los disidentes figuran también Horacio González; Alberto Iribarne, luego viceministro del Interior con Menem y ministro de Justicia con Néstor Kirchner; Jorge Obeid; Norberto Ivancich, "Croqueta", sociólogo, brillante polemista y destacado intelectual peronista que, cuando murió, dirigía el Instituto Nacional de la Función Pública en el gobierno kirchnerista, y dos sacerdotes: Carlos Mugica y Jorge Galli, que venían de diferentes sectores sociales, uno de la aristocracia y el otro de la clase obrera, pero tenían el mismo compromiso para mejorar la vida de los más pobres. Muchos de los sobrevivientes recuerdan aún las críticas del cura Galli antes de dar el salto.

—Muchachos, se están olvidando de que acá el único que conduce es Perón. Le están queriendo pelear la hegemonía del Movimiento, están tratando de imponerle condiciones. A Perón, muchachos, a Perón. Nos estamos apartando cada vez más del pueblo. No se puede creer que porque tengamos un aparato militar más o menos importante podemos imponerle condiciones al pueblo. Compañeros: estamos cayendo en la soberbia armada.

Cuando el cura Galli le pidió una cita, Perón lo recibió en la residencia de Olivos con toda la pompa, acompañado por Isabel y un edecán militar. Perón le mostró un ejemplar de "La Biblia", el documento montonero que argumentaba la ruptura con su liderazgo.

—Lo que pasa es que estos muchachos son marxistas, eso es lo que les pasó. Pero yo los conozco bien, yo sé que se reunían en París, en la Rue de la Poupée...

El otro cura muy conocido era Carlos Mugica, hijo de una familia noble, con pinta de galán y un intenso trabajo en la villa miseria de Retiro. Había sido asesor espiritual del Colegio Nacional de Buenos Aires, donde durante varios años tuvo como discípulos a los futuros fundadores de Montoneros: Fernando Abal Medina, Norma Arrostito, Carlos Gustavo Ramus y Mario Firmenich. No estuvo de acuerdo cuando ellos tomaron el camino de las armas porque, decía, "yo estoy dispuesto a que me maten, pero no estoy dispuesto a matar". Pero conservó una buena relación con sus ex discípulos hasta que en mayo de 1973 aceptó un puesto de asesor del Ministerio de Bienestar Social que dirigía López Rega. Los jefes montoneros no le perdonaron esa decisión y comenzó a recibir amenazas de muerte. En diciembre de aquel año, Mugica renunció a su cargo con un portazo que lo enemistó también con López Rega y con sus escuadrones de la Triple A. Eso no reacomodó sus vínculos con los montoneros, según su amigo y colaborador Ricardo Capelli.

—Carlos se sumó a la JP Lealtad y les dijo a los montoneros que se dejaran de embromar. La hizo muy corta. Les dijo: "Termínenla. Si a la lucha armada en algún momento yo la respeté o pensé que tenía algún sentido porque había una dictadura militar y el pueblo estaba sufriendo, en este momento, con un gobierno elegido por el pueblo, no tiene más sentido. Entierren los fierros y se terminó".

Mugica fue asesinado el 11 de mayo de 1974, a los cuarenta y tres años, a la salida de una iglesia de Villa

Luro, presuntamente por un escuadrón de la Triple A, aunque esa hipótesis no satisface a todos sus parientes y conocidos. Según le había contado la semana anterior al director de *La Opinión*, Jacobo Timerman, él estaba muy preocupado por su enfrentamiento con Firmenich, las constantes amenazas de muerte que, en su opinión, provenían de Montoneros, y la disputa de Firmenich y Roberto Quieto con Perón.

La división de Montoneros fue recibida con entusiasmo por Perón, que estaba convencido de que con paciencia y retórica podía recuperar a toda la Juventud con excepción de algunos de sus dirigentes, como Firmenich y Quieto, a los que consideraba definitivamente perdidos. Los colocaba en un nivel parecido al de la guerrilla trotskista del ERP, que estaba proscripta desde el 24 de septiembre de 1973. Pensaba que podían terminar derrumbando al gobierno y abriendo la puerta a un golpe militar, como en su opinión había sucedido con los sectores de ultraizquierda del gobierno del socialista Salvador Allende, derribado el 11 de septiembre de 1973 en Chile. Los identificaba con una terminal en París, sede de la Cuarta Internacional, y formando parte de una red desplegada también en otros países, que tenía el apoyo de Cuba.

Perón no perdía oportunidad para criticar a los jóvenes que alentaban "una infiltración en el Movimiento", como hizo el 7 de febrero de 1974, en la residencia de Olivos, durante una reunión con diversos grupos juveniles del peronismo a la que Firmenich y Quieto decidieron no ir porque se negaron a compartir la platea con "dirigentes que no representan a nadie".

—Hay mucha gente que ha tomado la camiseta peronista para hacer deslizamientos, aun mal disimulados, hacia zonas en las cuales nosotros no estamos de acuerdo. El problema a resolver en este momento es ver quién es quién, quiénes constituyen el justicialismo dentro de la juventud y quiénes no. ¿Qué vamos a hacer? No los vamos a juntar a todos mediante artificios que no van a ser reales, porque va a haber muchos que se meten diciendo Viva Perón y están pensando en que se muera Perón. Por ello es necesaria esa purificación.

El ataque era directo y frontal.

—Todos esos que hablan de la Tendencia Revolucionaria, ¿qué es lo que quieren hacer con la Tendencia Revolucionaria?

Según Perón, la juventud debía adaptarse a una nueva etapa, que era la pacificación nacional, para encarar primero la reconstrucción del país y luego su liberación:

—A la juventud, en fin, la queremos toda y a todos. Sabemos el mérito que tienen en el trabajo y en la lucha que han realizado. No, eso no lo niega nadie ni lo puede negar. Eso ya está en la historia. Hay héroes y hay mártires, que es lo que se suele necesitar en esta clase de lucha. Pero eso ha sido en la lucha cruenta que ya ha pasado. ¿Por qué nos vamos a estar matando entre nosotros? No podemos seguir pensando que lo vamos a arreglar todo luchando, peleándonos y matándonos. Ya pasó esa época, ahora viene otra. Los que quieren seguir peleando, bueno, van a estar un poquito fuera de la ley porque ya no hay pelea en este país.

No fueron sólo palabras. En simultáneo, Perón fue desalojando a los montoneros de sus posiciones en el aparato estatal. La renuncia de Carcagno los dejó sin su principal aliado entre los militares; al mes siguiente, el 19 de enero de 1974, el ataque del ERP al Regimiento de Caballería Blindada de Azul le entregó en bandeja la cabeza del gobernador de Buenos Aires, Oscar Bidegain, un aliado de la Orga. Participaron setenta guerrilleros y fue la primera vez que la guerrilla urbana argentina operó con tanta gente y a tanta distancia de una gran ciudad. El objetivo del ERP era tomar unos quinientos fusiles para abastecer su frente en Tucumán, pero no pudieron hacerlo aunque mataron al jefe del cuartel, el coronel Camilo Gay, a su esposa, y a un soldado. Se retiraron llevando de rehén al subjefe, el teniente coronel Jorge Ibarzábal, quien apareció muerto diez meses más tarde. El presidente Perón se calzó su traje de teniente general y se presentó por televisión a las 21.08 del domingo 20 de enero para pronunciar sus palabras más duras desde el retorno a la Argentina:

—Hechos de esta naturaleza evidencian elocuentemente el grado de peligrosidad y audacia de los grupos terroristas que vienen operando en la provincia de Buenos Aires ante la evidente desaprensión de sus autoridades. Estamos en presencia de verdaderos enemigos de la Patria, organizados para luchar en fuerza contra el Estado, al que a la vez infiltran con aviesos fines insurreccionales. No es por casualidad que estas acciones se produzcan en determinadas jurisdicciones. Es indudable que ello obedece a una impunidad en la que la desaprensión e incapacidad lo hacen posible, o lo que sería peor, si mediara, como se sospecha, una tolerancia culposa.

Perón se comprometió a tomar las "medidas pertinentes para atacar el mal en sus raíces, echando mano a todo el poder de su autoridad y movilizando todos los medios necesarios. El aniquilar cuanto antes este terrorismo criminal es una tarea que compete a todos los que anhelamos una Patria justa, libre y soberana. Sin ello, ni la reconstrucción nacional ni la liberación serán posibles".

Bidegain no resistió la embestida y dos días después presentó su renuncia. Fue reemplazado por el vice, Victorio Calabró, de la UOM, inaugurando un modelo de "limpieza" de los gobernadores afines a los montoneros que siguió rápidamente, aunque con algunos matices, en Córdoba y en Mendoza.

En octubre de 1973, el gobierno había enviado al Congreso un proyecto de ley para reformar el Código Penal y endurecer la represión a la guerrilla, que incluía cambios en la figura de la asociación ilícita y mayores penas contra la tenencia de armas de guerra, y Perón aprovechó el ataque al cuartel para apurar los trámites.

Montoneros y sus diputados afines patalearon y el martes 22 de enero de 1974 Perón concedió una audiencia a esos legisladores en la residencia de Olivos para que le explicaran sus objeciones. El General les tendió una trampita: ordenó que prepararan una escenografía adecuada y que el encuentro fuera transmitido en directo por TV. En el fondo de la residencia se levantó una tarima sobre la cual fue colocado el imponente escritorio del General. Enfrente, al nivel del piso, fueron ubicadas las sillas de los diputados formando una disminuida platea. Uno de los legisladores que estuvieron allí fue Santiago Díaz Ortiz, que no era montonero pero tenía una buena relación con ellos por sus vínculos con Cámpora y Abal Medina.

—Fuimos como treinta diputados que estábamos en contra de algunos artículos de la reforma del Código Penal, que creaban varias figuras en blanco para que los jueces pudieran fallar sobre actos de guerrilla. No había una tipificación de la insurgencia y eso les daba a los jueces más autonomía. Nosotros decíamos que eso era un peligro para el funcionamiento de las organizaciones políticas y sociales, y que cercenaba las libertades políticas y civiles. Vamos a Olivos y lo primero que veo es la parafernalia de los equipos de la televisión de aquella época. Apenas nos sentamos en la platea que nos habían preparado, hacen su aparición Perón con Isabelita, López Rega, todo el gabinete, los presidentes del Senado y de Diputados, hasta los jefes de los bloques del oficialismo. Perón dijo: "Muy bien, señores, ustedes pidieron hablar conmigo. Los escucho. ¿De qué se trata?".

Frente a las objeciones de los diputados, Perón argumentó que el eventual delito de asociación ilícita debía ser configurado por el juez en cada situación específica, y sostuvo que todas esas críticas debían ser planteadas en el bloque oficialista, donde los rebeldes estaban en minoría.

—Toda esta discusión debe hacerse en el bloque. Y cuando el mismo decida por votación lo que fuere, ésta debe ser palabra santa para todos los que forman parte de él; de lo contrario, se van del bloque. Para eso se hacen los bloques: para que sea la mayoría la que decida. Y si la mayoría dispone, hay que aceptar o irse. El que no está de acuerdo se va. Por perder un voto no nos vamos a poner tristes.

Perón aprovechó para saltar a un plano más general y castigar a los que "defienden otras causas y usan la camiseta peronista".

—Nadie está obligado a permanecer en una fracción política. El que no está contento se va. En este sentido, nosotros no vamos a poner el menor inconveniente. Quien esté en otra tendencia diferente de la peronista lo que debe hacer es irse.

Perón estaba obsesionado por frenar la violencia política y sacó a relucir el asesinato de Rucci, que lo seguía impresionando como el mejor ejemplo del nivel al que había llegado la guerrilla en la impugnación de su gobierno y de la democracia.

—¿Y nos vamos a dejar matar? Lo mataron al secretario general de la Confederación General del Trabajo, están asesinando alevosamente y nosotros con los brazos cruzados porque no tenemos ley para reprimirlos.

Para Perón, un gobierno democrático tenía que "contar con una legislación fuerte para parar lo que se está produciendo, que es también fuerte; y a grandes males no hay sino grandes remedios".

—En este momento, con lo que acabamos de ver, en que una banda de asaltantes invoca cuestiones ideológicas o políticas para cometer un crimen, ¿ahí nosotros vamos a pensar que eso lo justifica? ¡No! Un crimen es un crimen cualquiera sea el pensamiento o el sentimiento o la pasión que impulse al criminal.

Perón señaló que había otro modo de enfrentar esa violencia, que era que el gobierno se pusiera en el mismo nivel de la guerrilla y se saliera de la ley, pero afirmó que eso llevaría al país a "la ley de la selva".

—Queremos seguir actuando dentro de la ley y para no salir de ella necesitamos que la ley sea tan fuerte como para impedir esos males. Ahora bien: si nosotros no tenemos en cuenta a la ley, en una semana se termina todo esto, porque formo una fuerza suficiente, lo voy a buscar a usted y lo mato, que es lo que hacen ellos. No actúan dentro de la ley. De esa manera, vamos a la ley de la selva y dentro de la ley de la selva, tendría que permitir que todos los argentinos portaran armas a la vista. Necesitamos esa ley porque la República está indefensa frente a ellos.

Su postura tenía una amplia mayoría en el bloque oficialista de la Cámara de Diputados, lo cual le garantizaba la sanción de las reformas al Código Penal que estaba solicitando, pero Perón advirtió a los disidentes que no iba a ahorrar ningún medio para poner en caja a la guerrilla.

—Si no tenemos la ley, el camino será otro, y les aseguro que, puestos a enfrentar la violencia con la violencia, nosotros tenemos más medios posibles para aplastarla, y lo haremos a cualquier precio porque no estamos aquí de monigotes. Estamos afrontando una responsabilidad que nos ha dado plebiscitariamente el pueblo argentino. Nosotros no somos dictadores de golpes de Estado. No nos han pegado con saliva. Nosotros vamos a proceder de acuerdo con la necesidad, cualquiera sean los medios. Si no hay ley, fuera de la ley también lo vamos a hacer, y lo vamos a hacer violentamente. Porque a la violencia no se le puede oponer otra cosa que la propia violencia.

Dos días después, el jueves 24 de enero de 1974, renunciaron ocho de la treintena de diputados que habían ido a Olivos, Díaz Ortiz y siete montoneros, entre ellos Carlos Kunkel, actual diputado y operador de máxima confianza de los Kirchner. Díaz Ortiz recuerda que "me fui porque me sentí maltratado. Yo había sido delegado de Perón en la Argentina para solucionar sus problemas electorales; lo había conocido en 1971 en Madrid, donde mi padre, que había sido funcionario de él, también estaba exiliado. Me dolieron mucho sus palabras, así que a la salida de Olivos avisé que me iba a redactar la renuncia".

Al día siguiente, el Congreso sancionó la reforma al Código Penal que exigía Perón, y luego el Consejo Superior Peronista expulsó a los ocho diputados que habían renunciado.

La última etapa de la disputa entre Perón y Montoneros se desarrolló el 1º de mayo de 1974, durante el acto por el Día del Trabajo, un clásico del peronismo. Resultó el certificado final de una ruptura que ya se había consumado. Fue el día en que Perón los echó de la Plaza de Mayo y del Movimiento o, como siguen sosteniendo los jefes montoneros, cuando ellos decidieron irse empujados por la presión de sus bases. Lo cierto es que ya no hubo retorno porque Perón se murió tres meses después, luego de haber consagrado al pueblo como su único heredero en el histórico discurso del 12 de junio de 1974, aquel en el que se despidió con esas palabras tan elocuentes: "Yo llevo en mis oídos la más maravillosa música que para mí es la palabra del Pueblo Argentino".

Montoneros planeó el acto del 1º de mayo como una asamblea popular ante la cual Perón debía rendir cuentas de su gobierno, y la consigna que llevó a la Plaza fue punzante: "¿Qué pasa, qué pasa, qué pasa, General, que está lleno de gorilas el gobierno popular?". Ellos la gritaron con fuerza cuando Perón salió al balcón, a las cinco de la tarde. Con fastidio, Perón esperó que se callaran, luego les hizo gestos con las manos pidiendo silencio y, como no lo consiguió, se largó a hablar.

—Compañeros: hace hoy veinte años que en este mismo balcón y con un día luminoso como éste, hablé por última vez a los trabajadores argentinos. Fue entonces cuando les recomendé que ajustasen sus organizaciones, porque venían días difíciles. No me equivoqué ni en la apreciación de los días que venían ni en la calidad de la organización sindical, que se mantuvo a través de veinte años, pese a estos estúpidos que gritan.

Los montoneros reaccionaron con cantos ya clásicos: "¡Se va a acabar, se va a acabar, la burocracia sindical!" y "¡Mon-to-neros, carajo! ¡Mon-to-neros, carajo!".

—Decía que, a través de estos veinte años, las organizaciones sindicales se han mantenido inconmovibles, y hoy resulta que algunos imberbes pretenden tener más méritos que los que lucharon durante veinte años.

Mientras los montoneros volvían a la consigna central, Perón tomó aire y asestó otra puñalada, esta vez recordando a Rucci, aunque sin nombrarlo:

—Por eso, compañeros, quiero que esta primera reunión del Día del Trabajador sea para rendir homenaje a esas organizaciones y a esos dirigentes sabios y prudentes que han mantenido su fuerza orgánica y han visto caer a sus dirigentes asesinados, sin que todavía haya tronado el escarmiento.

Los montoneros contestaron a su modo: "¡Rucci, traidor, saludos a Vandor! ¡Rucci, traidor, saludos a Vandor!".

Perón siguió elogiando a los gremios y a la clase trabajadora, "la columna vertebral de nuestro Movimiento", y les agradeció "por haber sostenido un Pacto Social que será salvador para la República". Y finalizó prometiendo que concretaría la reconstrucción y la liberación del país, "no solamente del colonialismo que viene azotando a la República a través de tantos años, sino también de estos infiltrados que trabajan adentro, y que traidoramente son más peligrosos que los que trabajan desde afuera, sin contar que la mayoría de ellos son mercenarios al servicio del dinero extranjero".

Muchos montoneros no lo escuchaban porque ya le habían dado la espalda y se estaban yendo. El acto terminó con la mitad de la Plaza vacía y con la otra mitad, la que había sido movilizada por los sindicatos, gritando victoriosa: "¡Ni yanquis ni marxistas, peronistas!", "No somos yanquis, no somos socialistas, somos obreros, obreros peronistas", "Vea, vea, vea, que cosa más bonita, Rucci dio la vida por la patria peronista", y "¡Perón, Evita, la patria peronista!". El General los había bendecido en la disputa que también ellos mantenían con los montoneros.

Epílogo

SUPERIORIDAD MORAL

Hay que limpiar el pasado para que entre en su pasado.
Juan Gelman el 23 de abril de 2008 en España al recibir el Premio Cervantes.

No existe ningún "ideal" que justifique la muerte de un hombre, ya sea del general Aramburu, de un militante o de un policía. El principio que funda toda comunidad es el No matarás. *No matarás al hombre porque todo hombre es sagrado y cada hombre es todos los hombres. La maldad, como dice Levinas, consiste en excluirse de las consecuencias de los razonamientos, el decir una cosa y hacer otra, el apoyar la muerte de los hijos de los otros y levantar el* No matarás *cuando se trata de nuestros propios hijos.*
Oscar del Barco en una carta a la revista cordobesa *La Intemperie* de diciembre de 2004.

Muchos de quienes se reivindican ahora como los herederos de los montoneros y de la década del setenta adoptan un estatus de superioridad moral con relación al resto de la sociedad. Han construido un relato histórico que los libera de los pecados cometidos gracias a una memoria selectiva, que acomoda los hechos y les proporciona un autoconsuelo y una autoabsolución. Cuando son confrontados con sus errores y con sus crímenes, echan mano a los sueños y a los ideales que los animaban en aquellos años dorados, que eran tan grandiosos como cruentos: se pueden resumir en la construcción de una sociedad de hombres nuevos, iguales y libres, pero que debía surgir sobre el abono de mucha sangre, propia y ajena. Si eso no basta, convocan a los muertos, a los desaparecidos y a los torturados de la dictadura, como si la salvaje represión de los militares alcanzara para redimirlos integralmente. Una vez que los argumentos se acaban, optan por pasar al ataque e intentan descalificar a sus interlocutores, acusándolos, por ejemplo, de respaldar la teoría de los dos demonios. (Aclaro, por las dudas, que estoy en contra de esa teoría porque la barbarie del Terrorismo de Estado, de la dictadura, no puede ser equiparada con nada.)

Confío en que la reconstrucción del asesinato de Rucci y la descripción de sus terribles consecuencias sirvan para poner en duda esa idea de un grupo particular que concentra el monopolio de la moral y de la ética, que es capaz de determinar con infalibilidad papal sobre lo bueno y lo malo. Un sector que, por ejemplo, segrega esos sumos sacerdotes, y sacerdotisas, que se ocupan de purificar a unos y de demonizar a otros, distribuyendo aureolas y cuernitos.

Este libro no habría sido posible sin los aportes de Paula Viale, Daniel Guebel y Horacio García. Mis colegas del diario *Perfil* también me han ayudado y les agradezco en las personas de Claudio Gurmindo, Carlos Lunghi, Rodrigo Lloret y Matías Marini.

Me gustaría agradecer a todos los que han colaborado con este libro, en especial a los ex montoneros que han admitido el error cometido por la Organización a la que pertenecían. Ellos ya se han reciclado, llevan una vida normal y no están conformes con esa visión pasteurizada de los grupos guerrilleros que predomina ahora, que los muestra casi como organizaciones no gubernamentales que se dedicaban a la promoción de los derechos humanos, las libertades civiles, la igualdad de género y la democracia. Su valentía contrasta con la actitud de otros, que incluso estaban colocados por encima de ellos en la jerarquía de la Orga. También agradezco a los parientes de los guerrilleros que participaron en la Operación Traviata: aún recuerdo con emoción la charla con el hijo de uno ellos. Se le notaba un gran amor por su padre y un profundo respeto a sus ideales, junto con una sensata reprobación del crimen de Rucci y de otros seres humanos. Y, por último, agradezco a los familiares de Rucci, que han sido las principales víctimas de esta tragedia y que no parecen abrigar ningún rencor ni voluntad de venganza. Creo que con todos estos sentimientos y actitudes (valentía, verdad, amor, respeto, sensatez, lucidez, perdón y piedad) es posible colocar a la historia en su justo lugar y volver a enriquecerla con matices que, por ser verdaderos, nos permiten desechar las antinomias y eludir la tentación del pensamiento único y del monólogo político, dos vertientes que suelen conducir al autoritarismo y a la violencia.

FUENTES

Introducción
Roberto Perdía en *Clarín* del 10 de marzo de 1996 y entrevistas con el autor. Las revoluciones científicas y la ciencia normal en Kuhn, Thomas S.: *La estructura de las revoluciones científicas*, páginas 27, 68, 69, 71, 92, 149, 176 y 269. Horacio Verbitsky en *Ezeiza*, páginas 9 y 14. Silvia Sigal y Eliseo Verón en *Perón o muerte*, páginas 181 a 183. El Negro Corea en Verbitsky, Horacio: *Ezeiza*, página 60, y Bonasso, Miguel: *El presidente que no fue*, páginas 540 y 554, y en sendos correos electrónicos enviados al autor por Verbitsky y Bonasso. La hegemonía y el intelectual orgánico en Gramsci, Antonio: *La formación de los intelectuales*, páginas 21, 22 y 30, y Rodríguez Aguilera de Prat, Cesáreo: *Gramsci y la vía nacional al socialismo*, páginas 50, 66, 84, 85, 86 y 131. Las idas y vueltas de Juan Carlos Juncos así como las resoluciones judiciales sobre sus dichos, en el expediente número 4722/85 caratulado "Rucci, José Ignacio y otros s/Damnificados de Asociación Ilícita y otros delitos", del Juzgado Federal número 4, Secretaría número 8.

Capítulo 1
Los últimos minutos de Rucci y su asesinato, en la causa judicial número 4722/85, y entrevistas con Nélida "Coca"

de Rucci, Claudia Rucci, Aníbal Rucci, Osvaldo Agosto, Ricardo Pozo y Jorge Corea. "Lino" y su grupo operativo en entrevistas con seis fuentes que pidieron estricta reserva de sus nombres; en el documental *Papá Iván*, de María Inés Roqué, y en la causa judicial número 4722. La diálectica amor-odio del Che Guevara en "El hombre nuevo", texto dirigido a Carlos Quijano, del semanario *Marcha*, de Montevideo, marzo de 1965; "Mensaje a los pueblos del mundo a través de la Tricontinental", La Habana, 16 de abril de 1967, y comentarios escritos de Néstor Kohan, profesor de la cátedra libre Ernesto Che Guevara de la Universidad Popular Madres de Plaza de Mayo.

Capítulo 2

La misión encomendada por Raúl Lastiri en entrevistas a Julio Bárbaro y a una fuente que pidió reserva de su nombre. La asesoría de prensa de Nilda Garré fue contactada por el autor de este libro, pero no contestó los pedidos de entrevista. Lo mismo ocurrió con la asesoría de prensa de Carlos Kunkel. Las declaraciones del ERP y de Montoneros en *La Nación*, *Clarín* y *La Prensa* del 9 de junio de 1973. La llamada de las 13.30 sobre los autores de la muerte de Rucci en *La Nación* del 27 de septiembre de 1973. El comunicado atribuido al ERP en *La Nación* del 27 de septiembre de 1973. El comunicado de Rucci en *Clarín*, *La Nación* y *La Prensa* del 12 de septiembre de 1973. El encuentro en la Casa Rosada en entrevistas con Julián Licastro, José Luis Pirraglia y dos dirigentes peronistas que solicitaron permanecer en el anonimato, y en Licastro, Julián: *Mi encuentro con Perón, memorias e ideales*, páginas 147, 150 y 228. El informe de la Policía Federal sobre el revólver Magnum en entrevistas con tres fuentes que pidieron permanecer en el anonimato, y en Anguita, Eduardo, y Caparrós, Martín: *La voluntad*, Tomo 3 / 1973-1974, páginas 320 y 321. Los cables del embajador John Lodge son los números 7118 del 27 de septiembre de 1973 y 7238 del 3 de octubre de 1973, copias en poder del autor.

Capítulo 3
Los momentos posteriores al asesinato de Rucci y el velatorio en la CGT en entrevistas del autor con Coca de Rucci, Claudia Rucci, Aníbal Rucci, el periodista Carlos Campolongo, Osvaldo Agosto y Ricardo Pozo. El comunicado de las CGT-62 Organizaciones, el velatorio en la CGT y los discursos en la Chacarita en *La Nación*, *Clarín*, *Crónica* y *La Prensa* del 27 de septiembre de 1973.

Capítulo 4
La frase de Perón y la reunión con Rucci en entrevista de Ricardo Pozo con el autor. Las declaraciones de Perón a *La Nazione* en *La Nación*, *La Prensa* y *Clarín* del 7 de abril de 1973. El viaje de Lorenzo Miguel en *La Nación* y *Clarín* del 3 y 7 de junio de 1973. La reunión en la CGT en entrevistas con Pozo, Osvaldo Agosto, Jorge Corea y dos gremialistas que solicitaron permanecer en el anonimato. La última noche de Rucci en su casa en entrevistas con Nélida de Rucci, Claudia Rucci, Aníbal Rucci y Jorge Corea.

Capítulo 5
El primer regreso de Perón en entrevista del autor con Julián Licastro y Carlos Grosso, y Juan Manuel Abal Medina en *Clarín* del 7 de abril de 1996 y 13 de octubre de 1997, y *Página/12* del 18 de enero de 1999, y en *Clarín* y *La Nación* del 17 y 18 de noviembre de 1973. La vida de Rucci, en entrevistas con Coca de Rucci, Claudia Rucci y Aníbal Rucci. Las presidencias de Onganía, Levingston y Lanusse, en Pig-

na, Felipe: *Lo pasado pensado*, páginas 105 a 119 y 182 a 196; Bonasso, Miguel: *El presidente que no fue*, páginas 127 a 132 y 244 a 254, y Fraga, Rosendo: *El Ejército, del escarnio al poder*, páginas 15 a 40, y en entrevista de Fraga con el autor. La relación con Perón en entrevistas con Licastro y Osvaldo Agosto. El debate con Tosco en revista *Así* del 16 de febrero de 1973. Rucci según Cornicelli en entrevista a Rodolfo Pandolfi. La muerte de Bianculli en entrevista con Aníbal Rucci. Las definiciones de Rucci sobre su lealtad a Perón, Agustín Tosco y el papel de la CGT en entrevista con la revista *Nueva Plana* el 30 de enero de 1973. El embajador Lodge en los cables confidenciales números 7238 del 3 de octubre de 1973, 7469 del 10 de octubre de 1973, y 3542 del 18 de mayo de 1973.

Capítulo 6

La carta de Perón a Alonso en www.elhistoriador.com.ar. Fernando Donaires en sus *Memorias*, página 41. Vandor sobre Perón en Smulovitz, Catalina, página 16. Osvaldo Papaleo y Rodolfo Pandolfi en entrevistas con el autor. La interpretación de Mariano Grondona en Smulovitz, Catalina, página 20. El elogio del Che Guevara a Vandor en Carpena, Ricardo y Jacquelin, Claudio A., página 77. La carta de Perón a Avelino Fernández y el respaldo del Grupo de los Ocho a la candidatura de Lorenzo en Carpena y Jacquelin, páginas 97 y 102.

Capítulo 7

Mario Firmenich en Baschetti, Roberto: *Documentos 1973-1976, Volumen I*, páginas 291 y 292. El documento se titula "Charla de la Conducción Nacional ante las agrupaciones de los frentes" y no se menciona el autor ni la fecha de la charla, pero por varias razones queda claro que fue Firmenich y que ocurrió a fin de septiembre o principios de octubre. En primer lugar, en una entrevista con el autor, Baschetti dijo que él entendía que la charla había sido dada por Firmenich. En segundo lugar, el propio Firmenich cita "las charlas a los frentes que doy yo en el 73, en el mes de septiembre, una de las cuales se desgrabó y se distribuyó como boletín interno muy profusamente", en Pigna, Felipe: *Lo pasado pensado*, página 211. Aunque la fecha también podría ser principios de octubre de 1973 debido a algunos hechos que allí se mencionan, como el acuerdo con Lorenzo Miguel para distribuirse los lugares en la Plaza de Mayo en el acto de asunción de Perón, el 12 de octubre. Por último, Eduardo Anguita y Martín Caparrós citan a Firmenich en una charla dada en aquella época durante una gira por todo el país que tiene un contenido idéntico al documento reproducido por Baschetti, en *La voluntad*, Tomo 3 / 1973-1974, página 383. Firmenich vive en Barcelona y no accedió a una entrevista con el autor. Emiliano Costa, Andrés Castillo y Juan Carlos Dante Gullo en entrevistas con el autor. Lidia Vivona y Roberto Digón en entrevistas con el autor. Los roces entre Miguel y Rucci en Carpena, Ricardo y Jacquelin, Claudio A., páginas 115 y 116. Aníbal Rucci en entrevista con el autor. El intento de veto de Rucci y Miguel a la reincorporación de sindicalistas de izquierda en entrevista del autor con Gustavo Caraballo, ex secretario general de la Presidencia, encargado de implementar la ley aprobada por el Congreso. La orden de Perón a Antonio Cafiero en Bonasso, Miguel: *El presidente que no fue*, página 288. Cómo se enteraron Rucci y Miguel de la designación de Cámpora en Carpena, Ricardo y Jacquelin, Claudio A., página 118. La reunión entre Miguel y Perdía en Perdía, Roberto Cirilo: *La otra historia*, páginas 171 y 172, y en entrevistas con el autor. El episodio también es relatado en Carpena, Ricardo y Jacquelin, Claudio A.: *El intocable*, páginas 114, 115, 129 y 130. El acto del 31 de agosto de 1973 y la reunión con los dirigentes juveniles en entrevistas con Osvaldo Agosto y Ricardo Pozo. Coca de Rucci en entrevista con el autor. Firmenich en Bonasso, Miguel: *Diario de un clandestino*, páginas 141 y 142; Firmenich no quiso ser entrevistado para corroborar o no esta versión. Los gestos de Lorenzo Miguel hacia Montoneros y la plaqueta que le regalaron Vaca Narvaja y Perdía en Carpena, Ricardo y Jacquelin, Claudio A., páginas 133 a 135.

Capítulo 8

Juan Perón sobre su función en "Conversación del general Perón con la Juventud" el 8 de septiembre de 1973 según el anexo de su libro *Manual de conducción política*, páginas 379 a 382. Silvia Sigal y Eliseo Verón en *Perón o muerte*, página 134. El discurso de Perón sobre Ezeiza en *Clarín* y *La Nación* del 21 y 22 de junio de 1973. La anécdota de Perón y López Rega en el balcón de la CGT en entrevistas con Julián Licastro y Osvaldo Agosto. Firmenich sobre las diferencias ideológicas con Perón, el papel de la vanguardia y la lucha contra la "burocracia sindical" en Baschetti, Roberto, páginas 270, 271, 274, 277, 282, 283, 292, 293 y 305. El concepto de partido de Lenin en Marx-Engels-Lenin: *Acerca del partido*, página 25 y 73, y Lenin: *¿Qué hacer?*, páginas 61 y 136. La relación entre el partido y la clase obrera en Kolakowski, Leszek, Tomo II, "La edad de oro", páginas 383 y 384. Firmenich en Atlanta en Baschetti, Roberto, páginas 165, 166 y 169. La reunión entre Lorenzo Miguel y la JTP en Anguita, Eduardo y Caparrós, Martín, Tomo 3 / 1973-1974, páginas 213 y 214, y en entrevista con Costa.

Capítulo 9

El encuentro con Pablo Cristiano en entrevista del autor con Roberto Digón. La frase de Pablo Cristiano sobre su militancia en entrevista con uno de sus familiares. La reunión entre Digón y Julián Licastro en entrevistas con Digón y Licastro. El primero en revelar la participación de Pablo Cristiano en el atentado contra Rucci fue el periodista Juan Gasparini en su libro *Montoneros, final de cuentas*, página 71, pero él lo ubica como el jefe del grupo operativo. La participación de Pablo Cristiano fue confirmada por diversas fuentes e informada por el autor a uno de sus familiares, quien ya conocía la versión y no puso reparos en que su nombre fuera incluido en este libro. Albertina Paz en entrevista con el autor. La anécdota sobre los Alsogaray en entrevista con el periodista Jorge Lewinger. También José Amorín cuenta el episodio de la rotura de tobillo de Fernando Saavedra, que, según él, fue "adrede", en *Montoneros: la buena historia*, página 250. La trayectoria y la personalidad de "Lino" en Chaves, Gonzalo y Lewinger, Jorge: *Los del 73, Memoria montonera*, página 119, y Bonasso, Miguel: *Diario de un clandestino*, página 135. La participación de "Lino" fue revelada por José Amorín en su libro *Montoneros, la otra historia*, páginas 252 y 254, y confirmada por distintas fuentes al autor, incluso por uno de sus familiares. Bonasso, en *Diario de un clandestino*, páginas 142 y 143, cuenta que "Lino" le relató "con pelos y señales el atentado contra Rucci". La estructura de Montoneros en Perdía, Roberto: *La otra historia*, páginas 117, 118 y 180. La participación de "El Monra" fue revelada al autor por distintas fuentes y confirmada por uno de sus familiares.

Capítulo 10

Los detalles del día del asesinato en entrevista con Coca de Rucci y en declaraciones de Magdalena de Colgre en la causa judicial número 4722/85, y a los diarios *La Prensa*, *Clarín* y *La Nación* del 27 al 30 de septiembre de 1973. La declaración judicial de Mario Firmenich fue anexada a la causa "Rucci, José Ignacio y otros Damnificados de Asociación Ilícita...". Jorge Corea en entrevista con el autor. La identidad de "Sam" en Gasparini, Juan: *Montoneros, final de cuentas*, página 276. La participación de "Lino" como responsable del diario *Noticias* en Bonasso, Miguel: *Diario de un clandestino*, páginas 135 a 143, y en el secuestro de los Born en Gasparini, Juan: *Graiver, el banquero de los montoneros*, páginas 110 y 117. Alfredo Astiz según una fuente cuyo nombre se reserva. Jorge Perrén en Bonasso, Miguel: *Recuerdos de la muerte*, página 416. La historia de Lucy en Bonasso, Miguel: *Recuerdos de la muerte*, páginas 323 y 324. La muerte de Pablo Cristiano en Gasparini, Juan: *Montoneros, final de cuentas*, página 71. Norberto Habegger y Fernando Saavedra en entrevistas con parientes y amigos.

Capítulo 11

Mario Firmenich en Pigna, Felipe: *Lo pasado pensado*, páginas 236 y 237. Roberto Perdía en entrevista con el autor. La frase de Leonardo Favio y los enfrentamientos, en *La Nación*, *Clarín* y *La Prensa* del 21 de junio de 1973. Jorge Lewinger en entrevista con el autor. Horacio Verbitsky en *Ezeiza*, páginas 13, 14, 60, 117 y 213. Jorge Corea en entrevista con el autor. Andrés Castillo, Julio Bárbaro, Gustavo Caraballo y Osvaldo Papaleo en entrevistas con el autor. Juan Manuel Abal Medina en entrevista con *Siete Días* el 8 de marzo de 1983. Esteban Righi en correo electrónico al autor. Firmenich en los actos en Atlanta en Baschetti,

Roberto: *Documentos 1973-1976, Volumen I*, páginas 166 y 562. El discurso de Perón en *La Nación* y *Clarín* del 22 de junio de 1973. La postura de Carlos Hobert en Amorín, José: *Montoneros: la buena historia*, página 255.

Capítulo 12

Emiliano Costa en Anguita, Eduardo y Caparrós, Martín: *La voluntad*, Tomo 3 / 1973-1974, páginas 205 a 209, y en entrevista con el autor. Jorge Lewinger, Ricardo Grassi, Juan Carlos Dante Gullo y Miguel Talento en entrevistas con el autor. Carlos Flaskamp en entrevista con el autor, y en su libro *Organizaciones político-militares*, páginas 117 a 119. El papel de Cuba en la Contraofensiva montonera en entrevistas con tres fuentes. La caída de Horacio Mendizábal en Larraquy, Marcelo: *Fuimos soldados*, páginas 110 a 112. La confirmación de Firmenich en Bonasso, Miguel: *Diario de un clandestino*, páginas 141 y 142. Horacio González en entrevista con el autor y en Anguita, Eduardo y Caparrós, Marín: *La voluntad*, Tomo 3 / 1973-1974, páginas 332 y 333. La charla de Firmenich en Baschetti, Roberto: *Documentos 1973-1976, Volumen I*, páginas 293 y 294.

Capítulo 13

Ramón Canalis, Roberto Baschetti, Roberto Perdía, Ernesto Villanueva y Horacio González en entrevistas con el autor. El partido en Lenin, Vladimir: *¿Qué hacer?*, páginas 61, 69, 182, 190, 197, 198, 201, 221 y 271, y Marx-Engels-Lenin: *Acerca del partido*, páginas 25, 50, 89 y 91. Las contradicciones en Mao Tse-Tung: *Cinco tesis filosóficas*, páginas 41, 42, 66, 69, 91 y 92. Los primeros comunicados de Montoneros en Baschetti, Roberto: *Documentos 1970-1973, Volumen I*, páginas 49 a 52. La charla de Firmenich en Baschetti Roberto: *Documentos 1973-1976, Volumen I*, páginas

263, 264, 267, 271, 275, 277, 279, 283 y 305. Carlos Flaskamp en entrevista con el autor y en Flaskamp, Carlos: *Organizaciones político-militares*, páginas 94 a 98. La violencia política en la historia argentina en Massot, Vicente: *Matar y morir*, páginas 108, 109, 125 y 129, Luna, Félix: *Los caudillos*, páginas 193 a 195, y Gálvez, Manuel: *Vida de Juan Manuel de Rosas*, páginas 254 y 255. La Teología de la Liberación en Boff, Leonardo: *Teología del cautiverio y de la liberación*, páginas 139, 314 y 315.

Capítulo 14

La asunción de Héctor Cámpora en Bonasso, Miguel: *El presidente que no fue*, páginas 460 a 476; Anguita, Eduardo y Caparrós, Martín: *La voluntad*, Tomo 3 / 1973-1974, páginas 11 y 12; Perdía, Roberto: *La otra historia*, páginas 149 y 150, y diarios *Clarín* y *La Nación* del 26 de mayo de 1973. Perón sobre el secuestro y la ejecución de Aramburu en Pigna, Felipe: *Lo pasado pensado*, página 181. Las cartas entre Perón y Montoneros en www.elhistoriador.com.ar y en Baschetti, Roberto: *Documentos 1970-1973, Volumen I*, páginas 123 a 132. Julián Licastro en entrevista con el autor. Perdía y las diferencias con Perón en Perdía, Roberto: *La otra historia*, página 135, y en entrevista con el autor. Ernesto Villanueva en entrevista con el autor. José Amorín, en *Montoneros: la buena historia*, página 252, y en entrevista con el autor. La muerte de Carlos Hobert y de su mujer en Amorín, José: *Montoneros: la buena historia*, páginas 310 a 312. El viaje de Hobert a Madrid en Perdía, Roberto: *La otra historia*, páginas 136 y 137, y en Amorín, José: *Montoneros: la buena historia*, página 154. La charla de Perón con Hobert en Gaspar Campos fue relatada por un custodia de Perón. Perón y la "juventud maravillosa" en Baschetti, Roberto: *Documentos 1970-1973, Volumen I*, página 139. Las declaraciones de Perón a *Mayoría* en Bonasso, Miguel: *El presidente que no fue*, páginas 352 y 353.

Capítulo 15

El motivo de la reunión con Juan Perón en Perdía, Roberto: *La otra historia*, página 139. Las anécdotas de Perón y los jefes montoneros que fueron a visitarlo en entrevistas con cuatro fuentes que solicitaron el anonimato; en Bonasso, Miguel: *Diario de un clandestino*, página 119, y en una entrevista de Mario Firmenich con Felipe Pigna en *Lo pasado pensado*, página 208. "El Organigrama" montonero y las charlas con Perón en entrevistas con Perdía y Alejandro Peyrou; en Bonasso, Miguel: *Diario de un clandestino*, páginas 116 a 119; en Pigna, Felipe: *Lo pasado pensado*, páginas 203, 204 y 209, y en Perdía, Roberto: *La otra historia*, páginas 143 y 144. Perón sobre la violencia de la guerrilla en declaraciones a *Clarín* el 10 de marzo de 1973 y a la agencia española de noticias EFE el 14 de marzo de 1973. Firmenich a *El Descamisado* en Baschetti, Roberto: *Documentos 1973-1976, Volumen I*, página 194. Perón en el encuentro con los jóvenes en el anexo de la edición de su libro *Manual de conducción política*, páginas 379 a 382 y 385 a 388, y en Anguita, Eduardo y Caparrós, Martín: *La voluntad*, Tomo 3 / 1973-1974, páginas 286 a 288. Gustavo Caraballo en entrevista con el autor. El desahogo de Firmenich en Anguita, Eduardo y Caparrós, Martín: *La voluntad*, Tomo 3 / 1973-1974, páginas 291 a 294, y entrevista de Horacio González con el autor.

Capítulo 16

Las declaraciones de Rodolfo Galimberti en *Clarín* y *La Nación* del 23 y 24 de abril de 1973. La caída de Galimberti en *Clarín* y *La Nación* del 28 al 30 de abril de 1973. Firmenich sobre Galimberti en Pigna, Felipe: *Lo pasado pensado*, páginas 204 y 205. Perón sobre Cámpora en *Clarín* y *La Nación* del 2 de mayo de 1973, e *Il Giornale d'Italia* del 15 de marzo de 1973. Santiago Díaz Ortiz en entrevista con el autor. Roberto Perdía en entrevista con el autor. El 25 de mayo de 1973 en Devoto en Bonasso, Miguel: *El presidente que no fue*, páginas 457 y 476 a 485, y Anguita, Eduardo y Caparrós, Martín: *La voluntad*, Tomo 3 / 1973-1974, páginas 12 a 16. Perdía sobre cuándo comenzaron los problemas con Perón en entrevista con el autor. Esteban Righi en e-mail al autor. La carta de Perón a Cámpora en Bonasso, Miguel: *El presidente que no fue*, páginas 450 y 451. Las cifras de ocupaciones en *La Nación* del 15 de junio y 3 de julio de 1973. Gustavo Caraballo y Rodolfo Pandolfi en entrevistas con el autor. El comunicado de las FAP en Baschetti, Roberto: *Documentos 1973-1976, Volumen I*, página 113. La autocrítica sobre la teoría del cerco en Baschetti, Roberto: *Documentos 1973-1976*, Volumen I, páginas 258 y 259. Bonasso sobre la renuncia de Cámpora en su libro *El presidente que no fue*, páginas 565, 566 y 579. Julián Licastro sobre la renuncia de Cámpora en su libro *Mi encuentro con Perón*, páginas 210, 212 y 216, y en entrevista con el autor. La renuncia de Cámpora en *La Nación*, *Clarín* y *La Prensa* del 5 al 14 de julio de 1973. Perón en la CGT en *Clarín*, *La Prensa* y *La Nación* del 30 de julio de 1973. Pedro Ramón Cossio en su libro, escrito junto a Carlos A. Seara: *Perón, testimonios médicos y vivencias (1973-1974)*, páginas 21, 22 y 37, y en entrevista con el autor. Carlos A. Seara en Cossio, Pedro Ramón y Seara, Carlos A.: *Perón, testimonios médicos y vivencias (1973-1974)*, página 67. Sobre estos comentarios, Righi dijo en un e-mail al autor: "Perón jamás me dijo nada parecido, pero no veo razones para objetar que esas opiniones les fueran transmitidas a los médicos. Mi adhesión al proyecto de Perón tenía como fundamento que tuve más identificaciones que diferencias (Ej.: el peronismo fue inigualable en términos de inclusión social, pero tuvo una política educativa que no comparto, al punto que quedó en manos de fascistas). No tengo ninguna duda de que Perón fue el político más importante del siglo XX. Sin embargo, contrariamente a lo que muchos creyeron en los setenta, nunca me pareció ni infalible ni inmortal".

Capítulo 17
Juan Perón y la conducción en su libro *Manual de conducción política*, página 36. Juan Manuel Abal Medina en *Página/12* del 18 de enero de 1999 y *Siete Días* del 8 de marzo de 1983. Pedro Ramón Cossio en entrevista con el autor. Esteban Righi en e-mail al autor. Antonio Gramsci en Portantiero, Juan Carlos: *Los usos de Gramsci*, página 103, y en Rodríguez Aguilera de Prat, Cesáreo: *Gramsci y la vía nacional al socialismo*, página 50. Ricardo Balbín en entrevista con Carlos Campolongo. Roberto Perdía en entrevista con el autor y en su libro *La otra historia*, páginas 157 y 210. La taquicardia de Perón en Cossio, Pedro Ramón y Seara, Carlos A.: *Perón, testimonios médicos y vivencias (1973-1974)*, páginas 26 y 27. Las ideas del general Jorge Carcagno en Fraga, Rosendo: *Ejército: del escarnio al poder (1973-1976)*, páginas 60 y 76. El encuentro con el general Jorge Carcagno en entrevista con Roberto Perdía y en Perdía, Roberto: *La otra historia*, páginas 206 a 209. La renuncia de Carcagno en entrevista con Gustavo Caraballo y en Caraballo, Gustavo: *Tras las bambalinas del poder*, página 119. José Amorín y Julio Bárbaro en entrevistas con el autor. Perdía sobre el militarismo en entrevista con el autor. Las charlas de Firmenich en Baschetti, Roberto: *Documentos 1973-1976, Volumen I*, páginas 268, 269, 279, 284, 297, 299 y 311. La evaluación de Firmenich sobre la Contraofensiva en Pigna, Felipe: *Lo pasado pensado*, página 410. Gramsci y la primacía de lo político en Portantiero, Juan

Carlos: *Los usos de Gramsci*, páginas 72, 76 y 77, y en Rodríguez Aguilera de Prat, Cesáreo: *Gramsci y la vía nacional al socialismo*, páginas 46 a 54. Los dos cables confidenciales del embajador John Lodge son los números 7213 del 2 de octubre de 1973 y 7512 del 11 de octubre de 1973, copias en poder del autor. El "Documento Reservado" del Consejo Superior Peronista en *La Opinión* del 2 y 3 de octubre de 1973. Perdía y la muerte de Rucci en su libro *La otra historia*, página 200, y en entrevista con el autor. El aumento de la violencia en los cables confidenciales de Lodge números 7385 del 5 de octubre de 1973 y 7766 del 24 de octubre de 1973. Firmenich y la Triple A en Pigna, Felipe: *Lo pasado pensado*, páginas 274 y 276. La violencia luego del ataque al cuartel de Azul en el cable confidencial número 615 del 24 de enero de 1974 de la embajada de los Estados Unidos en la Argentina. El uniforme y el código montoneros en Bonasso, Miguel: *Diario de un clandestino*, páginas 242 y 298. Fernando Galmarini y Alejandro Peyrou en entrevistas con el autor. El cura Galli y el encuentro con Perón en Anguita, Eduardo y Caparrós, Martín: *La voluntad*, Tomo 3 / 1973-1974, páginas 388 a 390. Ricardo Capelli sobre Carlos Mugica en Pigna, Felipe: *Lo pasado pensado*, página 263. Jacobo Timerman sobre Mugica en Anguita, Eduardo y Caparrós, Martín: *La voluntad*, Tomo 3 / 1973-1974, página 555. Perón sobre la infiltración en Baschetti, Roberto: *Documentos 1973-1976, Volumen I*, páginas 437 a 441. Perón sobre el ataque al cuartel de Azul en *Clarín* y *La Nación* del 21 de enero de 1974. Santiago Díaz Ortiz en entrevista con el autor. Perón y los diputados rebeldes en *La Nación* y *Clarín* del 23 de enero de 1974, y Baschetti, Roberto: *Documentos 1973-1976, Volumen I*, páginas 399 a 405. El acta de unión entre Montoneros y FAR en Baschetti, Roberto: *Documentos 1973-1976, Volumen I*, páginas 238 y 240. El discurso de Firmenich en Baschetti, Roberto: *Documentos 1973-1976, Volumen I*, páginas 247,

249 y 251. Firmenich en Atlanta en Baschetti, Roberto: *Documentos 1973-1976, Volumen I*, páginas 560, 562 y 565, y en Anguita, Eduardo y Caparrós, Martín: *La voluntad*, Tomo 3 / 1973-1974, página 495. El discurso de Perón y el acto del 1º de mayo de 1974 en Baschetti, Roberto: *Documentos 1973-1976, Volumen I*, página 646; en Anguita, Eduardo y Caparrós, Martín: *La voluntad*, Tomo 3 / 1973-1974, páginas 541 y 542, y *Clarín, La Nación* y *La Prensa* del 2 de mayo de 1974.

BIBLIOGRAFÍA

Abós, Álvaro: *Cinco balas para Augusto Vandor*, Sudamericana, 2005, Buenos Aires.
Abós, Álvaro: *La columna vertebral*, Legasa, 1983, Buenos Aires.
Aiscurri, Mario: *¡Que vivan los perejiles!*, Catálogos, 2003, Buenos Aires.
Amorín, José: *Montoneros: la buena historia*, Catálogos, 2005, Buenos Aires.
Andersen, Martin: *Dossier secreto. El mito de la guerra sucia*, Planeta, 1993, Buenos Aires.
Anguita, Eduardo y Caparrós, Martín: *La voluntad. Una historia de la militancia revolucionaria en la Argentina*, Planeta, 2006, Buenos Aires.
Bárbaro, Julio: *Pasiones razonadas*, Biblos, 2003, Buenos Aires.
Baschetti, Roberto: *Documentos 1970-1973. De la guerrilla peronista al gobierno popular*, Ediciones de la Campana, 1995, La Plata.
Baschetti, Roberto: *Documentos 1973-1976, Volumen I. De Cámpora a la ruptura*, Ediciones de la Campana, 1996, La Plata.

Beraza, Luis Fernando: *Rucci*, Vergara, 2007, Buenos Aires.

Boff, Leonardo: *Teología del cautiverio y de la liberación*, Ediciones Paulinas, 1978, Buenos Aires.

Bonasso, Miguel: *Diario de un clandestino*, Grupo Editorial Planeta S.A.I.C. / Booket, 2006, Buenos Aires.

Bonasso, Miguel: *El presidente que no fue. Los archivos ocultos del peronismo*, Planeta, 1997, Buenos Aires.

Bonasso, Miguel: *Recuerdos de la muerte*, Grupo Editorial Planeta S.A.I.C. / Booket, 2006, Buenos Aires.

Buchrucker, Cristian: *Nacionalismo y peronismo. La Argentina en la crisis ideológica mundial (1927-1955)*, Sudamericana, 1987, Buenos Aires.

Calello, Osvaldo y Parcero, Daniel: *De Vandor a Ubaldini*, Centro Editor de América Latina, 1984, Buenos Aires.

Caraballo, Gustavo: *Tras las bambalinas del poder*, Corregidor, 2007, Buenos Aires.

Carpena, Ricardo y Jacquelin, Claudio A.: *El intocable. La historia secreta de Lorenzo Miguel, el último mandamás de la Argentina*, Sudamericana, 1994, Buenos Aires.

Castañeda, Jorge: *La utopía desarmada*, Ariel, 1993, Buenos Aires.

Cossio, Pedro Ramón y Seara, Carlos A.: *Perón, testimonios médicos y vivencias (1973-1974)*, Lumen, 2006, Buenos Aires.

Chaves, Gonzalo Leónidas y Lewinger, Jorge Omar: *Los del 73. Memoria montonera*, Editorial de la Campana, 1998, La Plata.

Del Campo, Hugo: *Sindicalismo y peronismo. Los comienzos de un vínculo perdurable*, Clacso, 1983, Buenos Aires.

Donaires, Fernando: *Memorias. 1945-1985, el sindicalismo y los gobiernos*, Corregidor, 2007, Buenos Aires.

Doyon, Louise M.: *Perón y los trabajadores. Los orígenes del sindicalismo peronista, 1943-1955*, Siglo Veintiuno Editora Iberoamericana, 2006, Buenos Aires.

Fanon, Franz: *Los condenados de la tierra*, Fondo de Cultura Económica, 1974, Buenos Aires.

Feinmann, José Pablo: *López Rega, la cara oculta de Perón*, Legasa, 1987, Buenos Aires.

Férnandez, Arturo: *Ideologías de los grupos dirigentes sindicales / 1 (1966-1973)*, Centro Editor de América Latina, 1986, Buenos Aires.

Flaskamp, Carlos: *Organizaciones político-militares. Testimonios de la lucha armada en la Argentina (1968-1976)*, Ediciones Nuevos Tiempos, 2007, Buenos Aires.

Fraga, Rosendo: *Ejército: del escarnio al poder (1973-1976)*, Sudamericana-Planeta, 1988, Buenos Aires.

Gálvez, Manuel: *Vida de Juan Manuel de Rosas*, Claridad, 1996. Buenos Aires.

Gasparini, Juan: *David Graiver, el banquero de Montoneros*, Norma, 2007, Buenos Aires.

Gasparini, Juan: *Montoneros, final de cuentas*, Editorial de la Campana, 2005, La Plata.

Gillespie, Richard: *Soldados de Perón*, Grijalbo, 1987, Buenos Aires.

Giussani, Pablo: *Montoneros, la soberbia armada*, Sudamericana, 1984, Buenos Aires.

Gramsci, Antonio: *La formación de los intelectuales*, Grijalbo, 1967, México.

Khun, Thomas S.: *La estructura de las revoluciones científicas*, Fondo de Cultura Económica, 1992, Buenos Aires.

Khun, Thomas S.: *Segundos pensamientos sobre paradigmas*, Tecnos, 1978, Madrid.

Kolakowski, Leszek: *Las principales corrientes del marxismo*, Alianza Editorial, 1982, Madrid.

Kvaternik, Eugenio: *Crisis sin salvataje. La crisis político-militar de 1962-63*, Ediciones del Ides, 1987, Buenos Aires.

Larraquy, Marcelo: *Fuimos soldados*, Aguilar, 2006, Buenos Aires.

Lenin, Vladimir: *El Estado y la Revolución*, Ediciones en lenguas extranjeras, 1975, Pekín.

Lenin, Vladimir: *¿Qué hacer?*, Anteo, 1974, Buenos Aires.

Licastro, Julián: *Mi encuentro con Perón. Memorias e ideales*, Lumière, 2004, Buenos Aires.

Lindner, Franco: *Cooke. El heredero maldito de Perón*, Sudamericana, 2006, Buenos Aires.

Luna, Félix: *Los caudillos*, Peña Lillo Editor, 1981, Buenos Aires.

Mao Tse-Tung: *Cinco tesis filosóficas*, La Rosa Blindada, 1974, Buenos Aires.

Marx-Engels-Lenin: *Acerca del partido*, Anteo, 1974, Buenos Aires.

Massot, Vicente: *Matar y morir. La violencia política en la Argentina (1806-1980)*, Emecé Editores, 2003, Buenos Aires.

Méndez, Eugenio: *Confesiones de un montonero*, Sudamericana-Planeta, 1985, Buenos Aires.

Miguens, José Enrique y Turner, Frederick C.: *Racionalidad del peronismo*, Planeta, 1988, Buenos Aires.

Murmis, Miguel y Portantiero, Juan Carlos: *Estudios sobre los orígenes del peronismo / 1*, Siglo Veintiuno Editores, 1974, Buenos Aires.

O'Donnell, Pacho: *Historias argentinas. De la Conquista al Proceso*, Sudamericana, 2006, Buenos Aires.

Ollier, María Matilde: *La creencia y la pasión. Privado, público y político en la izquierda revolucionaria*, Compañía Editora Espasa Calpe Argentina / Ariel, 1998, Buenos Aires.

Palacio, Ernesto: *Historia argentina*, Hachette, 1951, Buenos Aires.

Pasquali, Patricia: *Juan Lavalle, un guerrero en tiempos de revolución y dictadura*, Planeta, 1996, Buenos Aires.

Perdía, Roberto Cirilo: *La otra historia. Testimonios de un jefe montonero*, Grupo Ágora, Documento de la Argentina, 1997, Buenos Aires.

Perón, Juan Domingo: *La comunidad organizada*, Secretaría Política de la Presidencia de la Nación, 1974, Buenos Aires.

Perón, Juan Domingo: *Manual de conducción política*, CS Ediciones, 2005, Buenos Aires.

Pigna, Felipe: *Lo pasado pensado. Entrevistas con la historia argentina (1955-1983)*, Planeta, 2005, Buenos Aires.

Portantiero, Juan Carlos: *Los usos de Gramsci*, Folios Ediciones, 1983, Buenos Aires.

Rodríguez Aguilera de Prat, Cesáreo: *Gramsci y la vía nacional al socialismo*, Ediciones Akal, 1984, Madrid.

Rouquié, Alain: *Poder militar y sociedad política en la Argentina, Tomo II, 1943-1973*, Emecé Editores, 1982, Buenos Aires.

Sebreli, Juan José: *Crítica de las ideas políticas argentinas*, Sudamericana, 2003, Buenos Aires.

Sigal, Silvia y Verón, Eliseo: *Perón o muerte*, Legasa, 1986, Buenos Aires.

Smulovitz, Catalina: "La eficacia como crítica y utopía. Notas sobre la caída de Illia", en *Desarrollo Económico*, volumen 33, número 131, 1993, Buenos Aires.

Verbitsky, Horacio: *Ezeiza*, Contrapunto, 1986, Buenos Aires.

Waldmann, Peter: *El peronismo 1943-1955*, Sudamericana, 1981, Buenos Aires.

Walsh, Rodolfo: *Operación Masacre*, Planeta, 1994, Buenos Aires.

Wright Mills, Charles: *Los marxistas*, Ediciones ERA, 1976, México.

ÍNDICE

Introducción: Políticamente incorrecto 7

1. El tiro del final o "Una fría máquina de matar" 21

2. El Magnum que convenció a Perón 31

3. "Me cortaron las patas" 43

4. El último tango 53

5. Un soldado del General 65

6. La trenza de Vandor 83

7. Lorenzo y Montoneros, relaciones peligrosas 93

8. La vanguardia de la clase 109

9. Los autores o Lino no canta la marchita 123

10. Cómo fue el operativo o Pintores al ataque 141

11. Las causas, según El Pepe 157

12. Septiembre Negro o "Fuimos nosotros" 173

13. Lenin, Facundo, Jesús y el Che 187

14. Cuando la juventud era maravillosa 205

15. Entre la sangre y el tiempo 225

16. Cámpora, la oportunidad perdida 243

17. La gota que derramó el vaso 259

Epílogo: Superioridad moral 287

Fuentes 291

Bibliografía 307

Esta edición de 5.000 ejemplares
se terminó de imprimir en Printing Books S.A.,
Mario Bravo 835, Avellaneda, Bs. As.,
en el mes de septiembre de 2008.